Kohlhammer
Urban-
Taschenbücher

Band 181

Karl Aschersleben

Einführung in die Unterrichtsmethodik

Vierte, überarbeitete Auflage

Verlag W. Kohlhammer
Stuttgart Berlin Köln Mainz

*Meinen Eltern
in Liebe und Dankbarkeit*

CIP-Kurztitelaufnahme der Deutschen Bibliothek

Aschersleben, Karl:

Einführung in die Unterrichtsmethodik/Karl Aschersleben.
– 4., überarb. Aufl. – Stuttgart; Berlin; Köln; Mainz: Kohlhammer, 1984.
  (Urban-Taschenbücher; Bd. 181)
  ISBN 3-17-008482-8
NE: GT

Vierte, überarbeitete Auflage 1984
Alle Rechte vorbehalten
© 1974 Verlag W. Kohlhammer GmbH
Stuttgart Berlin Köln Mainz
Verlagsort: Stuttgart
Umschlag: hace
Gesamtherstellung:
W. Kohlhammer Druckerei GmbH + Co. Stuttgart
Printed in Germany

Inhalt

Zum Thema 7

Vorwort zur 3. Auflage 9

1.   Didaktik als Theorie des Unterrichts 11

2.   Unterrichtsmethodik – Begriff und Abgrenzung 17

3.   Aktionsformen des Lehrens 29
3.1.   Lehrervortrag 29
3.2.   Lehrerdemonstration 41
3.3.   Lehrerimpulse 48

4.   Lernakte der Schüler 58
4.1.   Schülervortrag 61
4.2.   Schülerimpulse 65
4.3.   Hausaufgaben 69

5.   Sozialformen des Unterrichts 82
5.1.   Führungsstile und Lehrerverhalten 82
5.2.   Sozialformen des Unterrichts 91
5.2.1. Klassenunterricht 95
5.2.1.1. Frontalunterricht 96
5.2.1.2. Unterrichtsgespräch 108
5.2.2. Innere Differenzierung des Unterrichts 122
5.2.2.1. Gruppenunterricht 130
5.2.2.2. Partnerarbeit 143
5.2.2.3. Einzelarbeit und Einzelunterricht 145
5.2.2.4. Sonderform: Programmierter Unterricht 153

6.   Anhang: Mediendidaktik 160

Literaturverzeichnis 172

Sachwörterverzeichnis 177

Zum Thema

In dieser Einführung wollen Verfasser und Leser einen gemeinsamen Weg gehen, der zu zwei Zielen führen soll. Der Leser soll die wichtigsten Unterrichtsmethoden kennenlernen und dabei möglichst ebenso lernen, unterrichtsmethodisch zu denken. Damit hat diese Schrift ein mehr inhaltliches und ein mehr formales Ziel, wobei dem Verfasser vor allem daran gelegen ist, auf die zur Zeit starke Vernachlässigung unterrichtsmethodischen Denkens hinzuweisen und Anregungen für eine sachgerechtere Sichtweise unterrichtsdidaktischer und unterrichtsmethodischer Gesichtspunkte zu geben. Daß dabei fortwährend auf Lücken innerhalb der Unterrichtsforschung hingewiesen werden muß, kennzeichnet das Dilemma, in dem sich speziell die Unterrichtsmethodik als Einzelfeld in der Schulpädagogik befindet: der unbedingten Notwendigkeit unterrichtsmethodischer Maßnahmen steht ein Mangel an empirischen Untersuchungen gegenüber, der nicht durch Hinweise auf die Einzelerfahrungen von Schulpraktikern oder durch scheinbar gut durchdachte Unterrichtsmodelle ausgeglichen werden kann. So muß dieses Buch zwangsläufig in vielen Kapiteln von den Lücken leben, die bisher durch mehr oder weniger subjektives Überzeugungswissen des erfahrenen Schulpraktikers oder durch abstrakte Entwürfe des Theoretikers an der Hochschule ausgefüllt werden. Dessenungeachtet werden Studenten Unterrichtsmethoden vermittelt, Lehrer wenden sie an – und Schülern sind sie eine wertvolle Lernhilfe. Lernen ohne Methoden wäre ein Lernen ohne Lernhilfe. Ein solches Lernen ist nicht denkbar, es kann also nur die Frage sein, in welchem Ausmaß, ob geplante oder richtige Lernhilfe durch den Einsatz von Methoden zu geben sei und welche Methoden überhaupt als optimal für den Lernprozeß des Schülers zu gelten haben. Dabei soll jedoch nicht – und könnte auch nicht – gefragt werden, welche der einzelnen Unterrichtsmethoden als die beste zu gelten habe und welche abzulehnen sei. Niemand kann eigentlich bei Beachtung der einfachsten wissenschaftlichen Kriterien behaupten, diese oder jene Methode sei »gut« (= effektiv) und jene sei »schlecht« (= ineffektiv). Diese kritische Distanz fehlt oft. So spielt vielfach der sogenannte Denkanstoß eine dominierende Rolle als Lehrerfrage und gilt als die beste Form des Impulses (= Lernanstoß), etwa wenn der Lehrer bei einer Bildbetrachtung meint: »Dieses Bild erzählt uns eine Geschichte!« Dagegen wird die einfache Lehrerfrage – »Was seht ihr auf dem Bild?« – als unpädagogisch abgelehnt. Regt der Denkanstoß jedoch tatsächlich stärker als die Frage zum selbständigen Denken und Finden des Lernweges an, motiviert er den Schüler besser als die Frage? Oder unterscheiden sich Denkanstoß und Frage nur grammatikalisch voneinander?

Solche kritischen Anmerkungen zu Beginn einer Einführungsschrift sollen den Leser jedoch keineswegs entmutigen, vielmehr wollen sie eine kritische Einstellung gegenüber unterrichtsmethodischen Einseitigkeiten – den sogenannten Methodenmonismen – vorbereiten. Der Versuch, eine Übersicht über die wichtigsten derzeitigen Unterrichtsmethoden zu geben und erste Schritte zu einer Systematisierung zu tun, möchte dabei helfen.

Vorwort zur 3. Auflage

Die freundliche Aufnahme, die die Einführung in die Unterrichtsmethodik bei ihren Lesern gefunden hat, ermutigt den Verfasser, seine Bemühungen um Systematisierung der Unterrichtsmethodik fortzusetzen und insbesondere inzwischen publizierte Arbeiten zum Thema in die Einführungsschrift einzuarbeiten, soweit es sich um verwendbare Unterrichtserfahrungen und empirische Unterrichtsforschung handelt.
Ferner ordnet sich die dritte Auflage deutlicher als die beiden ersten dem derzeit und auch wohl weiterhin meist verwandten, weil besten theoretischen Ansatz in der Didaktik zu, nämlich der *Berliner Schule der Didaktik* nach Paul Heimann und seinen Mitarbeitern. Diese Didaktik als Theorie des Unterrichts hat sich sowohl in der Unterrichtsplanung als auch für die Unterrichtsforschung als höchst effizient erwiesen. Und der Verfasser gehört nicht zu jenen Erneuerern, die um des theoretischen Fortschritts willen ständig auf der Suche nach besseren (?) Modellen sind, durch die Unterricht in seiner Komplexität auf Wesentliches reduziert wird. Auch soll ausdrücklich wiederholt werden, was bereits in den beiden ersten Auflagen anklang: Verständlichkeit der Darstellung wird weiterhin Leitmotiv sein. Die Unverständlichkeit eines Textes ist weder ein Kriterium für Wissenschaftlichkeit noch für didaktische Qualifikation des Verfassers.
Wissenschaftstheoretisch folgt der Autor Wolfgang Brezinka, der es in seinen bisherigen Arbeiten in so vorzüglicher Weise verstand, Sachengagement und Rationalität mit dem ebenso notwendigen Anspruch zu verbinden, Erziehungswissenschaft aus jenen Sackgassen herauszuführen, in die sie Leichtfertigkeit im Umgang mit ihren wissenschaftlichen Gegenständen häufig genug hineingeführt hat. Unterrichtsmethodik ist im Denken Brezinkas der *Praktischen Pädagogik* zuzurechnen und findet dort ihre metatheoretische Begründung.

1. Didaktik als Theorie des Unterrichts

Unterrichtsmethodik ist ein Teilgebiet der Schulpädagogik. Während es in der *Schulpädagogik* allgemein um Fragen des Lehrens und Lernens in der Schule geht, befaßt sich die Unterrichtsmethodik mit den Fragen des »*Wie?*« im Unterricht. Der methodisch planende Lehrer stellt sich zum Beispiel die Frage: Wir führe ich meine Schüler in den Unterschied zwischen Bericht und Schilderung ein? Soll ich die Funktionsweise des Viertaktmotors veranschaulichen? Wie sollte das geschehen? Wie erarbeite ich die wesentlichen Merkmale des aufgeklärten Absolutismus? Vorläufig kann also festgehalten werden, daß sich Unterrichtsmethodik mit den Verfahren zur Vermittlung von Lerninhalten beschäftigt. Dabei hat Unterrichtsmethodik vor allem die Funktion, den Lernprozeß des Schülers zu unterstützen und zu helfen, möglichst schnell und richtig das gesetzte Lernziel zu erreichen.

Der systematischen Zuordnung der Unterrichtsmethodik zur Theorie des Unterrichts soll ein kurzer historischer Exkurs vorangestellt werden. Er hat die Aufgabe zu zeigen, wie sehr didaktisches und damit auch unterrichtsmethodisches Denken von Zeitströmung abhängig ist und auf welche Weise bisher versucht wurde, Didaktik für Unterricht und Theorie nutzbar zu machen.

Ein solcher Exkurs hat eine unterrichtsmethodische Richtung zu referieren, die auf den Königsberger Philosophen und Pädagogen Herbart (1776–1841) zurückgeht und in der Geschichte der Schulpädagogik als *Herbartianismus* bezeichnet wird. Der Herbartianismus baut unter anderem auf der Psychologie von Herbart auf, die von seinen späteren Gegnern als intellektualistisch und mechanistisch charakterisiert wurde und heute nur noch historische Bedeutung hat. Auf dieser Psychologie aufbauend, auf die nicht weiter einzugehen ist, wurde besonders von Ziller, einem Schüler von Herbart, der Unterricht nach den sogenannten *Formalstufen* organisiert. Diese Formalstufen wurden verschiedentlich variiert, wir wollen uns damit begnügen, die ursprünglichen Formalstufen anzugeben, wie sie vor allem in die Geschichte der Schulpädagogik eingingen:

1. die Stufe der Klarheit,
2. die Stufe der Assoziation*,

---

* Die Assoziation war in der Psychologie der damaligen Zeit ein wichtiger Grundbegriff und bedeutete soviel wie »Verknüpfung von seelischen Inhalten wie Vorstellungen, Gedanken oder Gefühlen«.

3. die Stufe des Systems,
4. die Stufe der Methode.

In der Stufe der Klarheit (1.) soll der Schüler das Einzelne im Unterricht deutlich erfassen, indem er es von anderen Elementen isoliert (Sammeln von Einzelheiten). In der Stufe der Assoziation (2.) schreitet der Lernprozeß von einer Assoziation zur anderen, wobei alte Assoziationen miteinander verknüpft werden und neue hinzukommen (bekanntes Einzelwissen wird nun mit dem neuen Stoff verbunden). In der Stufe des Systems (3.) werden die Assoziationen in eine Ordnung eingefügt und zu einer festen Übersicht verbunden (altes und neues Einzelwissen werden zu einem geschlossenen Ganzen zusammengeführt). In der Stufe der Methode endlich (4.) »bewegt sich der Geist in dem gewonnenen Gedankenganzen«, hier geht es also um die Anwendung des Gelernten. Diese eben kurz beschriebenen Formalstufen haben über Jahrzehnte hinweg die Unterrichtsmethodik beherrscht, wobei sie von der einzelnen Unterrichtsstunde bis zu den Jahresplänen hinein als weitgehend starres Schema für den Unterrichtsaufbau angewandt wurden.

Oft unerwähnt in der Geschichte der Schulpädagogik bleiben die sogenannten *Lehrverfahren* der Herbartianer. Hier ging es um den sogenannten darstellenden, den analytischen und den synthetischen Unterricht. Für den darstellenden Unterricht galt die Forderung, im Lehrervortrag anschaulich zu schildern, im analytischen Unterricht sollte der Lehrer die Form des Gesprächs mit der Klasse wählen und im Gespräch vorhandene Erfahrungen beim Schüler zerlegen und erklären. Der synthetische Unterricht ging ebenfalls von der Erfahrung des Schülers aus, baute jedoch die Lerninhalte als Ganzes aus Elementen auf. Auch hierbei, den Lehrverfahren, gilt allein das methodische Denken, die Frage: »Wie bringe ich der Klasse den Lehrstoff bei?«

Ab 1900 kam es zur kritischen Distanzierung gegenüber dem Herbartianismus. Einmal hatten sich Herbarts theoretische Ansätze in der Schulpraxis verflacht und waren stark schematisiert worden, zum andern belegte die neuere psychologische Forschung, daß Herbarts Psychologie als falsch oder zumindest als problematisch zu bezeichnen war. Die zu Beginn dieses Jahrhunderts einsetzende sogenannte *Reformpädagogik* führte zu einer übermäßigen, wenn auch verständlichen Reaktion in der Schulpädagogik: Unterrichtsmethodik als System von einzelnen Stufen oder Lehrverfahren wurde nun stark abgelehnt. Dies soll am Beispiel der Arbeitsschule, einer an Kerschensteiner (1854–1932) orientierten Richtung innerhalb der Reformpädagogik, kurz verdeutlicht werden.

Ansatzpunkt für die Kritik Kerschensteiners an den Herbartianern ist nach seiner Überzeugung das Fehlen von Selbständigkeit und produktiver Arbeit beim Schüler. Er wendet sich polemisch gegen die »Nachahmung ewig vorgekauter Muster« und meint, daß »die Finessen der Methodik ... nämlich der schöpferischen Begabung geradezu verhängnisvoll werden« können. An die Stelle des einseitigen Methodenmonismus tritt für den Lehrer bei Kerschensteiner die Forderung, sich stärker als bisher an den Prinzipien der Selbsttätigkeit und der Individualisierung zu orientieren. Was damit gemeint ist, wird später im einzelnen noch zu verdeutlichen sein. Vorweg sei darauf hingewiesen, daß die genannten Prinzipien heute – modern – mit anderen Wörtern wie »emanzipatorisch«, »kreativ« oder »differenzierend« umschrieben werden, ohne daß neue Inhalte die alten verdrängt hätten.

Wichtig für den weiteren Fortgang der Überlegungen ist es festzuhalten, daß es nach der Überbewertung des Methodenformalismus bei den Herbartianern in der Reformpädagogik zu einer Abkehr vom methodischen Denken kam. So geht es zum Beispiel im Prinzip der Selbsttätigkeit vor allem um eine thematische Frage, also um Lerninhalte: ausgehend von der Selbsttätigkeit des Schülers wird als Lernziel der selbständige Erwachsene genannt.

Bis heute blieben methodische Bemühungen, die sich aus der Rolle des Außenseiters in der Schulpädagogik lösen könnten, ohne Erfolg. Das Gegenteil ist der Fall. Methodisches Denken äußerte sich durchweg als Denken in methodischen Einzelverfahren, zum Beispiel als Gruppenunterricht, als Unterricht auf werktätiger Grundlage oder als Programmierter Unterricht. Dieses Denken dominiert dann für einige Jahre bei den Anhängern dieser methodischen Richtung oder allgemein in der Schulpädagogik, um dann später durch ein neues methodisches Verfahren abgelöst zu werden, von dem sich die Anhänger die Lösung aller methodischer Probleme im Unterricht erwarten. Daß sich methodisches Denken in Einzelverfahren nicht allgemein in der Schulpädagogik durchzusetzen vermag, liegt nicht zuletzt an der Unterschätzung methodischer Maßnahmen im Unterricht der Gegenwart. Gemeint ist das *Primat der Didaktik* nach Klafki.

Was ist damit gemeint?* Lernen richtet sich nach Klafki auf bestimmte ausgewählte Lerninhalte. »Bevor man also erforschen

---

* *Didaktik* wird hier im Unterschied zu später als »Theorie der Bildungsinhalte und des Lehrplans« nach Weniger (1894–1961) verstanden. Der Begriff der Didaktik wird in den Erziehungswissenschaften sehr unterschiedlich definiert und ist ein Beispiel für das terminologische Babylon in der Pädagogik.

und erproben oder darüber Aussagen machen kann, welcher Weg, welche Methoden für diesen oder jenen erstrebten Lehr- oder Lernvorgang bei bestimmten gegebenen Bedingungen mehr oder minder zweckmäßig sind, muß man das Ziel oder die Ziele und die auf die Ziele hin ausgewählten Inhalte kennen, die durch Lehre vermittelt und im Lernen angeeignet werden sollen« (Klafki, Funkkolleg, S. 70). Kurz, einer methodischen Überlegung im Unterricht geht in jedem Fall die Entscheidung voraus, was denn eigentlich gelernt werden soll. Das Primat der Didaktik meint also nichts weiter, als daß Didaktik der Unterrichtsmethodik zeitlich vorausgeht – über eine Wertung ist nichts gesagt. Jedoch verführt die These vom zeitlichen Primat der Didaktik viele Pädagogen dazu, didaktische Entscheidungen auch als das Wichtigere im Unterricht zu bewerten. Damit wird Unterrichtsmethodik für sie etwas Sekundäres und also – völlig unbegründet – etwas Unwichtiges. Dieses Mißverständnis kann den angehenden Lehrer zu fatalen Fehlschlüssen in seinen Unterrichtsversuchen verleiten und den schulerfahrenen Pädagogen verwirren und unsicher machen.

Der historische Exkurs hat deutlich gemacht, wie sehr im Denken der Schulpädagogen der Didaktikbegriff eine Rolle spielt. In Zusammenfassung des Exkurses läßt sich über die Weite oder Enge dieses wichtigen Grundbegriffes folgendes aussagen:

1. Der Didaktikbegriff umfaßte in der *Lektionspädagogik* den gesamten Bereich dessen, was heute unter Schulpädagogik verstanden wird, und zwar sowohl die Inhalte des Unterrichts wie auch die Unterrichtsmethoden, die Unterrichtsorganisation und die beteiligten Lehrer und Schüler.

2. In der *Reformpädagogik* setzte zumindest in der Universitätspädagogik bei Dilthey und seinen Schülern, vor allem bei Erich Weniger, in der Didaktik, die sich als »Theorie der Bildungsinhalte und des Lehrplans« verstand, eine Einengung des Begriffs auf die Fragen der Inhalte ein. Diese Entwicklung dominierte bis zum Beginn der 60er Jahre als die Epoche der geisteswissenschaftlichen, bildungstheoretischen Pädagogik.

Höhepunkt und Abschluß bildungstheoretischen Denkens war die *didaktische Analyse* von Klafki. Von ihr gingen wertvolle Anregungen für die inhaltliche Seite der Unterrichtsplanung aus, doch führte die Abkehr vom bildungstheoretischen Denken in der Pädagogik auch zur Kritik und Abkehr von der didaktischen Analyse. An ihre Stelle trat eine neue didaktische Schule, die bis in die Gegenwart vor allem in der Unterrichtsplanung der Fachdidakten vorherrscht: die sogenannte Berliner Schule der Didaktik von Heimann.

3. *Didaktik als Theorie des Unterrichts* im Sinne von Heimann erweitert ihren Begriff wieder auf das Insgesamt dessen, was Unterricht in Forschung und Lehre ist. Didaktik in diesem Sinne herrscht bis in die unmittelbare Gegenwart vor, wenngleich neuere Ansätze mit gesellschaftspolitischer Orientierung (in der kritischen Didaktik) oder kommunikationstheoretischer Orientierung (in der kommunikativen Didaktik) den Didaktikbegriff einzubinden beginnen. Für den Auftrag einer Einführung in die Unterrichtsmethodik erübrigt sich eine Diskussion dieser neuen didaktischen Schulen, da sie keine Anregungen und Fortschritte für die Unterrichtsmethodik enthalten.

Dies gilt jedoch in besonderer Weise für die Didaktik aus lehr- und lerntheoretischer Sicht von Heimann. Sie wurde durch zwei Veröffentlichungen von Heimann aus den Jahren 1961 und 1962 auch über die Grenzen Berlins hinaus bekannt und stellt den bedeutsamsten Fortschritt in der Schulpädagogik hinsichtlich Systematik und damit Wissenschaftlichkeit sowie hinsichtlich Brauchbarkeit für die Unterrichts- und Forschungspraxis seit Herbart und Ziller dar.

Die Systematik dieser – inzwischen vielfach in Theorie und Praxis erprobten – Theorie soll in der Übersicht kurz dargestellt werden, um die Unterrichtsmethodik einsichtig zuordnen können.

Heimann (Didaktik als Unterrichtswissenschaft, 1977) fragt zunächst nach den *Gesichtspunkten*, die für den Unterricht bestimmend sind:

1. In welcher Absicht tue ich etwas?
2. Was bringe ich in den Horizont des Kindes?
3. Wie tue ich das?
4. Mit welchen Mitteln verwirkliche ich das?
5. An wen vermittele ich das?
6. In welcher Situation vermittele ich das? (S. 105 ff.).

Aus diesen Fragen lassen sich die *Grundbegriffe der Didaktik* als Theorie des Unterrichts ableiten. Es sind:

1. die Intentionen (in der Sprache der Curriculumforschung: die Lernziele)
2. die Themen (in der Sprache der Curriculumforschung: die Lerninhalte)
3. die Methoden (im engeren Sinne)
4. die Medien (auch Lehr-, Lern-, Arbeits- oder Unterrichtsmittel genannt)
5. die anthropogenen Voraussetzungen (auch psychologische Voraussetzungen)
6. die sozial-kulturellen Voraussetzungen (die soziologischen Voraussetzungen einschließend).

Schulz (1965) nennt sie die Strukturelemente der Didaktik, die auch im Sinne von Heimann in einem engen Interdependenzverhältnis stehen, was von der derzeitigen Kritik zum Beispiel aus kommunikationstheoretischer Sicht oft übersehen wird. Sie lassen sich zu folgender Systematik zusammenstellen:

Die 6 Strukturelemente der Didaktik (Heimann)

Bedingungsfelder: 1. anthropogene 2. sozial-kulturelle
Entscheidungsfelder: Intentionen Themen = Was? (Aspekt der Inhaltlichkeit)
  Methoden Medien = Wie? (Aspekt der
  (im engeren Sinne) Methodik)

Unterrichtsmethodik hat es also in strenger Kontinuität seit jeher mit den Fragen des *Wie* im Unterricht zu tun. Methodik ist dabei der umfassendere Begriff, der Fragen der Mediendidaktik einschließt. Unterrichtsmethoden umfassen, wie später noch zu zeigen ist, wiederum die Aktionsformen des Lehrens, die Lernakte der Schüler und die Sozialformen des Unterrichts.

2. Unterrichtsmethodik – Begriff und Abgrenzung

An den Anfang dieses Kapitels soll eine Frage gestellt werden, deren Verneinung die Absichten des Verfassers von vornherein in Frage stellen würde: Sind methodische Maßnahmen im Unterricht überhaupt wichtig für den Lernprozeß des Schülers? Den meisten Schulpraktikern erscheint eine solche Frage zu Recht als abwegig, sie ist es jedoch nur scheinbar. Es gibt durchaus den Standpunkt, der besonders von stark fachwissenschaftlich orientierten Pädagogen vertreten wird, *unterrichtsmethodische Fragen* seien schulpädagogischer »Firlefanz« und damit überflüssig. Mit einer solchen Ansicht lehnt man – in letzter Konsequenz – eigentlich jegliche Lernhilfe ab, die man dem Schüler als Lehrer zu geben verpflichtet ist. Eine solche extreme Meinung kann von niemandem ernsthaft vertreten werden, weil sich der Pädagoge damit selbst überflüssig machen würde. Wie steht es nun aber mit der Wirksamkeit bestimmter methodischer Hilfen, wenn wir also davon ausgehen dürfen, daß Unterrichtsmethoden erst Lernhilfe dem Schüler gegenüber möglich machen? Lernt der Schüler die französische Vokabel »le nuage« besser, wenn der Lehrer zum Beispiel eine Wolke an die Tafel malt und in sie das Wort »le nuage« schreibt, oder genügt es, ihm einfach die Übersetzung zu sagen: »Le nuage heißt ›die Wolke‹«? Da aus der Unterrichtsforschung zu solchen methodischen Fragen und auch anderen bisher sehr wenige brauchbare Ergebnisse vorliegen, kann nicht ohne Vorbehalt zugestimmt werden, daß bestimmte Lernhilfen dem Schüler lernen helfen. Wahrscheinlich kann eine generelle Aussage auch nicht möglich sein, weil schulisches Lernen wie menschliches Lernen überhaupt so komplex ist, daß Aussagen nur in Einzelbereichen und sehr eingeschränkt erfolgen dürfen.

Tatsächlich sind die bisherigen Untersuchungen vor allem in der amerikanischen *Unterrichtsforschung* wenig ermutigend, wie ein Zitat belegt. Nach Siegel und Siegel (1967) »it is generally discovered that students learn about as much when exposed to one kind of instructional environment as they do when exposed to another. The absence of significant differences is reported with monotonous regularity« (Sinngemäß wiedergegeben: Es wird allgemein festgestellt, daß Schüler ebensoviel lernen, wenn sie nach einer Art von Methode unterrichtet werden, als wenn dies nach einer anderen Methode geschieht. Das Fehlen von bedeutsamen Unterschieden zwischen verschiedenen Methoden wird mit ständiger Regelmäßigkeit berichtet). Dieser extremen und seltenen Aussage würde von jedem methodisch vorgehenden Unterrichtspraktiker widersprochen, und auch einige deutschsprachige Untersuchungen über unterrichtsmethodische Fragen belegen das Gegenteil. Doch sollte mit der stets notwendigen Selbstkritik bedacht werden, daß weder die Aussage von Siegel und Siegel einerseits noch die empirischen Gegenbelege und Einzelerfahrungen von Schulpraktikern andererseits ausreichen, sich für oder gegen diese oder jene unterrichtsmethodische Maßnahme auszusprechen. Vom derzeitigen Stand der Diskussion aus ist eher zu schließen, daß einige methodische Hilfen stark überbewertet (der Denkanstoß?), andere stark unterschätzt werden (Wechsel der Arbeitsformen beim Üben im Unterricht?). Darauf wird in den späteren Kapiteln noch eingegangen.

Was ist eine *Unterrichtsmethode?* Ein Zitat von Geißler (1952) soll einen Hinweis geben, wie die traditionelle Schulpädagogik eine Antwort auf diese Frage zu geben versucht. »Die Methode wird im eigentlichen Sinne des Wortes als ›Weg‹ verstanden, als eine Reihe von Schritten, die man gehen muß, wenn man ein bestimmtes Ziel erreichen will. Das Bild, das dem methodischen Denken durchweg zugrunde liegt, ist das einer Treppe: das geistige Fortschreiten des Schülers stellt sich als ein Hinaufschreiten von Stufe zu Stufe dar. Es wird so zu einem Hauptanliegen des methodischen Denkens, durch Analyse der geistigen Prozesse die Stufen dieses Hinaufschreitens zu erkennen und dementsprechend den Aufbau des Unterrichts zu planen« (S. 5). Diese sehr anschauliche Erläuterung dessen, was nach Geißler als Unterrichtsmethode zu verstehen ist und welche Funktion sie beim Lernen hat, erinnert an die Formalstufen der Herbartianer, die der Leser im ersten Kapitel kennengelernt hat: es ist die Rede von Treppen (Formalstufen bei Herbart), der Weg, den der Schüler zu gehen hat, ist ihm durch die Treppe vorgegeben, und der Lehrer braucht nur den Lernprozeß zu analysieren, um die richtige Unterrichtsmethode zu finden. Anschauliches Erläutern hat den Vorzug, daß man das, was erklärt werden soll, scheinbar leicht versteht. Dieses scheinbar erleichterte Verständnis führt jedoch, wie das jahrzehntelange unkritische Anwenden der Formalstufen bezeugt, zu einer Unterschätzung des komplexen Lernprozesses. Und gerade hier setzt die ganze Problematik der Unterrichtsmethodik ein. Der Ausdruck »Analyse der geistigen Prozesse« ist zwar zutreffend, verrät aber noch nichts über die Schwierigkeit, die jeden erwartet, der eine solche Analyse einmal versucht. Auch ist das Denken in Bildern insofern problematisch – Methodik als Hinaufschreiten von Stufe zu Stufe –, als es wenig Bezug zu einer Definition des Begriffes Methodik erkennen läßt.

Gleiches gilt dann von der Schwierigkeit, einen so beschriebenen Begriff in eine größere Systematik – etwa der Schulpädagogik als einer erziehungswissenschaftlichen Disziplin – einzuordnen.

Es ist naheliegend und bietet sich nach den vorangegangenen Gedankengängen an, Unterrichtsmethodik dem *Lernprozeß* des Schülers zuzuweisen und sie in den größeren Zusammenhang schulpädagogischer Grundbegriffe zu stellen. Die folgende Übersicht soll diese Zuordnung erleichtern:

Ausgangspunkt des Schemas ist der Lernprozeß. Was im einzelnen darunter zu verstehen ist, soll im nächsten Kapitel erläutert werden. Dort geht es um die Frage, inwieweit Unterrichtsmethodik als Steuerung des Lernprozesses interpretiert werden kann. Vorerst soll es genügen zu wissen, daß der Schüler von einem bestimmten Lernstand aus beginnt und versucht, das gesteckte Lernziel zu erreichen, das er sich oder – wie meistens – das der Lehrer ihm vorgibt. Der Lernprozeß kann an einem Nullpunkt beginnen, wenn beispielsweise eine neue Fremdsprache gelernt werden soll. Der Schüler kann andererseits mit einem bestimmten Vorwissen beginnen, wenn im Erdkundeunterricht in die Unterrichtseinheit »Italien« eingeführt werden soll und der Schüler bereits mehrere Male seine Ferien in diesem Lande verbracht hat. Welche Lernziele nun erreicht werden sollen, wird in den didaktischen Überlegungen entschieden. Hierfür wird seit längerem auch der Ausdruck *Didaktische Analyse* im Anschluß an Klafki verwandt. Welche Vokabeln sollen gelernt werden? Welche Grammatikregeln – wenn überhaupt – sollen Grundlage sein? Soll mehr Wert auf das Sprechen als auf das Beherrschen der Schriftsprache gelegt werden? Was ist bedeutsam aus der Fremdsprache für das spätere Leben des Schülers? Hat der Schüler persönliche Bezüge zu dieser Fremdsprache? Dies sind didaktische Fragen, die oben im Schema als erster Schritt genannt sind. Das Primat der Didaktik in dem Sinne, wie es im vorigen Kapitel gewertet wurde, wird hier noch einmal in Erinnerung gebracht.

Nach der Lernzielanalyse, der »didaktischen Analyse«, folgen im zweiten Schritt die *methodischen Überlegungen*. Dabei ist es durchaus denkbar, daß auf Lernziele verzichtet werden muß, die in der didaktischen Analyse, also im Vorgriff der Zielsetzung, gesetzt worden sind, wenn sie methodisch nicht aufbereitet werden können. Ein Beispiel ist der Verzicht des Physiklehrers auf Einführung in die Elektrizitätslehre, wenn ihm selbst die einfachsten Voraussetzungen für eine Lehrerdemonstration fehlen. Daß trotzdem Physikunterricht als sogenannte Kreidephysik versucht wird, das heißt, mit Schemazeichnungen und Formeln an der Tafel zu arbeiten, bedeutet Verzicht auf notwendige Formen der Veranschaulichung und der Selbsttätigkeit. Das Lernziel kann nur unter sehr erschwerten Bedingungen erreicht werden, wenn überhaupt.

Fassen wir zusammen, was sich als Begriffsbestimmung für die Unterrichtsmethodik und -methoden ergibt, so erhalten wir:

1. Die Unterrichtsmethodik wird als das Insgesamt an Einzelmethoden zur Erreichung des Lernziels verstanden.
2. Jede Einzelmethode soll es dem Schüler ermöglichen, das Lernziel schnell, mit wenigen Umwegen und vollkommen zu erreichen. Dabei wird in der Regel der Lernprozeß in Einzelschritte aufgelöst und den Einzelschritten jeweils eine bestimmte methodische Maßnahme zugeordnet.
3. Eine einzelne Unterrichtsmethode ist für den Schüler eine Lernhilfe und umfaßt alle Aspekte, in denen es um die Frage nach dem optimalen Verfahren zur Erreichung von Lernzielen geht. Diese müssen geplant werden, für den Unterricht bedeutet dies, daß er sowohl inhaltlich wie auch methodisch vorbereitet werden sollte.

Was ist Lernen in der Schule? Wie wir erfahren haben, ist es nützlich, Unterrichtsmethodik dem Begriff des Lernens zuzuordnen. Die Frage zu stellen, was Lernen in der Schule sei, ist leicht, sie zu beantworten keinesfalls. Nach Skowronek (S. 11) ist Lernen

»der Prozeß, durch den Verhalten aufgrund von Interaktionen mit der Umwelt oder Reaktionen auf eine Situation relativ dauerhaft entsteht oder verändert wird, wobei auszuschließen ist, daß diese Änderungen durch angebotene Reaktionsweisen, Reifungsvorgänge oder vorübergehende Zustände des Organismus (Ermüdung, Rausch oder ähnliches) bedingt sind«.

Diese auf den ersten Blick verwirrende Begriffsbestimmung kann gekürzt werden, ohne auf wesentliche Gesichtspunkte des Begriffsfeldes Lernen verzichten zu müssen:

Lernen sei diejenige Verhaltensänderung des Organismus, die zu einer besseren oder neuen Leistung führt und die auf Umweltreize zurückzuführen ist.

Diese Definition soll kurz erläutert werden. Es geht beim Lernen demnach um Verhaltensänderung, das heißt, es wird nur das beim Schüler als Lernen registriert, was sich auch als Änderung nachweisen läßt. Es genügt also nicht mehr, das »Durchgenommene« ins

Klassenbuch einzutragen, ohne kritisch zu fragen, ob das gesetzte Lernziel überhaupt erreicht worden ist. Diese Verhaltensänderung betrifft einen Organismus, gilt also sowohl für Tiere wie für Menschen, aber auch im Humanbereich sowohl für körperliches wie auch affektives und kognitives Lernen. Nun ist aber nicht jede Verhaltensänderung ausschließlich Lernen, vielmehr gilt Lernen nur für den engeren Bereich, der im Relativsatz beschrieben wird. Dabei geht es also nur um solche Verhaltensänderungen, die zu einem Fortschritt, zu einer neuen Leistung oder einer verbesserten Leistung führen. Was nun als neue oder verbesserte Leistung zu gelten hat, ist weitgehend – zumindest im Unterricht – abhängig von der Lernzielauswahl. In der Rechtschreibung ist es die Beherrschung der deutschen Orthographie – was gegenwärtig wieder umstritten ist; beim Autofahren ist es das Kennen der Verkehrsregeln und die Automatisierung der Fahrzeugführung; im Lehrerstudium kann es das Beherrschen grundlegender Forschungsmethoden sein. Im zweiten Relativsatz der Definition wird Lernen auf die Verhaltensänderungen eingeschränkt, die auf Umweltreize zurückzuführen sind, das heißt, der Gegenbegriff zum Lernen – die Reifung – wird ausdrücklich ausgeschlossen. Bei der *Reifung* erfolgen Verhaltensänderungen weitgehend unabhängig von Umweltreizen. Dies gilt zum Beispiel für das Greifen beim Säugling oder für die willkürliche Zurückhaltung der Ausscheidung beim Kleinkind aufgrund einer neurophysiologisch bedingten Funktionsreifung des Schließmuskels.

Da Lernen ein Vorgang ist und Lernen bisher erst als Begriff definiert wurde, ist es nötig zu fragen, inwieweit Lernen als Vorgang gegliedert werden kann. Damit sind wir beim Aspekt des Lernprozesses und den Fragen nach den sogenannten Lernschritten. Es sind bisher von verschiedenen Pädagogen Versuche unternommen worden, den *Lernprozeß* in Lernschritte aufzugliedern. Da die manchmal bis acht Lernschritte zählenden Vorschläge sich nicht in allen Einzelschritten dem Lernprozeß ohne weiteres zuordnen lassen und auch recht unübersichtlich sind, soll auf ihre Wiedergabe verzichtet werden. Vielmehr soll an dieser Stelle versucht werden, die Zahl der Lernschritte zu reduzieren. Damit kommt man auf vier Lernschritte, wobei auch der dritte Lernschritt noch entfallen könnte, ohne daß viel Information verlorenginge. Es ist davon auszugehen, daß eine solche Aufstellung in erster Linie eine Hilfe sein soll, den eigentlich sehr komplexen Lernprozeß aufzugliedern und für eine Übertragung in die Schulwirklichkeit brauchbar zu machen. Die vier ausgewählten Lernschritte sollen erst in der Übersicht gebracht und dann erklärt werden:

1. Lernschritt: Motivation
2. Lernschritt: erste Lernversuche
3. Lernschritt: Übung und weitere Lernversuche
4. Lernschritt: Endleistung (Erreichen des Lernzieles).

1. Lernschritt *Motivation*

In diesem Lernschritt geht es darum, den Schüler zum Lernen anzuregen oder – vom Schüler aus gesehen – den Lernprozeß in Gang zu bringen. Es erfolgt also beim Schüler der Anstoß zum Lernen mit der Absicht, ein gesetztes Lernziel zu erreichen. Der bisherige Forschungsstand in der Motivationspsychologie legt nahe, zwei Arten von Motivation beim Lernen zu unterscheiden: die sogenannte intrinsische und die sogenannte extrinsische Motivation. *Intrinsische Motivation* liegt dann vor, wenn der Schüler von sich aus, also spontan, ein Lernbedürfnis zeigt. Dieses spontane Lernbedürfnis kann vielfach auf die Ausprägung eines bestimmten Leistungsbedürfnisses zurückgeführt werden, das als Leistungsmotiv gilt. Dieses Motiv ist weitgehend stabil und gilt als ein erworbenes Persönlichkeitsmerkmal, dessen Entwicklung stark vom Einfluß des elterlichen Erziehungsverhaltens abhängig zu sein scheint. Ein leistungsmotivierter Schüler wird als »zielstrebig«, »fleißig«, manchmal auch als »ehrgeizig« beschrieben. Sein Lernen ist weniger als das anderer Schüler von der Motivierung durch den Lehrer abhängig, diese und andere Arten der Lernmotivierung nennt man *extrinsisch*. Hierbei muß davon ausgegangen werden, daß – wie vielfach in der konkreten Unterrichtssituation – eine intrinsische Motivation nicht festzustellen ist. Da aber ein Lernziel – meist durch den Lehrer – vorgegeben ist, muß der Schüler durch diesen direkt oder indirekt angeregt werden zu lernen. Wie der Lehrer seine Schüler zu motivieren weiß, scheint nach den bisherigen Untersuchungen der bedeutsamste Teil des Lernprozesses zu sein. Dies gilt vor allem, wenn bei den Schülern gar ein massiver Lernwiderstand festzustellen ist. Um diese Widerstände oder Gleichgültigkeit beim Schüler zu vermeiden, wird oft empfohlen, dem Schüler sogenannte sachbezogene Gütemaßstäbe zu setzen, das heißt, man gibt die Empfehlung, nur solche Lernziele auszusuchen, die für den Schüler attraktiv sind. Ein Beispiel: im neunten Hauptschuljahr verzichtet die Lehrerin auf Notenlehre und musikgeschichtliche Bezüge oder das Lernen von Volksliedern. Statt dessen werden Schlagerplatten gehört, zu denen getanzt werden darf. Es wird also auf traditionelle Lernziele im Musikunterricht verzichtet, nur ist nicht eindeutig, welche neuen Lernziele nun gesetzt werden. Eine Möglichkeit wäre es, sich um eine kritische Analyse des Schlagers als »Kulturprodukt« zu bemühen oder zu versuchen, die ökonomischen Hintergründe des Schlagergeschäftes zu diskutieren. Dies wären didaktische Überlegungen zur Frage der Motivation. Daß sie nicht für alle Lernziele gelten können, ist einsichtig. Nicht jede sachbezogene Motivation ist didaktisch vertretbar. Ein breiteres Feld für extrinsische Motivation bietet die Unterrichtsmethodik. Im Verkehrsunterricht soll beispielsweise das »verkehrssichere Fahrrad« besprochen werden. Der Lehrer kann die einzelnen Teile, die zum verkehrssicheren Fahrrad gehören, einfach aufzählen lassen. Das wäre eine geringe Motivation. Er kann andererseits ein beliebiges Fahrrad vom Schulhof heraufholen und in der Klasse auf seine Verkehrssicherheit überprüfen lassen. Diese methodische Maßnahme ist in der Regel weitaus motivierender. Daß methodische Maßnahmen auch für die weitere Motivation im Lernprozeß wichtig sind, wird die Darstellung der nächsten Lernschritte zeigen, vor allem gilt dies für den Teil des Lernprozesses, der in den Unterrichtslehren als die »Übungsphase« beschrieben wird.

2. Lernschritt: *erste Lernversuche*

Bei den traditionellen Versuchen, den Lernprozeß in Lernschritte zu gliedern, wird unmittelbar nach dem Lernschritt der Motivation oft als zweiter Lernschritt von »Lernschwierigkeiten« gesprochen. Der Verfasser dieser Schrift meint jedoch, daß jegliche Lernversuche auch Lernschwierigkeiten einschließen und es deshalb überflüssig ist, diesen Gesichtspunkt noch besonders zu betonen. Jeder Versuch, der nicht unmittelbar zu dem gesetzten Lernziel führt, ist von sich aus bereits als Lernschwierigkeit charakterisiert. Wichtiger scheint es zu sein, zwei andere Aspekte zu unterscheiden. Im ersten geht es um ein besseres Kennenlernen des Lerninhaltes, was durchaus die weiteren Lernversuche erleichtern kann: als Beispiel sei das Wassergewöhnen im Schwimmunterricht genannt, Gleiches gilt vom Betrachten bereits fertiger Werkstücke, bevor die Klasse eigene anzufertigen versucht, oder die Schüler werden aufgefordert, das Lesestück erst einmal still zu lesen, bevor es gemeinsam gelesen oder schon besprochen wird. Im zweiten Aspekt geht es um Versuche im engeren Sinne, das Lernziel bereits zu erreichen: nach den Trockenübungen kommt es im Schwimmbecken zu ersten Schwimmversuchen, die bei einigen Schülern bereits zur unvollkommenen Schwimmfertigkeit führen können. Im Werkunterricht nehmen die Schüler Ton – ihnen als Werkstoff unbekannt – in die Hand und formen mehr oder weniger unvollkommene tierische Figuren. Der Entwurf für einen Buchdeckel wird auf Einbandpapier realisiert, wobei es durchaus zum Mißlingen – oder Gelingen kommen kann.

3. Lernschritt: *Übung und weitere Lernversuche*

Wie wir gesehen haben, ist es durchaus möglich, daß der Schüler schon nach dem ersten Lernversuch das gesetzte Lernziel erreichen kann. In der Regel jedoch ist anzunehmen, daß weitere Lernversuche und vor allem Übung notwendig werden, um das Lernziel zu erreichen. Dabei bestimmen verschiedene Faktoren die Länge des Lernprozesses: die kognitiven Fähigkeiten des Schülers, das Lehrgeschick des Lehrers, die Organisation des Unterrichts, das Klassenklima, die Motivation der Schüler, die Vermeidung von Störungen und vieles mehr. Davon abgesehen, bleibt immer noch als ebenso wichtiger Aspekt die Komplexität des Lernziels, das erreicht werden soll. Hier kommt der Übung im Unterricht mit dem Einsatz optimaler Unterrichtsmethoden ein besonderes Gewicht zu. Nach der Motivation, dem Kennenlernen des Lernzieles und ersten Lernversuchen scheint zu diesem Zeitpunkt die Gefahr des Abbruches eines Lernprozesses am größten zu sein: das Lernziel ist bekannt, die Motivation verringert sich; erste Lernversuche sind unter Umständen ein Mißerfolg geworden oder wurden zumindest vom Schüler so erlebt, er resigniert. So gesehen erhält die Lernhilfe und damit auch die Unterrichtsmethodik des Lehrers eine Doppelfunktion: sie ist nicht nur Steuerung des Lernprozesses, sondern in ebensolchem Maße Motivation. Oder anders: der Lehrer muß dem Schüler nicht nur helfen, das Lernziel zu erreichen, sondern er muß ihn auch bei diesen Versuchen dazu anregen, ihn motivieren. Was ist unter diesem Aspekt als Übung zu definieren?
Übung ist das wiederholte Durchführen von Lernversuchen mit der Absicht, ein bestimmtes Lernziel zu erreichen.
Man kann täglich die neuen Englischvokabeln abfragen, und es kommt sehr bald zu einer Sättigung der Schüler, sie sind entmotiviert, der Lernprozeß wird erschwert. Der geschickte Lehrer kann anstelle des täglichen Abfragens die Übungen variieren: Wörter in kleine Lückentexte einfügen lassen, die Wörter in einem Rätsel erraten, erste Konversationsversuche machen oder ein Wortdiktat schreiben lassen. Schon in dieser Phase des Lernprozesses Zensuren zu geben, ist zwar einerseits auch motivierend, aber nicht im Sinne einer positiven Einstellung zum Lernziel zu empfehlen.

4. Lernschritt: *Endleistung (Erreichen des Lernziels)*

Als Normalleistung wird ein befriedigender Abschluß des Lernprozesses durch Erreichen des Lernziels erwartet: beim Schulabgänger die Beherrschung der wichtigsten Regeln der Zeichensetzung, in der Unterrichtseinheit »Italien« die Kenntnis der wichtigsten topographischen, historischen, wirtschaftlichen, klimatischen und politischen Lebensbedingungen in diesem Land oder im Sportunterricht die Beherrschung des Tiefstartes für den Kurzstreckenlauf. Wird – was durchaus im Einzelfall oder für eine ganze Klasse zutreffen kann – das Lernziel nicht erreicht, weil es aus welchen Gründen auch immer nicht erreicht werden kann, so entfällt dieser Lernschritt. So verzichtet zum Beispiel der Mathematiklehrer nach mehrstündigen Versuchen in einem zehnten Versuchsschuljahr der Hauptschule darauf, in die mathematische Statistik und Wahrscheinlichkeitstheorie einzuführen. Die Schüler sind unter Umständen intellektuell überfordert, der Lehrer beherrsche selbst den Lerngegenstand nur ungenügend, oder die didaktische und methodische Vorbereitung war unzureichend.

Die Endleistung oder das Erreichen des Lernziels wird in der neueren Schulpädagogik oft unter dem Begriff der Evaluation zusammengefaßt. In der traditionellen Schulpädagogik ging es dem Lehrer primär darum, die Lernleistung des Schülers festzustellen, um eine Grundlage für die Benotung im Zeugnis zu gewinnen. Die Feststellung der Endleistung war also mit einer Prüfung gleichzusetzen. Die *Evaluation* der Endleistung – etwa im Rechtschreibtest, in der Mathematikarbeit oder in der Erdkundearbeit – ist nunmehr etwas anderes: nämlich primär eine Selbstkontrolle für den Schüler, inwieweit das Lernziel erreicht wurde, und eine Lehrerkontrolle, um einen objektiven Nachweis über die eigene Lehrleistung zu erhalten. Darüber hinaus soll die Evaluation der Lernleistung eine Korrektur des Curriculum (siehe das Beispiel über Statistik und Wahrscheinlichkeitstheorie im zehnten Schuljahr der Hauptschule) ermöglichen. Im Zusammenhang mit der Thematik dieser Einführungsschrift ist auch an eine Korrektur der Unterrichtsmethoden zu denken; doch ist diese Frage – wie schon angedeutet wurde – in der gegenwärtigen Diskussion für viele Schulpädagogen von sekundärer, das heißt untergeordneter Bedeutung.

Wenn eben vom Abbruch des Lernprozesses gesprochen wurde und davon, daß auf das Erreichen der Lernziele völlig verzichtet wird, so ist damit das eine mögliche Extrem aufgezeichnet. Das andere Extrem wäre die perfekte Endleistung, doch diese ist – auch aus Gründen, die auf unzureichende Anwendung von Unterrichtsmethoden hinweisen – selten: die vollkommene Beherrschung der Orthographie ebenso wie die Perfektion als Autofahrer. Meist begnügt sich der Lehrer mit einer mehr oder minder guten Annäherung an das Lernziel, will dabei – wenn er sich als Lernhelfer versteht – allerdings dieses Ziel für ein Maximum von Schülern: damit wird der Schulversager zur Ausnahme. Wie weit die Schulwirklichkeit jedoch von diesem Idealziel entfernt ist, belegt jede Hospitation in einer beliebigen Schulklasse. Da andererseits die Frage nach dem 4. Lernschritt vor allem Fragen der Lernzielplanung, also des Curriculums und der didaktischen Analyse betrifft, braucht an dieser Stelle nicht weiter darauf eingegangen zu werden. Bevor nun auf einzelne Unterrichtsmethoden eingegangen werden soll, ist es notwendig, einen *Überblick* und eine *Systematisierung* zu geben.

Umfassende Klassifikationsversuche zur Unterrichtsmethodik liegen bisher nicht vor. Darüber hinaus wird Unterrichtsmethodik als Begriff von einigen Autoren sehr eng, von einigen – wie dem Verfasser dieser Schrift – sehr weit gefaßt. So spricht Huber in seiner weitverbreiteten Unterrichtslehre von Unterrichtsverfahren und ordnet diesen die Unterrichtsformen mit den darbietenden, den erarbeitenden Lehrformen, dem Frageunterricht, dem Impuls- und Gesprächsunterricht sowie der Einzelarbeit und der Gruppenarbeit zu. Im weiteren fügt er den methodischen Aufbau einer Unterrichtseinheit mit den sogenannten Einzelakten innerhalb der Stufenlehre sowie bestimmten Unterrichtsgrundsätzen an. Die Unterrichtsmittel sowie die Unterrichtsvorbereitung beschließen den methodischen Teil seiner Unterrichtslehre. Grundbegriff sind die Unterrichtsformen, wobei Huber als Lehrformen den unmittelbaren und den mittelbaren Unterricht sowie die Erarbeitung und die Darbietung unterscheidet. Diese Systematik hat sich jedoch nicht durchsetzen können. Gleiches gilt für Rösner, der in seiner »Unterrichtstechnik« ein Kapitel mit den »Lehrverfahren des Schulunterrichts« bezeichnet und in diesem Kapitel unsystematisch verschiedene Lehrverfahren wie die Frage, das Erzählen, das Unterrichtsgespräch oder die demonstrierende Lehrweise erläutert. Stöcker spricht einerseits von Unterrichtsinhalten, andererseits von Unterrichtsformen, wobei die letzteren der Unterrichtsmethodik zuzuordnen wären: Darbietung, Erarbeitung als unmittelbarer Unterricht sowie Alleinarbeit, Gruppenunterricht, Arbeitsmittel und Programmierter Unterricht als mittelbarer Unterricht. Die Zahl der Beispiele aus der Schulpädagogik ließe sich beliebig verlängern, ohne daß weitere Anregungen für eine Systematik und einen Überblick für diese Schrift zu gewinnen wären. Symptomatisch ist eher für Stöcker, daß er in seiner Unterrichtslehre zu Beginn auf die Unterscheidung von Didaktik und Methodik eingeht, dann jedoch Klafki in dem Sinne interpretiert, als sei Methodik als Bestandteil der Didaktik zu sehen. So taucht das Wort Methodik erst wieder bei Fragen der Unterrichtsplanung auf. Wahrscheinlich ließ sich für Stöcker dann doch die Zweiteilung für die praxisbezogenere Unterrichtsvorbereitung nicht mehr umgehen. Auf diese Diskrepanz und die falsch verstandene Forderung nach dem Primat der Didaktik wurde bereits in einem früheren Kapitel eingegangen. Sie braucht deshalb nicht wiederholt zu werden.

Im Anschluß an Klafki kann folgender Systematisierungsversuch gemacht und gleichzeitig ein Überblick über die wichtigsten Unterrichtsmethoden gegeben werden. *Einteilungskriterien* sind

a) die Aktivität des Lehrers und des Schülers,
b) der Anteil sozialer Voraussetzungen im Lernprozeß und
c) der Einsatz von Lernhilfen außer Lehrer und Mitschüler.

Diese Kriterien führen zu einer Einteilung, die auch für diese Schrift übernommen wird:

1. Aktionsformen des Lehrens. Hier überwiegt die Aktivität des Lehrers, der Schüler bleibt weitgehend rezeptiv, allenfalls reaktiv. Als wichtigste Aktionsformen werden der Lehrervortrag, die Lehrerdemonstration und die Unterrichtsimpulse zu nennen sein.

2. Lernakte der Schüler. Hier überwiegt die Aktivität des Schülers, der Lehrer hält sich zurück, der Unterricht wird »mittelbarer« als Lernhilfe dem Schüler gegenüber. Die Selbsttätigkeit des Schülers wird stärker gefordert. Als wichtigste Lernakte wird auf den Schülervortrag, die Schülerimpulse und die Hausaufgaben verwiesen werden.

3. Sozialformen des Unterrichts. Nimmt man das Einteilungskriterium der sozialen Voraussetzungen im Lernprozeß, so stößt man auf Unterrichtsmethoden, wie sie einmal im Klassenunterricht mit dem Frontalunterricht und dem Unterrichtsgespräch und zum andern unter dem Gesichtspunkt der Differenzierung mit dem Gruppenunterricht, dem Programmierten und dem Einzelunterricht zu sehen sind. Nach dem derzeitigen Stand der Forschung und Diskussion sind sie anscheinend in starkem Maße von dem Unterrichts- oder Führungsstil des Lehrers abhängig, so daß auf diesen ebenfalls eingegangen werden muß.

Auf die Darstellung spezieller Unterrichtsmethoden wird aus Raumgründen verzichtet. Auch ist davon auszugehen, daß spezielle Unterrichtsmodelle, wie sie laufend entwickelt und erprobt, aber nicht durchgesetzt werden, für die Alltagsarbeit des Lehrers nicht mehr als Anregungsgehalt haben.

Systematik der Unterrichtsmethodik
1. *Aktionsformen des Lehrens*
   1.1. Vortrag
   1.2. Demonstration
   1.3. Impuls
2. *Lernakte der Schüler*
   2.1. Vortrag
   2.2. Impuls
   2.3. Hausaufgaben
3. *Sozialformen des Unterrichts*
   3.1. Klassenunterricht
      3.1.1. Frontalunterricht
      3.1.2. Unterrichtsgespräch
   3.2. innere Differenzierung
      3.2.1. Gruppenunterricht
      3.2.2. Partnerarbeit
      3.2.3. Einzelunterricht

Ausdrücklich hervorzuheben sind die beiden *Kriterien,* die der Systematik zugrundeliegen:
1. Aktivität und
2. Sozialbeziehungen.

Überwiegen die unterrichtlichen Aktivitäten des Lehrers, so ist im Anschluß an Heimann und Klafki von den Aktionsformen des Lehrers zu sprechen, überwiegen die Schüleraktivitäten, so sind die Lernakte der Schüler gemeint. Den Sozialformen des Unterrichts liegt das Kriterium der Sozialbeziehungen zugrunde; denkbar sind: Lehrer – Klassengruppe im Klassenunterricht, zumindest im Frontalunterricht, Lehrer – Einzelschüler im Einzelunterricht, Schülergruppen in der Gruppenarbeit des Gruppenunterrichts oder Einzelschüler – Einzelschüler in der Partnerarbeit. Ist die ganze Klasse mit Lehrer am Unterrichtsthema beteiligt, so ist von Klassenunterricht zu sprechen; wird der Klassenverband in Gruppen oder in einzeln arbeitende Schüler aufgelöst, so ist von Differenzierung zu sprechen.

Die Kriterien Aktivität und Sozialbeziehungen sind nicht unabhängig voneinander, beispielsweise sind im Frontalunterricht als Lernakt der Lehrervortrag oder die Lehrerimpulse und als Sozialform der Klassenunterricht gegeben. So gesehen ist Unterrichtswirklichkeit erst aus der Verbindung beider Kriterien verständlich. Für eine Gliederung des komplexen Gefüges, Unterricht genannt, sind sie eine wertvolle Hilfe.

3. Aktionsformen des Lehrens

3.1. *Lehrervortrag*

Unter den Aktionsformen des Lehrens ist der Vortrag neben dem Unterrichtsimpuls die wohl häufigste Methode, allerdings auch die umstrittenste. Doch ist auch hier eine pauschale Wertung nicht angebracht, vielmehr muß nach dem jeweiligen methodischen Ort gefragt werden, um den Einsatz des Lehrervortrages zu rechtfertigen oder abzulehnen. So hat er sicherlich seine Berechtigung etwa in der Erwachsenenbildung als Referat oder in der Grundschule als Lehrererzählung. Bisher galt der Vortrag in zwei Lehrsituationen als selbstverständlich und angemessen: im sogenannten abendfüllenden Vortrag bis zu einer Doppelstunde etwa innerhalb einer Volkshochschulveranstaltung und in der sogenannten akademischen Vorlesung als einstündige oder zweistündige Lehrveranstaltung. Selbst hier wird seine methodische Funktion vielfach als problematisch gesehen, man behilft sich zur zusätzlichen Motivierung und Lenkung des Lernprozesses mit der Veranschaulichung durch Dias (Thema: Alte Kulturstätten in Südfrankreich) oder ersetzt die akademische Vorlesung durch Arbeit in sogenannten Projektgruppen. Wie in den folgenden Abschnitten belegt werden soll, hat der Lehrervortrag ebenso wie jede andere Unterrichtsmethode seine pädagogische Berechtigung.

Im Anschluß an Pöggeler soll der *Lehrervortrag* wie folgt definiert werden:

Der Vortrag als Aktionsform des Lehrens ist eine zusammenhängende Äußerung eines Lehrers, durch die mittels wörtlicher Rede ein bestimmtes Lernziel erreicht werden soll.

Als untere Zeitgrenze für den Vortrag ist eine Zeit von etwa fünf Minuten anzusetzen, erst dann sollte von einem Vortrag gesprochen werden, jede kürzere Äußerung des Lehrenden ist als Äußerung oder einfache Aussage zu bezeichnen. Der Hinweis, daß der Vortrag eine zusammenhängende Äußerung ist, hat zur Konsequenz, daß es sich um die Darstellung eines relativ geschlossenen Themas handelt: das Tierleben im afrikanischen Urwald, das Märchen vom Rumpelstilzchen oder die Schilderung einer Dampferfahrt. Das sprachliche Medium ist die wörtliche Rede – oder sollte es zumindest sein. Dazu sind drei Formen zu nennen: die schriftlich ausgearbeitete Darstellung, die stichwortartige Vorbereitung und die völlig freie Darstellung. Vorteile der schriftlich ausgearbeiteten Form sind die Möglichkeit des Ablesens, des späteren wörtlichen Zitierens und die Möglichkeit einer recht genauen Zeitbegrenzung. Diesen Vorteilen stehen aber Nachteile entgegen: die Gefahr, zu viel Schriftdeutsch in das Manuskript aufzunehmen und dadurch für den Zuhörer unverständlich zu werden; das enge Kleben am Manuskript gibt keine Möglichkeit zum spontanen Gestalten, und die Diktion des Vortragenden wirkt unter Umständen auf den Hörer ermüdend. Günstiger kann die stichwortartige Vorbereitung beurteilt werden. Hierbei begnügt sich der Vortragende damit, wichtige Gesichtspunkte niederzuschreiben und allenfalls einige Zitate wörtlich in die Vorbereitung aufzunehmen. Voraussetzung für ein Gelingen und für den Einsatz dieser Art von Vorbereitung ist ein Minimum an rhetorischen Fähigkeiten und sprachlichen Hemmungen. Dies gilt in noch stärkerem Maße für den Vortrag als völlig freie Darstellung. Ihr Vorteil ist die bessere Kommunikation zwischen Lehrer und Schüler, aber auch die größere Freiheit zum Improvisieren, andererseits besteht die Gefahr, vom gewählten Thema abzukommen und damit das gesetzte Lernziel nicht zu erreichen. Als die optimale Vorbereitungsform kann deshalb die stichwortartige Vorbereitung gelten. Sie zwingt ihn zur sprachlichen Gestaltung während des Vortrages, vermeidet bloßes Ablesen, aber auch das mögliche Fabulieren und damit Abweichen vom gestellten Thema.

In der traditionellen Schulpädagogik werden in der Regel vier Arten des Lehrervortrags unterschieden:

1. die Erzählung
2. die Schilderung
3. der Bericht
4. die Beschreibung.

Als Sonderform des Lehrervortrags soll das *Vorlesen* genannt werden, das für jede der vier Vortragsarten gelten kann.

In der *Erzählung* geht es um die Darstellung eines zeitlichen Nacheinanders, das Subjektivität (Ich-Form der Erzählung) und affektives Beteiligtsein des Vortragenden gestattet und unter methodischen Gesichtspunkten sogar erfordert: wenn in der Grundschule zum Beispiel der Lehrer über seine Erlebnisse beim Besuch des Zoos erzählt.

Der methodische Ort für die Erzählung als Form des Lehrervortrags ist die Grundschule, als Beispiel typischer Erzählform ist das Märchen zu nennen, aber auch die Erlebniserzählung, die zum Beispiel in eine Unterrichtseinheit des Sachunterrichts der Grundschule einführt: »Beim Bäcker«, »Beim Tischler« oder »In der Molkerei«.

Einige *methodische Hinweise* können dem Lehranfänger helfen, diese für ihn nicht immer ohne weiteres zugängliche Vortragsform optimal im Unterricht anzuwenden:

– Der Lehrer sollte bereits vor Beginn seiner Erzählung eine *themengerechte Atmosphäre* in seiner Klasse schaffen, das heißt, etwa bei der Erzählung eines Weihnachtsmärchens in seinem ersten Schuljahr zur Adventszeit einige Kerzen auf seinem Tisch und auf den Tischen der Kinder anzünden, den Raum mit Tannenzweigen und Adventsschmuck schmücken und den Unterricht in der ersten Stunde dafür verwenden, bevor rationale Leistungsanforderungen an die Schüler herangetragen werden.

– Der Lehrer sollte hinsichtlich seiner *Haltung und Einstellung* gegenüber der ausgewählten Erzählung überzeugen; er sollte also sich möglichst mit der Thematik der Erzählung identifizieren. Ein Lehrer, der von der subjektiven und auch affektiven Darstellung durch die Erzählform nichts hält, wird kaum in der Lage sein, seine Schüler zu überzeugen, das heißt, sie anzusprechen und ein Lernziel zu erreichen, das über bloße Rationalität hinausgeht. Er gliche damit einem Lehrer, der einen Gedichtvortrag mit der Bemerkung ankündigt, er halte nichts von Lyrik.

– Der Lehrer sollte Mimik, Gestik und Diktion bei der Erzählung optimal – *dramaturgisch richtig* also – einsetzen. Hier kommt es anscheinend auf das richtige Abwägen an, das zwischen unangebrachter Zurückhaltung und unechter Überschwenglichkeit zu suchen ist. Zurückhaltung führt dazu, daß die Schüler sich emotional nicht angesprochen fühlen, Überschwenglichkeit hat zur Folge, daß Erzählung und Lehrer nicht ernstgenommen werden.

– Der Lehrer sollte eine angemessene *Ausdrucksweise* verwenden, die der Thematik der Erzählung entspricht. Hierbei ist zu beachten, daß das Sprachniveau – außer in der wörtlichen Rede – den Ansprüchen der gehobenen Umgangssprache genügt, ohne jedoch unverständlich zu werden. Fachausdrücke haben ihre Berechtigung in der Erzählung nur dort, wo sie sich nicht vermeiden lassen, außerdem sollten sie vor und nicht während der Erzählung erklärt werden. Dem Verb als Träger des Satzes kommt eine besondere Bedeutung zu, ihm gilt die besondere Aufmerksamkeit des Lehrers in der Erzählung. Ein Kind – um ein Beispiel zu nennen –, das ohne ein bestimmtes Ziel durch die Straßen seiner Heimatstadt »geht«, »geht« es, »schlendert« oder »flaniert« es? Das treffende Verb – es ist beinahe überflüssig, den Leser darauf aufmerksam zu machen – wird »schlendern« sein. Es entspricht der Thematik der Geschichte am ehesten und genügt der Forderung nach gehobener Sprache. Diese Forderung stellt der spracherzieherisch wirkende Lehrer immer wieder an seine Schüler – er sollte sie auch in der Erzählung verwirklichen.

– Der Lehrer sollte möglichst *anschaulich* erzählen. Das heißt, er sollte versuchen, zumindest wesentliche Einzelheiten seiner Erzählung durch konkrete Bilder zu veranschaulichen: die Sonne brennt heiß, kein Lüftchen weht, das Pony ist müde und legt sich – die vier Beine steif von sich gestreckt – nieder und so fort. Hierbei ersetzen viele kleine Bilder oder Teilhandlungen wichtige abstrakte Zusammenfassungen, der Übergang zur Schilderung ist gegeben.

– Der Lehrer sollte sein *Erzähltempo* dem Aktionstempo der Handlung anpassen. Es sollten dort Pausen gemacht werden, wo sie von der Handlung her verlangt werden; beschleunigt sich die Handlung – vor allem kurz vor dem Höhepunkt der Erzählung –, so erhöht sich das Sprechtempo des Lehrers, nach dem Erzähltempo richtet sich wesentlich die Spannung, die er erreichen will. Wenn der Spannungsbogen abbricht, also nach dem Höhepunkt der Erzählung, folgt eine Pause, allenfalls ein kleiner Absatz als Ausklang, der das Ende der Erzählung herbeiführt und zur Anfangslage zurückführt. Insbesondere Lehrer, die stärker als andere zur Selbstdarstellung in der Erzählung neigen, überdehnen leicht eine Erzählung. Das führt zum Abschweifen, aber auch dazu, daß das geplante Lernziel mit der Erzählung nicht erreicht wird. Die Erzählweise mag durchaus den Schüler zum Zuhören motiviert haben; wenn jedoch das Lernziel nicht erreicht wird, hat die Erzählung ihre didaktische Funktion verloren. Auch ist beim Überdehnen einer Erzählung zu bedenken, daß sie den Schüler ermüden könnte – etwa wenn der Grundschullehrer in seinem ersten Schuljahr über eine Unterrichtsstunde »fabuliert« und sich zwischendurch wundert, daß viele seiner Schüler unruhig werden, gähnen, sich mit anderen Dingen beschäftigen und durch die geringste Störung ablenken lassen. Auch hierbei geht die Spannung als wichtiges Element der Erzählung verloren. – Auf die Erzählung ohne jegliche didaktische Funktion braucht nicht eingegangen zu werden, da sie auch nicht unter unterrichtsmethodischen Gesichtspunkten gerechtfertigt werden kann, zum Beispiel beim Lehrer, der seine Schüler mit seinen Kriegserlebnissen in der Mathematikstunde unterhält.

– Der Lehrer sollte vor der Stunde bereits Vorkehrungen treffen, um *Störungen* während der Erzählung weitgehend auszuschließen. Wie aus den vorigen Abschnitten verständlich geworden ist, lebt gerade die Erzählung in starkem Maße von der Einheit der Handlung, dem Erlebnishöhepunkt und von der Atmosphäre während dieser Art von Lehrervortrag. Das Anklopfen und Eintreten des Hausmeisters oder der Schüler, der sich während der Erzählung erhebt, um den Klassenraum zu verlassen, sind Störungen, die die Effektivität des Lehrervortrags als Erzählung in Frage stellen.

Zum Beginn dieses Kapitels war das *Vorlesen* als eine Sonderform des Lehrervortrags genannt worden. Sie ist dies in besonderem Maße, wenn es um die Lehrererzählung geht. Denn hier geht es um eine der wichtigsten Vortragsformen besonders in der Grundschule, wenn auch Analoges für die drei anderen Vortragsformen gelten kann: die Schilderung, den Bericht und die Beschreibung. Es soll jedoch bereits an dieser Stelle auf die Vor- und Nachteile des Vorlesens hingewiesen werden.

Nachteile des Vorlesens zeigen sich darin, daß der Lehrer sehr eng am Text orientiert sein muß, das heißt, er kann seltener als bei der freien Erzählung beispielsweise den Blickkontakt zum Schüler herstellen, und da er nicht in der freien Darstellung steht, kann das Vorlesen leicht zum bloßen Ablesen des Textes führen. Die Folge ist eine geringere Motivation der Schüler, und das Verständnis des Textes wird erschwert. Andererseits kann nicht bei jedem Lehrer, vor allem beim Lehranfänger, vorausgesetzt werden, daß er die in den vorigen Abschnitten genannten Bedingungen voll erfüllt, so daß das Vorlesen durchaus als die optimale Methode des Lehrervortrags gelten kann. Ähnliches gilt auch für die Schilderung, auf die im nächsten Abschnitt näher eingegangen werden soll.

In der *Schilderung* geht es im Unterschied zur Erzählung um ein räumliches Nebeneinander, auch ist die emotional-affektive Färbung der Schilderung weniger subjektiv, vielmehr distanzierter. Sie hat ihren methodischen Ort etwa in Sachkundefächern wie Erdkunde oder Geschichte und selbstverständlich auch im Deutschunterricht, nur ist hier die Begründung eher inhaltlich und weniger methodisch.

In der Schilderung sind zwar auch zeitliche Elemente enthalten, die jedoch als etwas Wiederkehrendes gesehen werden. Dieses Wiederkehrende – und das scheint wesentlich zu sein – ist ein räumliches Gegebenes wie ein Tier, ein Mensch, ein Ort oder eine sich wiederholende Situation, gebunden an einen Ort. Zum Beispiel geht es um ein Tier, dessen konstante Verhaltensweisen – vor allem dem Menschen gegenüber – als etwas Wiederkehrendes geschildert werden. Dabei wird vermieden, direkt von sich zu sprechen, doch bedeutet die Distanz des Lehrers zur Schilderung nicht, daß er persönliches Erleben ausschaltet, es wird nur nicht unmittelbar ausgesprochen, vielmehr durch die Art der Darstellung des Themas transparent. Dies gilt vor allem – etwa im Geschichtsunterricht der Sekundarstufe I und II –, wenn es um die Schilderung von menschlichen Personen geht. Der Lehrer zeigt – als Beispiel sei Adenauer, der erste Bundeskanzler der Bundesrepublik Deutschland, erwähnt – die zeitgeschichtliche Persönlichkeit etwa in einer oder mehreren für den Schüler aufschlußreichen Situationen, die diese Persönlichkeit in ihrem Aussehen, ihrer Haltung, ihrer Sprechweise und ihren Aussagen hinreichend charakterisieren. Problematischer wäre es, auch unter didaktischen Gesichtspunkten, die gewählte Thematik direkt durch bestimmte Eigenschaften zu benennen. Eine solche Charakterisierung führt zur Übernahme von eventuellen Vorurteilen und ist vor allem ohne anschaulichen Bezug inhaltsleer. Hier würde eine bloße Urteilsschablone gegeben, ohne daß der Schüler die Möglichkeit hätte, sich selbsttätig mit der Interpretation auseinanderzusetzen und unter Umständen zu anderen Konsequenzen zu kommen als der Lehrer.

Für den unterrichtlich tätigen Pädagogen lassen sich auch zur Schilderung einige *Hinweise* geben, die die Effektivität dieses Lehrervortrags erhöhen können:

– Der Lehrer sollte in höherem Grade als bei der Erzählung *fachlich informiert und vorbereitet* sein. Dieser Hinweis ist eine Konsequenz aus der Tatsache, daß die Schilderung in den oberen Klassen – eben zum Beispiel im Erdkunde- oder Geschichtsunterricht – ihren bevorzugten didaktisch-methodischen Ort hat. Das bedeutet für den Lehrer, mehr als seine Schüler zu wissen, aber auch mehr Information bereitzuhalten, als das Lehrbuch anbietet. Die bloße Übernahme einer Schilderung etwa aus dem Geschichtsbuch reicht meistens nicht aus, weil Schulbücher nicht unter der Zielsetzung angelegt worden sind, den Lehrer völlig zu ersetzen oder ihn völlig zu entlasten.

– Der Lehrer sollte versuchen, in der Schilderung ebenso *effektvoll* zu sein wie in der Erzählung, was Anschaulichkeit und Herausstellen von wesentlichen Einzelheiten betrifft. Dies kann für die Schilderung »Nächtliches Leben im Urwald« ebenso gelten wie für die Schilderung »Adenauer vor dem Bundestag«. Die vertiefende Auseinandersetzung mit der Schilderung in folgenden Gesprächssituationen kann allerdings, das muß zugegeben werden, durch die Auswahl der Momente in der Schilderung vorweggenommen werden. Das braucht jedoch nicht als pädagogisch bedenklich gewertet zu werden, solange die Absichten, die der Lehrer mit der Schilderung verbindet, mit den sorgfältig ausgewählten Lernzielen der Unterrichtsstunde oder der Unterrichtseinheit übereinstimmen.

– Da die pädagogische Zielsetzung in der Schilderung sehr viel

anspruchsvoller in der Regel ist als in der Erzählung, sollte der Lehrer die Schilderung genauer *gliedern* als die Erzählung. Damit wird das Lernziel für den Aufbau der Schilderung sehr viel bewußter gesetzt, oft ist es auch vielschichtiger und besteht aus mehr als einem Aspekt. Die Darstellung kann damit anspruchsvoller auch für den vortragenden Lehrer sein, das Ausweichen auf das Vorlesen erscheint von hier aus noch eher gerechtfertigt zu sein als bei der Erzählung.
– Da das Lernziel oft aus mehreren Aspekten in der Schilderung besteht, entsteht die Forderung, nach Abschluß der Schilderung und in der Ankündigung der Schilderung am Stundenanfang eine genauere Zielangabe für den Schüler zu machen, um das Verständnis und die weitere Vertiefung des Lerninhaltes zu erleichtern.
Im *Bericht* geht es – vor allem im sogenannten Sachbericht – um die sachliche Darstellung eines zeitlichen Nacheinanders. Der Bericht unterscheidet sich also von der Erzählung durch seine größere Sachlichkeit und damit Objektivität. Der Lehrer tritt hinsichtlich seines persönlichen Beteiligtseins zurück, er referiert, das heißt, er ist bemüht, einen Vorgang sozusagen als Zeuge so sachlich wie möglich darzustellen. Vom Lernziel her gesehen hat der Bericht des Lehrers eine andere Funktion im Unterricht als Erzählung und Schilderung: es geht nicht darum, den Schüler auf einen Erzählhöhepunkt hinzuführen oder ihm Charakteristika einer Sache oder Person transparent zu machen. Vielmehr geht es im Bericht um die Klärung einer Sachlage. Dies erfordert von ihm eine genaue Darstellung des Geschehens, keine Einzelheiten sollten verschwiegen oder gar schon interpretiert werden, selbst wenn der Lehrer aus welchen Gründen auch immer persönlich angesprochen ist. Man denke an den Lehrer, der selbst Raucher ist, im Unterricht jedoch einen Bericht aus einer Zeitung über die gesundheitsschädigenden Folgen des Rauchens vorträgt. Überhaupt kann der auch im journalistischen Sinne gelungene Bericht in einer Tageszeitung eine gute Grundlage für den Lehrervortrag sein. Hier ein Beispiel, in dem der Berichterstatter sich völlig einer persönlichen Stellungnahme enthält:

Die Zahl der Befürworter eines schulfreien Samstags ist zurückgegangen, sie beträgt aber immer noch mehr als die Hälfte aller Bundesbürger. Dies geht aus einer am Dienstag in Bonn veröffentlichten Repräsentativumfrage des Instituts für angewandte Sozialwissenschaft (Infas) hervor. Danach sprachen sich im Oktober 57 Prozent aller erwachsenen Bundesbürger für die Fünftagewoche in der Schule aus. Vor knapp drei Jahren waren es noch 66 Prozent gewesen. In der neuen Umfrage wandten sich 27 Prozent dagegen (1971: 25 Prozent), während 16 Prozent (1971: 9 Prozent) die Frage unbeantwortet ließen (FAZ vom 28. 11. 1973).

Wie groß die Gefahr der *Meinungsmanipulation* gerade beim Bericht ist, zeigt ein Beispiel aus der pädagogischen Zeitschrift b:e (betrifft: erziehung), Heft 11, 1973:

Psychologen in Amerika haben festgestellt, daß Selbstmord als zweitwichtigste Todesursache bei Jugendlichen steht. Sie meinen voraussagen zu können, daß im Laufe des kommenden Jahres in den USA ca. 80000 junge Leute (zwischen 15 und 24 Jahren) einen Selbstmordversuch begehen werden, und daß rund 4000 davon erfolgreich verlaufen werden. Das bedeutet fast eine Verdoppelung der Selbstmordrate bei Jugendlichen im Laufe des letzten Jahrzehnts (S. 76).

Verschwiegen wird, daß die häufigste Todesursache – die ja in diesem Bericht wahrscheinlich mit Absicht verschwiegen wird, da sie sich nicht gesellschaftspolitisch eindeutig interpretieren läßt – Verkehrsunfälle bei Jugendlichen sind, etwa die Hälfte aller Todesfälle bei Jugendlichen im Alter zwischen 15 und 24 Jahren. An diesem Beispiel wird deutlich, daß der Lehrer in stärkerem Maße als bei Erzählung und Schilderung auch eine moralische Verpflichtung eingeht. Denn wenn ein Bericht angekündigt wird – im politischen Leben wird der Ausdruck »Dokumentation« gebraucht oder auch mißbraucht –, so erwartet der Leser eine möglichst umfassende sachliche Darlegung von Sachverhalten, die ihm eine eigene Interpretation gestatten. Der Lehrer, der einen Bericht zur Meinungsmanipulation mißbraucht, würde das Vertrauen seiner Schüler verlieren.

Für den Lehrerbericht ergeben sich wie bei Erzählung und Schilderung einige *Konsequenzen,* die im Unterricht zu beachten sind:

– Der Lehrer sollte sich um eine *sachlich einwandfreie Darstellung* des Geschehens bemühen; er sollte also dem Schüler primär eine Dokumentation vorlegen, die für den weiteren Verlauf des Unterrichts – etwa im gebundenen Unterrichtsgespräch oder im fragendentwickelnden Unterricht – als Grundlage dienen könnte.

– Um den Schülern *Fixpunkte* zu geben, sollte der Lehrer korrekte Angaben über bestimmte Zeiten und räumliche Einzelheiten machen. Diese Angaben erlauben es den Schülern, vor allem die zeitliche Folge des Geschehens nachzuprüfen und eventuelle Unklarheiten leichter zu erkennen.

– Die Sachlichkeit der Berichtsform wird durch eine straffe *Gliederung* unterstützt und erlaubt ebenfalls eine kritische Nachprüfung des Geschehens. Hier wäre es oft wünschenswert, die Gliederung des Berichtes vorweg an die Tafel zu schreiben, zumindest jedoch nach dem Lehrervortrag dies nachzuholen.

– Der Lehrer sollte die *optimale Länge* eines Berichtes beachten. Denn im Unterschied zu Erzählung und Schilderung wird vor

allem der jüngere Schüler durch die sachliche Darstellung im Bericht nicht so motiviert. Die Berichtsform ist deshalb selten im Unterricht der Grundschule zu finden, eher schon in Sekundarstufe I und II. Doch auch dort sollte sie selten eine Länge von einer halben Stunde erreichen. Das Optimum auch in höheren Klassen scheint bei einer Zeit von fünf bis zehn Minuten zu liegen. Diese Zeit genügt auch zumeist unter didaktischen Gesichtspunkten, da die weitere Vertiefung und Verarbeitung des Berichtes für die Erreichung des Lernziels wichtiger ist als der Bericht selbst; er ist oft nur Ausgangsinformation für die weitere Auseinandersetzung mit einem bestimmten Lerninhalt. In den beiden genannten Beispielen könnte er einmal Grundlage für ein Unterrichtsgespräch über die Vorteile und Nachteile des schulfreien Samstags oder über die Gefahr der Meinungsmanipulation durch inkorrekte Berichterstattung sein.
– Im letzten Hinweis geht es um eine Streitfrage, die von Lehrern unterschiedlich gewertet wird, nämlich um die Frage des *Mitschreibens* beim Lehrervortrag. Einerseits wird von Lehrern der Standpunkt vertreten, die Schüler würden durch das Mitschreiben von wichtigen Stichwörtern abgelenkt, und die wichtigen Einzelheiten des Berichts würden übersehen. Außerdem sei das Mithören und Aufnehmen des Berichtes eine gute Konzentrationsschulung. Andererseits wird von Lehrern die Meinung geäußert, das Mitschreiben sei durchaus keine Ablenkung und auch keine Überforderung der Schüler, das Mitschreiben sei sogar als positiv im pädagogischen Sinne zu sehen, da der Schüler für die weitere Auseinandersetzung schriftliche Unterlagen habe, die ihm hilfreich sein könnten. Zumindest für ältere Schüler kann angenommen werden, daß die Mitschrift eines Berichtes eine wertvolle Hilfe bei der Aufnahme des Lerninhaltes sein kann. Darüber hinaus geht es hier um eine Arbeitstechnik, die für das spätere Berufsleben von Bedeutung ist.
In der *Beschreibung* als der letzten zu nennenden Form des Lehrervortrags nach Erzählung, Schilderung und Bericht geht es um ein räumliches Nebeneinander, das ebenfalls wie im Bericht sachlich und distanziert wiederzugeben ist. Hierbei kann es sich um die Beschreibung eines Werkstücks, eines physikalischen Instrumentes oder einer Stadt handeln. Häufiger noch im Deutschunterricht unter fachdidaktischen Gesichtspunkten sind Bild- und Landschaftsbeschreibungen. Was gilt für diese Art des Lehrervortrags unter schulpädagogischen Gesichtspunkten? In der Beschreibung geht es für den Lehrer vor allem um eine knappe und trotzdem übersichtliche Darstellung eines Sachverhaltes, die die wesentlichen

Einzelheiten des zu beschreibenden Gegenstandes enthält. Dieser Gegenstand ist oft der Lerninhalt und sollte deshalb – was empirische Untersuchungen belegen – möglichst gleichzeitig veranschaulicht werden: die Beschreibung von Manhattan durch Dias veranschaulicht, das Bild »Gauguins Stuhl« von van Gogh durch Vorlage einer guten Reproduktion oder die Beschreibung eines Voltmeters im Physikunterricht durch Vorzeigen eines solchen Meßinstrumentes. Handelt es sich um mehr abstrakte Beschreibungen, können Modelle, Zeichnungen oder Graphiken den Lehrervortrag unterstützen. Als sonstige Hinweise können weitgehend die im Abschnitt über den Bericht gelten.

Neben diesen vier genannten Vortragsformen und dem Vorlesen als Sonderform können noch weitere *Sonderformen* unterschieden werden, die Teilelemente der vier Grundformen enthalten und deshalb als Mischformen aufgeführt werden können, zum Beispiel die *Ansprache* zu bestimmten, meist politischen Anlässen, ohne daß es allerdings zu einer weiteren unterrichtlichen Verarbeitung des Inhalts kommt und ohne daß konkrete Lernziele mit der Ansprache verbunden sind. Als weiteres Beispiel läßt sich im religiösen Bereich die *Predigt* nennen, die außerhalb des Religionsunterrichts kaum anzuwenden ist. Ihre Funktion ist eng mit inhaltlichen Fragestellungen verbunden, da sie als Verkündigung des Wortes Gottes in der öffentlichen Rede definiert werden kann. Sie hat in stärkerem Maße als die vier Grundformen des Lehrervortrags kommunikative Funktion, indem sie den Schüler emotional ansprechen und durch ihr Wort wirken will. Wie stark die Predigt auch in der derzeitigen Pädagogik als Vortragsform Geltung hat, kann vielen pädagogischen Wörterbüchern entnommen werden: der Predigt ist ein eigenes Stichwort zugestanden, nicht jedoch dem Lehrervortrag als einer der häufigsten Aktionsformen des Lehrens. Dies mag unter anderem an der massiven Kritik liegen, die seit Jahrzehnten am Lehrervortrag geäußert wird. Bevor auf diese Kritik eingegangen wird, soll eine Übersicht über die vier *Grundformen* des Lehrervortrags vorgestellt werden, um ihre Funktion zusammenfassend zu wiederholen:

Die Grundformen des Lehrervortrags

	zeitliches Nacheinander	räumliches Nebeneinander
mit subjektiver Beteiligung des Lehrers	*Erzählung*	*Schilderung*
sachliche Darstellung eines Lerninhaltes	*Bericht*	*Beschreibung*

Die angekündigte Kritik am Lehrervortrag steht im Widerspruch zur Unterrichtspraxis, in der die vier Formen des Lehrervortrags selbstverständlicher methodischer Bestandteil vieler Unterrichtsstunden sind. Auf dem Hintergrund einer solchen Diskrepanz ist zu fragen, inwieweit hier nicht von der sogenannten theoretischen Schulpädagogik Vorstellungen entwickelt worden sind, die in keinem Verhältnis zur Schulwirklichkeit stehen.

Einige der *Kritikpunkte* am Lehrervortrag seien kurz genannt:

1. Als »Petrefakt der akademischen Lehrweise« (Horkheimer) sei der Lehrervortrag Symptom und Typus des *autoritären Lehrens*. Wir lebten heute in einem dialogischen Zeitalter, und deshalb sei an die Stelle des Lehrervortrags das Gespräch zu setzen. Hier wird – wieder einmal – die Forderung nach Anwendung einer einzelnen Unterrichtsmethode erhoben und übersehen, daß Methodenmonismus als Forderung inzwischen durch differenziertes methodisches Denken abgelöst wurde. Wie den vorangehenden Abschnitten entnommen werden konnte, ist der Lehrervortrag oft nur eine Einführung in bestimmte Unterrichtsinhalte. Die Gesprächsform als eine Sozialform des Unterrichts wird damit nicht ausgeschlossen.

2. Der Lehrervortrag sei eine *Überforderung* für den Zuhörer. Dies gelte sowohl hinsichtlich der Länge wie auch für das Niveau des Vortrags. Dies ist kein Argument gegen den Lehrervortrag, sondern eher gegen den Mißbrauch des Lehrervortrags aus Unkenntnis der methodischen Aufgaben, die er hat. Auf die optimale Länge etwa des Berichtes ist bereits hingewiesen worden. Ähnliches ist auch bei den anderen Vortragsformen zu bedenken. Darüber hinaus zeigt ein Vortrag mit zu hohem Abstraktionsniveau nur die Unfähigkeit des Lehrers, sich auf das Leistungsniveau seiner Schüler einzustellen.

3. Die *Lerneffektivität* des Lehrervortrags sei gering, da ein großer Teil des Lerninhaltes nicht eingeprägt werden könne und deshalb auch nicht gelernt werde. Diesem Argument muß insofern zugestimmt werden, als im Vortrag vor allem das Kurzzeitgedächtnis der Schüler angesprochen wird, besonders dann, wenn die Informationen nur akustisch gegeben werden und nicht durch visuelle Lernhilfen unterstützt werden. Doch ist zu bedenken, daß der Lehrervortrag selten die einzige methodische Maßnahme ist, um dem Schüler Lernhilfen zu geben. Vielmehr steht der Lehrervortrag im engen Zusammenhang mit anderen unterrichtsmethodischen Maßnahmen.

4. Viele Menschen seien sogenannte *visuelle* Typen, das heißt, sie seien gar nicht oder nur ungenügend in der Lage, einem Vortrag zu

folgen. Es mag zutreffen, daß die Mehrheit der Schüler stärker optisch als akustisch wahrnehmen kann. Das braucht nicht zu bedeuten, daß dies ausschließlich sei. Auch wurde in den vorangegangenen Abschnitten darauf hingewiesen, daß zum Beispiel bei der Beschreibung der Lehrervortrag durch optische Lernhilfen zu unterstützen sei. Gleiches gilt allerdings auch umgekehrt: ein durch verbale Ergänzungen erläutertes Anschauungsobjekt hat größere Effektivität als ein isoliert dargebotenes.

5. Die meisten *Lerninhalte* eigneten sich nicht für den Lehrervortrag. Hier wird eine Entscheidung getroffen, die als Kritik am Lehrervortrag nicht gelten kann. Selbst wenn es zutrifft, daß die meisten Lerninhalte für den Lehrervortrag nicht geeignet sind, bleibt immer noch ein Rest von Lerninhalten, der geeignet ist. Zu diesem Kritikpunkt muß wieder angenommen werden, daß ein Methodenmonismus – etwa das Gespräch – einen anderen Methodenmonismus – eben den Lehrervortrag ersetzen soll. Diese einseitige Sichtweise kann keine Geltung für die Unterrichtswirklichkeit haben.

Die genannten Kritikpunkte reichen nicht aus, um den Lehrervortrag als unzureichende Aktionsform des Lehrens zu bewerten. Als Konsequenz ergibt sich allerdings wieder, wie bereits an mehreren Stellen betont, die Einseitigkeit eines Methodenkults zu vermeiden und lernzielorientiert unterrichtsmethodische Maßnahmen einsetzen.

Doch sollen abschließend einige *Argumente* genannt werden, die für die methodische Berechtigung des Lehrervortrags sprechen. Sie rechtfertigen gleichzeitig die Unterrichtspraxis, denn nach wie vor ist der Lehrervortrag neben dem Frontalunterricht die am häufigsten praktizierte Unterrichtsmethode – auch wenn sie gelegentlich zum Lehrermonolog pervertiert:

1. Der Lehrer kann in vergleichsweise kurzer Zeit ein Maximum an Lerninhalten vermitteln und an Lernzielen erreichen.

2. Räumlich und zeitlich entfernte Lerninhalte, die nicht durch andere Veranschaulichungsformen vorgestellt werden können, werden den Schülern zugänglich gemacht.

3. Die Sprache des Lehrers hat Modellfunktion, das heißt, der Lehrervortrag ist unabhängig von seinem Inhalt auch ein Mittel der Spracherziehung.

4. Mit seinem engagierten Vortrag vermag der Lehrer, seine Schüler zu motivieren und zusätzlich für den Lerninhalt zu interessieren (siehe auch Jutta Neumann u. a., 1957, S. 13).

3.2. Lehrerdemonstration

Wir wollen dieses Kapitel über die Lehrerdemonstration mit einem Beispiel aus dem Chemieunterricht beginnen. Lernziel der Stunde ist die Erkenntnis, daß Wasser eine chemische Verbindung ist und aus Wasserstoff und Sauerstoff besteht. Als zweites Lernziel ist die Wiederholung und damit Übung bereits bekannter Inhalte zu nennen: der Nachweis von Wasser- und Sauerstoff sowie, daß es sich bei beiden um gasförmige Elemente handelt. Das Unterrichtsthema für die Schüler lautet: »Wir zerlegen Wasser«, als Schuljahr kommt ein achtes Schuljahr der Hauptschule in Frage. Nun gekürzt das Unterrichtsprotokoll:

Nach der Ankündigung des Stundenthemas baut der Lehrer auf dem erhöhten Experimentiertisch den Versuch auf; dabei erläutert er oder fragt die Schüler. Das einfache Gerät, mit dem die Elektrolyse durchgeführt wird, besteht aus einem U-Rohr, in dessen Schenkel mit Stopfen Kohlestifte so eingesetzt werden, daß kein Gas entweichen kann. Die beim Experimentieren zu erwartenden Gase werden durch zwei seitliche Ansatzröhrchen abgeleitet; das Gerät wird anschließend in ein Gefäß mit Leitungswasser gesetzt, um zu verhindern, daß es zu warm wird. Die beiden Kohlestifte werden mit einer elektrischen Leitung verbunden, dann wird Leitungswasser in das U-Rohr gefüllt. Der Lehrer fordert die Schüler zum sorgfältigen Beobachten auf und schließt den Stromkreis. Was die Schüler nun beobachten, wird vom Lehrer vertiefend erfragt: in dem einen Schenkel weicht das Wasser stärker und schneller, im zweiten Schenkel des U-Rohres etwa halb so schnell zurück. Da aufsteigende Blasen zu sehen sind, vermuten die Schüler, daß sich in beiden Schenkeln des U-Rohres Gase gebildet haben. Dieses Gas wird durch die zwei Ansatzröhrchen in Reagenzgläsern aufgefangen, die Reagenzgläser werden verschlossen. Der Lehrer läßt die Schüler Hinweise geben, wie man nachweisen könne, um welche Gase es sich handele, die sich in den Reagenzgläsern befinden. Darauf hält der Lehrer das eine Reagenzglas an die Bunsenflamme, das Gas verpufft hörbar, die Schüler wissen, daß sich im Reagenzglas Wasserstoff gebildet hat. In das andere Reagenzglas hält der Lehrer einen glimmenden Holzspan, der sofort entflammt. Damit ist nachgewiesen, daß sich im zweiten Schenkel Sauerstoff gebildet hat. Der Lehrer schreibt als zusammenfassendes Ergebnis an die Tafel: »Bei der Elektrolyse des Wassers entstand Sauerstoff und Wasserstoff im Verhältnis 1 zu 2«. Der Begriff der Elektrolyse wird damit eingeführt, ebenso die Summenformel für Wasser, H_2O.

Wichtig für die unterrichtsmethodischen Erwägungen ist nun nicht die Frage nach den fachlichen oder inhaltlichen Voraussetzungen dieses gekürzten Protokolls, sondern die Frage, *wie* der Lehrer versuchte, das Lernziel »Wasser ist eine chemische Verbindung, die aus Wasser- und Sauerstoff im Verhältnis 2 zu 1 besteht« zu erreichen. Die Unterrichtsmethode der Wahl war die Lehrerdemonstration.

In der *Lehrerdemonstration* geht es um »Beweisführung aus der Anschauung heraus«, die jedoch vom Lehrer und nicht vom Schüler selbst übernommen wird. Das heißt, es geht hierbei einmal um eine Aktionsform des Lehrens, aber auch um den Einsatz von Veranschaulichungen. Auf die Frage der Anschauung im Unterricht wird im Kapitel Mediendidaktik stärker Bezug genommen, an dieser Stelle soll die Lehrerdemonstration als Aktionsform des Lehrens behandelt werden.

Demonstration soll als das Vorführen von Objekten und das Vormachen von Vorgängen verstanden werden, die mit Erläuterungen und Fragen des Lehrers verbunden ist.

Es ist also erstens zwischen zwei Formen der Demonstration zu unterscheiden: dem Vormachen und dem Vorführen, zweitens ist die Demonstration eng mit zwei anderen Aktionsformen des Lehrens gekoppelt: dem Lehrervortrag und den Unterrichtsimpulsen, besonders der Lehrerfrage. Inwieweit auch noch die Frage nach den Sozialformen des Unterrichts zu berücksichtigen wäre, soll an dieser Stelle nicht erörtert werden. Wichtig ist vorerst die Unterscheidung zwischen Vormachen und Vorführen, wie sie auch von der traditionellen Schulpädagogik gemacht wird. Im vorhin gegebenen Unterrichtsbeispiel aus dem Chemieunterricht handelte es sich um das Vorführen eines Experimentes. Das Vorführen als Sonderform der Demonstration hat in der Geschichte der Schulpädagogik stets eine größere Rolle gespielt als das Vormachen, vor allem im sogenannten Demonstrationsunterricht. Wie lassen sich nun Vormachen und Vorführen unterscheiden?

Ziel des *Vormachens* ist es, die Schüler etwas zu lehren, was sie nicht oder noch nicht können, indem der Lehrer den Vorgang selbst vormacht und die Schüler ihn nachahmen. Das Vormachen gilt vor allem für psychomotorische Lernziele, also insbesondere für den Sportunterricht und andere sogenannte musische Fächer, im Anfangsunterricht gilt es für den Erstlese- und -schreibunterricht. Psychologisch läßt sich das Vormachen durch das Imitationslernen begründen. Hierbei beobachtet der Schüler das Verhalten einer Modellperson, also des Lehrers, und zeigt nach einer Zeit des Übens das gleiche oder ähnliches Verhalten.

Ziel des *Vorführens* ist es, mittels Objekte und Geschehen – also durch Veranschaulichungshilfen – den Schülern den Lernprozeß zu erleichtern. Dabei ist der Lehrer im Unterschied zum Vormachen nicht selbst unmittelbar aktiv – etwa beim Vormachen des Unterschwungs am Reck –, sondern er benutzt Medien – zum Beispiel chemische Geräte und Reaktionen –, um das Lernziel zu erreichen und den Lernprozeß zu verbessern. Das Vorführen als Sonderform der Lehrerdemonstration läßt sich durch die Bedeutung der Anschauung für das Lernen begründen. Dies soll an einer empirischen

Untersuchung in einem späteren Abschnitt dieses Kapitels erläutert werden.
Zuvor ist eine Frage zu klären, die in der Literatur und auch in der Unterrichtsvorbereitung häufig zugunsten des Schülerversuchs und zuungunsten der Lehrerdemonstration entschieden wird: wann ist die *Lehrerdemonstration* methodisch gerechtfertigt? Ob für einen Lerninhalt die Lehrerdemonstration gewählt wird, hängt unter anderem davon ab, wie schwierig der Versuch zum Beispiel im Chemie- oder Physikunterricht ist, aber auch von seiner Gefährlichkeit – Vormachen des freien Überschlags am Langpferd –, von vorangegangenen Übungen zu dem betreffenden Lerninhalt – zum Beispiel dem Umgang mit Chemikalien und Geräten im Chemieunterricht –, von der Disziplin in der Klasse, vom verfügbaren Material im Unterricht sowie vom Aufwand, der den Lehrerversuch aus Gründen der Zeitersparnis als optimaler erscheinen läßt. Wie sorgfältig der Lehrer jedoch abwägen sollte, für welche methodischen Maßnahmen er sich zu entscheiden hat, soll an zwei Beispielen verdeutlicht werden. Im ersten Beispiel geht es um die Kurzfassung einer Unterrichtsstunde im Fach Leibeserziehung und um den Einsatz des Vormachens als methodische Maßnahme. Im zweiten Beispiel soll über ein Unterrichtsexperiment aus dem Physikunterricht berichtet werden, in dem es um die Frage nach der Überlegenheit der Lehrerdemonstration und des Schülerexperimentes gegenüber dem bloßen »informierenden Unterricht« geht.
Das erste Beispiel – zum Vormachen – ist der Beitrag von H. Käsler »Leibeserziehung: Rolle vorwärts mit rundem Rücken« aus dem bereits erwähnten Sammelband von Heimann, Otto und Schulz »Unterricht – Analyse und Planung« entnommen. Das Stundenthema ist bei Käsler »Die Oberarmrolle am Stützbarren«, Lernziele unter anderem die Koordinationsfähigkeit durch neue Anforderungen im Rahmen einer Bewegungseinheit. In seinen methodischen Vorüberlegungen weist Käsler darauf hin, daß der aktive Lehrer eine Anordnung gibt, die der Schüler nachvollzieht. Gemeint ist damit das Vormachen der Übung durch den Lehrer. Dazwischen liegt nach Käsler unterrichtlich vertretbar der methodische Ansatz, der vom Bewegungsvorbild Schüler ausgeht. Hier tritt also an die Stelle des Lehrervorbildes die Schülerdemonstration. Allerdings schränkt Käsler diesen methodischen Ansatz auf die Übungselemente ein, für die die Schüler entsprechende motorische Voraussetzungen mitbringen. In der Verlaufsplanung wird die Lehrerdemonstration gezielt unter anderem in Einzelschritten der Sportstunde eingesetzt:

es werden vier Riegen gebildet, Barren von den Schülern aufgestellt und Rollen vorwärts als Vorübung auf Matten geturnt;
bessere Schüler dürfen Rollen vorwärts am Barren vorturnen (Schülerdemonstration), auch die anderen Schüler sammeln erste Bewegungserfahrungen mit der Oberarmrolle als Geräteturnübung;
die Barrenholme werden noch enger gestellt, um auch den schwächeren Schülern Übungsanreiz zu geben; auch werden die Barrenholme verstellt, so daß sie eine schiefe Ebene ergeben;
vermutetes Schülerverhalten: einige Schüler haben besondere Schwierigkeiten, den Körperschwerpunkt hochzubekommen, das Gesäß über die Hände zu bringen; Schüler beobachten die Aktion des Lehrers und besprechen sie mit ihm: der Lehrer turnt die Übung vor (Lehrerdemonstration) und unterstreicht Wesentliches im Übungsverlauf: Gesäß hochbringen, Oberarme waagerecht nach außen legen, Kopf auf die Brust nehmen ... Lehrer zeigt Hilfeleistung zur Unterstützung der Bewegungsführung. Lehrer: »So, nun versuchen wir es alle noch einmal.« (Vormachen als Lehrerdemonstration mit anschließendem Impuls).

Käsler gibt für die Lehrerdemonstration die folgende Begründung: Um die weitere Differenzierung der Bewegung zu zeigen, wird der Lehrer eingesetzt. Lehrervorbild soll zum exakten Nachvollziehen anleiten. Käsler geht dabei von zwei Voraussetzungen aus: einmal der vollkommenen Beherrschung des Übungsverlaufs durch den Lehrer selbst, zum andern von der Fähigkeit der Schüler, den Bewegungsablauf genau beobachten und auch nachvollziehen zu können. Die erstgenannte Voraussetzung – Beherrschung der Übung durch den Lehrer – kann durch ihn selbst relativ gut eingeschätzt werden; das Nachahmen des vorgemachten Bewegungsverlaufs gelingt in vielen Fällen erst wenigen Schülern, oft ist ein zweites und mehrmaliges Vormachen mit nachfolgenden Versuchen der Schüler notwendig. Die Funktion der Übung im Unterricht wird in diesem Zusammenhang deutlich.

Wir kommen nun zum zweiten Beispiel, in dem es um das Vorführen als weitere Lehrerdemonstration geht. Darüber hinaus gibt dieses Beispiel einen Einblick in die empirische Unterrichtsforschung. Diese Forschungsrichtung ist – wie in den Einführungskapiteln mehrfach erwähnt wurde – relativ jung, und es liegen bisher kaum so viele Untersuchungsergebnisse vor, daß ein Gebiet wie die Unterrichtsmethodik wissenschaftlich befriedigend als erforscht gelten könnte. Um so bedeutsamer ist jede inhaltlich und methodisch korrekte und effektive Untersuchung wie das folgende Unterrichtsexperiment von Weltner und Warnkross (in Leo Roth, Beiträge zur empirischen Unterrichtsforschung, Hannover 1969). Es hat als Thema »Über den Einfluß von Schülerexperimenten, Demonstrationsunterricht und informierenden Physikunterricht auf Lernerfolg und Einstellung der Schüler«. Im Zusammenhang mit dem Thema dieses Kapitels der Einführung in die Unterrichtsmethodik interessieren insbesondere die Ergebnisse der Untersuchung hinsichtlich des Demonstrationsunterrichts; damit ist die Lehrerdemonstration als Vorführen gemeint.

Weltner und Warnkross gingen von der kritischen Feststellung aus, daß es kaum empirische Untersuchungen über den quantitativen Einfluß verschiedener Unterrichtsformen auf den Lernerfolg und die Einstellung der Schüler gebe. »Die besonderen Vorzüge bestimmter Unterrichtsformen werden in der Didaktik häufiger behauptet als empirisch belegt.« In der Fragestellung des Unterrichtsexperimentes befassen sich die Autoren mit dem Einfluß des Schülerexperimentes, der Lehrerdemonstration und des informierenden Unterrichts im Physikunterricht auf Lernerfolg und Einstellung der Schüler. Als Unterrichtsthemen werden von den Autoren gewählt: die elektrische Klingel, der Elektromotor und der Dämmerungsschalter. Der Unterricht wurde von einem Lehrer, dem Autor Warnkross, erteilt, alle Themen gehören zur Themenverbindung Elektrizitätslehre und Technik. Für jedes Thema wurden zwei Doppelstunden vorgesehen, für alle drei Themen also insgesamt sechs Doppelstunden. Jede Klasse hatte jedes Thema einmal, aber auch jede Unterrichtsform (= methode) einmal. Die Versuche wurden in achten Schuljahren und einem neunten Schuljahr, Jungen und Mädchen, durchgeführt. Wichtig war, daß die drei Klassen in ihrem sonstigen Leistungsstand vergleichbar waren. Um dies auch für die gewählten Themen zu erreichen, erhielten die drei Klassen einen ähnlichen Unterricht vor Beginn des Versuchs, um sie in die Grundlagen der Elektrizitätslehre in gleicher Weise einzuführen und in allen Klassen den gleichen Vorwissensstand zu erhalten. Die Leistungen der Schüler wurden mit Leistungstests und einem Einstellungsfragebogen kontrolliert.

Die Ergebnisse der Untersuchungen und Unterrichtsversuche sollen soweit berichtet und interpretiert werden, wie sie unter dem Aspekt »Lehrerdemonstration« von Wichtigkeit sind. Unmittelbar nach dem Ende der Unterrichtsversuche wurde eine Abschlußarbeit geschrieben, die Ergebnisse der drei Klassen hinsichtlich der Unterrichtsmethodik und der Unterrichtsthemen verglichen. Dabei wurden die Ergebnisse wie folgt ermittelt: die höchstmögliche Punktzahl im Test wurde gleich hundert Prozent gesetzt, die durchschnittlich erreichte Punktzahl in Prozent des maximal möglichen Wertes gesetzt. So bedeutet zum Beispiel die Zahl 88, daß die Klasse im Durchschnitt 88 Prozent der höchstmöglichen Punktzahl erreichte. Hier sind die nach der Abbildung bei Weltner und Warnkross geschätzten Prozentzahlen, in einer Tabelle zusammengefaßt:

Ergebnisse der Abschlußarbeit

Unterricht-themen	Schüler-versuche	Lehrerdemon-stration	informierender Unterricht
Klingel	88	85	79
Motor	88	78	74
Schalter	85	70	59

Ein Blick in die Tabelle zeigt, daß Schülerversuche und Lehrerdemonstration in jedem Fall, also bei jedem Unterrichtsthema, dem informierenden Unterricht überlegen sind. Als informierender Unterricht kann gelten, was in der Fachdidaktik Physik oft als »Kreidephysik« kritisiert wird: im Lehrervortrag oder durch fragendentwickelnden Unterricht versucht der Lehrer, physikalische Fragestellungen zu entwickeln und zu lösen. Die Tafel und Kreide werden – deshalb das Schlagwort »Kreidephysik« – zur Veranschaulichung von Vorgängen benutzt, aber auch zum Zusammenfassen und Entwickeln von Formeln. Mit diesem methodisch anspruchslosen Unterricht kann zwar auch ein Lernfortschritt erreicht werden, denn die Durchschnittswerte für die drei Themen liegen zwischen 59 und 79 Prozent des erreichbaren Höchstwertes in der Abschlußarbeit, doch führen Lehrerdemonstration und erst recht die Schülerversuche zu einer größeren Effektivität, die zwischen den Durchschnittswerten von 70 bis 88 Prozent der Höchstpunktzahlen liegt. Dabei ist allerdings anzumerken, daß nach diesen Unterrichtsversuchen noch festzuhalten ist, daß die Wirksamkeit von Unterrichtsmethoden auch von den Lerninhalten abhängig ist. Dies gilt vor allem für den Vergleich von informierendem Unterricht und Lehrerdemonstration. Immerhin erzielen die Schüler für das Thema »Klingel« und »Motor« Durchschnittswerte, die höher liegen als die Durchschnittswerte für das Thema »Dämmerungsschalter«. Doch weisen Weltner und Warnkross kritisch darauf hin, daß diese Ergebnisse auf zu leichte Testfragen zurückgeführt werden könnten (beim Unterrichtsinhalt »elektrische Klingel«) oder daß dieses Thema wesentlich leichter war als die beiden anderen.

Um die langfristige Lerneffektivität des Unterrichtsversuchs zu überprüfen, wurde nach acht Wochen eine sogenannte Erinnerungsarbeit geschrieben. Auch diese Ergebnisse sind unterrichtsmethodisch von großer Bedeutung:

Ergebnisse der Erinnerungsarbeit

Unterrichtsthemen	Schülerversuche	Lehrerdemonstration	informierender Unterricht
Klingel	88	83	76
Motor	79	66	52
Schalter	75	65	45

Die Unterschiede zwischen informierendem Unterricht einerseits und den anspruchsvolleren Methoden andererseits sind in der Erinnerungsarbeit noch bedeutsamer geworden. Das heißt, daß die

Lerneffektivität und damit die Überlegenheit der Schülerversuche, aber auch der Lehrerdemonstration noch größer ist. Sieht man einmal von dem wahrscheinlich zu leichten Lerninhalt »elektrische Klingel« ab, so hat es den größten Erinnerungsverlust im informierenden Unterricht gegeben. Der *Lerngewinn* für Lehrerdemonstration und Schülerversuch ist auch langfristig höher.

In den Einführungskapiteln war hervorgehoben worden, daß Unterrichtsmethoden über ihre steuernde Funktion im Lernprozeß hinaus auch motivierende Funktionen haben. Diese Frage wurde bei Weltner und Warnkross durch Einstellungsfragen überprüft. Dabei ging man von der Hypothese aus, daß Einstellungen eine motivierende Wirkung auf das Lernverhalten haben können. Die Befragung der Schüler ergab, daß diese sich am meisten für die Geräte interessierten, die im Schülerversuch eingesetzt worden waren; das im informierenden Unterricht benutzte Gerät interessierte am wenigsten. Noch deutlicher zugunsten der Schülerversuche fiel die Frage nach dem Interesse für das Unterrichtsthema aus: hier wurde eindeutig das Thema bevorzugt, das im Schülerversuch behandelt worden war.

Weltner und Warnkross fassen das Ergebnis ihrer experimentellen Unterrichtsversuche wie folgt zusammen:

»In der empirischen Untersuchung konnte nachgewiesen werden, daß die Unterrichtsergebnisse von den gewählten Unterrichtsmethoden abhängig sind. Diese Abhängigkeit gilt sowohl hinsichtlich der Lernerfolge als auch hinsichtlich der Einstellung der Schüler zum Unterricht. In beiden Fällen ergab sich ein positives Ergebnis für den Unterricht unter Einschluß von Schülerversuchen. Man kann also sagen, daß hier die Kinder bei den Schülerexperimenten mehr gelernt und mehr Freude am Unterricht hatten.«

Hier soll nun nicht versucht werden, die Lehrerdemonstration als Unterrichtsmethode nachträglich wieder überzubewerten. Doch darf nicht übersehen werden, daß sie a) bereits ein methodischer Fortschritt gegenüber der »Kreidephysik« ist und b) aus verschiedenen Gründen oft nur als methodische Alternative dazu in Frage kommt: bei gefährlichen Versuchen, bei schwierigen Versuchen, wenn die Disziplin in der Klasse unzureichend ist, um Schülerversuche zu wagen, wenn nicht genügend Versuchsmaterial und -geräte zur Verfügung stehen oder der Lehrer nicht genügend Zeit hat, um die zeitlich aufwendigeren Schülerversuche vorzubereiten. Auf die Vorteile des Schülerversuchs braucht im Zusammenhang mit den Lernakten der Schüler nicht noch einmal eingegangen zu werden. Seine methodische Überlegenheit kann bestätigt werden. Die Lehrerdemonstration – das sollte in diesem Kapitel gezeigt werden – kann trotz aller berechtigter wie auch übertriebener

Kritik als eine mögliche Unterrichtsmethode verwendet werden, die den Lernprozeß in positiver Weise zu steuern vermag.

3.3. Lehrerimpulse

Wer in der einschlägigen schulpädagogischen Literatur nachliest, wird selten den Begriff Lehrerimpuls, jedoch häufiger die Begriffe Lehrerfrage, Denkimpuls oder neuerdings auch den Begriff Unterrichtsimpuls finden. An diesen Begriffen läßt sich ein Stück erziehungswissenschaftlicher *Geschichte* rekonstruieren; sie sind Indizien für bestimmte Entwicklungstendenzen. Zuerst war die Rede von der Lehrerfrage. Sie dominierte auch in der Literatur und erlaubt Rückschlüsse auf die seinerzeit im Unterricht der Herbartianer erwünschte Unterrichtsmethode; es war der Frageunterricht, über den noch ausführlicher im Kapitel über den Frontalunterricht gesprochen wird. Neben dem Lehrervortrag waren die Lehrerfragen die wichtigsten Lernimpulse im Unterricht. Später, vor allem nach 1945 wurde die Lehrerfrage als pädagogisch nicht wertvoll weitgehend abgelehnt, obwohl sie bis zur Gegenwart in fast allen Unterrichtsstunden vorherrscht. An die Stelle der Lehrerfrage trat der sogenannte Denkimpuls oder Denkanstoß. Er sollte die enge und wenig motivierende Lehrerfrage ersetzen, die Selbsttätigkeit der Schüler anregen und sie besser motivieren. In der neueren Terminologie wird der Denkanstoß wie auch die traditionelle Lehrerfrage den Unterrichtsimpulsen zugeordnet, dieser neue Begriff umfaßt »(meist vom Lehrer) geplante oder spontan vollzogene kurzfristige, punktuelle Einwirkungen auf den Schüler, die dessen Aktivität bei der Lösung von Aufgaben in Gang setzen, antreiben und steuern sollen« (Salzmann). Danach gehen die meisten Unterrichtsimpulse zwar vom Lehrer aus, jedoch sind neuerdings auch Impulse als Lernanstöße einzubeziehen, die vom Schüler ausgehen. Die Doppelfunktion des Impulses, nämlich zu motivieren und den Lernprozeß zu steuern, wird beibehalten. Es ist demnach konsequent, zwei Formen des Unterrichtsimpulses zu unterscheiden: den Lehrerimpuls und den Schülerimpuls. Der Lehrerimpuls ist den Aktionsformen des Lehrens, der Schülerimpuls den Lernakten der Schüler zuzuordnen.

In diesem Kapitel geht es um den *Lehrerimpuls*. Was ist nun ein Lehrerimpuls? Einige allgemeine Kriterien sind bereits beim Unterrichtsimpuls genannt worden; bevor sie wiederholt und ergänzt werden, sollen jedoch zum besseren Verständnis einige Beispiele dazu angeführt werden:

»Wann begann der Zweite Weltkrieg?« – »Nenne mir einige wichtige Gesichtspunkte für die Interpretation von Gedichten!« – Der Lehrer schüttelt den Kopf und hebt abwehrend die Hände. – »Sicherlich können wir dieser Geschichte einiges entnehmen, was auch für uns wichtig wäre!« – »Schreibt bitte diesen Text von der Tafel ab!« – Der Lehrer hebt ein Bild und zeigt es der Klasse. – Der Lehrer schreibt einen Satz an die Tafel. – »Ist dieses Experiment gelungen?« und so fort. Die Zahl der Beispiele ließe sich beliebig auf viele tausend erweitern. Doch wird zu zeigen sein, daß sich einige formale Kriterien finden lassen, die eine Zuordnung zu einigen Gruppen von Impulsen erlauben.

Wichtig ist es zu wissen, daß Unterrichtsimpulse und damit auch Lehrerimpulse als Lernanreize zu definieren sind, die sowohl steuernde als auch motivierende Funktionen haben. Im Lehrerimpuls geht es um die Unterrichtsimpulse, die vom Lehrer ausgehen und den Schüler motivieren und seinen Lernprozeß steuern sollen. Impulse als Lernanreize lassen sich einerseits unter lern- und motivationspsychologischen Gesichtspunkten erläutern, soweit es um ihre motivationale Funktion geht; andererseits lassen sie sich auch unter denkpsychologischen Gesichtspunkten sehen, soweit es um ihre steuernde Funktion im Lernprozeß geht. Eigene empirische Forschungen der Schulpädagogik liegen kaum vor, die neuere Unterrichtsforschung sieht die Lehrerfrage und den Denkanstoß vorwiegend unter dem Aspekt der »Sprache im Unterricht«, ordnet sie eher sprachwissenschaftlichen Fragestellungen zu. Was läßt sich zumindest vorläufig zum Lehrerimpuls sagen?

Es geht hierbei sowohl um die *Motivation* zu Beginn des Lernprozesses, Salzmann sprach vom »in Gang setzen«, als auch um die Beibehaltung dieses Motivationsniveaus, um das Lernziel zu erreichen, Salzmann sprach hier von »antreiben«. Die Methoden der Wahl sind im Unterricht in der Regel Lob und Tadel, oder allgemeiner: Bekräftigung der Schüler. Das Kopfschütteln des Lehrers und seine abwehrende Handbewegung könnten als Tadel interpretiert werden. Ob dies tatsächlich zutrifft, hängt davon ab, wie der Schüler diesen Impuls erlebt. Jede Wertung einer Schüleraussage läßt sich also unter dem Aspekt Motivation sehen. Darüber hinaus – und hierzu gibt es kaum Untersuchungen – kann auch für die Aufforderung: »Nenne mir einige wichtige Gesichtspunkte für die Interpretation von Gedichten!« eine motivierende Funktion angenommen werden. Diese wird unter dem Aspekt der Lernmotivierung oder der extrinsischen Motivation zu sehen sein: der Lehrer setzt dem Schüler bestimmte Ziele, dieser akzeptiert sie und versucht, sie zu erreichen. Oft muß vermutet werden, daß das Interesse des Schülers für den angebotenen Lerninhalt gering ist, so daß allein der Lehrerimpuls den Lernprozeß in Gang setzt und den Schüler weiterhin »antreibt«. Von einem sachbezogenen Interesse des Schülers könnte in einem solchen Fall keine Rede sein. Vielmehr lernt der Schüler eher oder ausschließlich autoritätsbezogen, das heißt, weil der Lehrer ihn zum Lernen anregt oder gar zwingt. Der – im pädagogischen Sinne – Mißbrauch von Lehrerimpulsen wird in kritischen Auseinandersetzungen stets herausgestellt, ohne daß jedoch dem praktisch tätigen Pädagogen für seinen Unterricht methodische Hilfestellungen gegeben werden. Allein der Hinweis, daß die autoritätsbezogene Motivation durch die sachbezogene Motivation des Schülers zu ersetzen sei, genügt nicht. Darüber wird noch im Kapitel »Schülerimpulse« zu sprechen sein. Zurück zum Lehrerimpuls. Die derzeitige Unterrichtspraxis gestattet keine Abkehr und Vernachlässigung des Lehrerimpulses, was seine motivierende Funktion für den Lernprozeß betrifft. Nur meinen wir, daß es geschicktere Formen des Lehrerimpulses gibt, die den offenen Lernzwang vermeiden helfen. Dazu gehört der Denkanstoß oder auch der nichtverbale Lehrerimpuls.

Was kann unter denkpsychologischem Gesichtspunkt über den Lehrerimpuls gesagt werden? Hier geht es um die Frage, inwieweit der Lehrerimpuls den Lernprozeß des Schülers *steuern* kann. Außer einigen mehr deskriptiven und phänomenologischen Auseinandersetzungen liegen in der Schulpädagogik hierzu keine Erkenntnisse vor. Die Unterrichtsmethodik ist – wie auch im letzten Abschnitt – auf Ergebnisse der Psychologie, speziell der Denkpsychologie, angewiesen, vor allem wenn es um das Lösen von Problemen geht. Lernhilfe kann dann zur fruchtbaren Denkhilfe werden, sie ist es um so mehr, je schwieriger es für den Schüler wird, das Lernziel zu erreichen. »The quality of all this learning – especially in childhood and youth – depends most importantly upon skillful teaching. And among the major functions of teaching, that of guiding learners in structuring approaches to problem is especially significant« (A. N. Frandsen, Educational Psychology, New York 1961, pp. 241). Der bedeutendste Vorteil für den Lehrer, der ihm die Lernhilfe erleichtert, ist in den meisten Fällen die Kenntnis des Lerninhaltes und des Lernzieles. Damit ist ihm die Möglichkeit gegeben, zum Beispiel gemeinsam mit dem Schüler den Denkprozeß nachzuvollziehen. Wie effektiv dieses Nachvollziehen des Denkprozesses für den Schüler ist, hängt weitgehend vom Lehrgeschick des Lehrers ab. Wie dies im allgemeinen zu geschehen habe, ist mit wenigen Sätzen nicht zu sagen und würde den Rahmen dieser Einführung sprengen. Doch ist anzunehmen, daß nach den bisherigen denkpsychologischen Untersuchungen der Lehrer immer wieder nur Anregungen, eben Impulse, geben kann und daß die Lernleistung vom Schüler selbst vollzogen werden muß. Dies läßt sich jedoch nicht immer überprüfen, so daß manches Lernen wahrscheinlich als Scheinlernen zu interpretieren ist.

Welche Lehrerimpulse lassen sich unterscheiden? Zu Beginn dieses Kapitels hatte uns die kleine Auswahl an möglichen Unterrichtsimpulsen gezeigt, daß zu jeder Unterrichtsstunde Dutzende Lehrer- und Schülerimpulse gegeben werden. Die Vielfalt von Impulsen kann unter verschiedenen Gesichtspunkten geordnet und damit systematisiert werden. Eine Gliederungsmöglichkeit ist gegeben, wenn man akustische und optische Impulse einerseits unterscheidet, beide Formen nochmals untergliedert und somit zu insgesamt vier Formen kommt. Diese sollen in einer Übersicht dargestellt werden; dabei soll nur der Lehrerimpuls berücksichtigt werden:

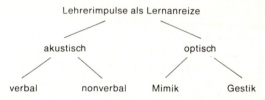

1. Lehrerfrage
2. Aufforderung
3. Denkanstoß

Die gewählten Unterscheidungskriterien sind formal, daß heißt, sie brauchen noch keine Auskunft über die eventuellen Funktionen zu geben, die Impulse methodisch haben. Die akustischen Lehrerimpulse können in verbale und nichtverbale gegliedert werden, zu den verbalen Lehrerimpulsen sind 1. die Lehrerfrage, 2. die Aufforderung und 3. der Denkanstoß zu zählen. Zu den nonverbalen akustischen Impulsen sind unter anderem beispielsweise Ausrufe des Lehrers, sein Räuspern oder sonstige stimmliche Äußerungen zu rechnen. Dabei wird vorausgesetzt, daß sie auch als Lehrerimpulse eingesetzt werden, also bewußt und geplant sind, um die Schüler zu motivieren und ihren Lernprozeß zu steuern. Die optischen Lernanreize können in solche unterteilt werden, die der Mimik und der Gestik des Lehrers zugerechnet werden. Zum mimischen Lehrerimpuls ist das Lächeln des Lehrers, sein Kopfschütteln oder das Nicken zu zählen, sofern es wieder als Impuls gedacht ist. Als Beispiele aus dem Bereich der Gestik lassen sich

nennen: das Heben einer Hand, das Abwinken mit der Hand oder das Vorbeugen des Lehrers.
Nun belegt das Studium der schulpädagogischen Literatur, daß Lehrerimpulse, sofern sie nicht verbal und akustisch sind, anscheinend als unwichtig gewertet werden. Über nonverbale akustische Lehrerimpulse wie auch über mimische Impulse und solche aus dem Bereich der Gestik lassen sich keine empirischen Untersuchungen vorlegen. Doch kann angenommen werden, daß gerade ihnen hinsichtlich ihrer motivierenden Wirkung besonderes Interesse der Forschung gelten sollte; bisher jedoch gibt es allenfalls allgemeine Aussagen und Hinweise in Unterrichtslehren. Im Gegensatz dazu hat sich die Schulpädagogik relativ breit mit den verbalen Lehrerimpulsen beschäftigt, allerdings auch hier primär phänomenologisch und auf der Grundlage schulpraktischer Erfahrungen, empirische Untersuchungen liegen nur wenige vor. Ihre Ergebnisse lassen sich noch nicht verallgemeinern. Ebensowenig gibt es eine empirisch brauchbare Theorie der Unterrichtsimpulse.
Im obigen Schema wurden die verbalen Lehrerimpulse nach dem derzeitigen Diskussionsstand in der Unterrichtsmethodik nochmals unterteilt. Die drei Formen des verbalen Lehrerimpulses – nämlich 1. Lehrerfrage, 2. Aufforderung und 3. Denkanstoß – sollen anschließend besprochen werden, als Sonderform folgt im Anhang die Prüfungsfrage.

1. Lehrerfrage

Für die Lehrerfrage kann – wie auch für die Aufforderung – gelten, daß sie meistens ein enges Antwortfeld vorgibt, und es wird oft behauptet, daß sie weniger motivierend sei als etwa der Denkanstoß. Das führe, so meint man zumindest, zu einer Abnahme der Schüleraktivität im Lernprozeß. Eine der gängigen Unterteilungen der Lehrerfrage ist die nach der Antwortform, auf die sie verweist: die sogenannten Entscheidungsfragen und die sogenannten W-Fragen. In der *Entscheidungsfrage* geht es um die Zustimmung oder Ablehnung in der Antwort, also in der kürzesten Form um »Ja« oder »Nein« in der Antwort: »War Alkibiades ein Verräter der Griechen?« »Hältst du Gewaltanwendung in besonderen Fällen für gerechtfertigt?« »Kannst du ein rechtwinkliges Dreieck aus zwei gegebenen Seiten zeichnen?« Die Beispiele legen schon nahe, daß der Schüler sich bei seiner Antwort eigentlich nicht mit einem bloßen »Ja« oder »Nein« begnügt, vielmehr sollte er vom Lehrer zu einer Begründung seiner Entscheidung aufgefordert werden, wenn er sie selbst nicht bringt. Dies ist – wie Unterrichtserfahrungen vor allem in der Hauptschule und bei Kindern der unteren sozialen Schichten erkennen lassen – nicht selbstverständlich, sondern durchaus erster Versuch, auch Gesprächsschulung im Unterricht zu betreiben. Diese ist nicht etwa auf Unterrichtsgespräche beschränkt. Fordert der Lehrer nicht nur die Entscheidung vom Schüler, sondern auch eine Begründung, so kann die Entscheidungsfrage wahrscheinlich durchaus und damit im Gegensatz zu manchen Methodenmonisten ihre berechtigte unterrichtsmethodische Funktion haben.

Die *W-Frage* als Terminus ist eine Kurzform für alle Fragen im Unterricht, die mit einem der üblichen Fragefürwörter, also Interrogativpronomen, beginnen: Wer...? Was...? Wessen...? Wem...? Wen...? Wozu...? Warum...? Wofür...? Womit...? oder Wovon...? Hierzu gehören demnach Unterrichtsfragen wie: »Warum mag das Wasser im Becherglas gestiegen sein?« – »Wie könnte man diesen Gedanken noch besser formulieren?« – »Wo wird wohl in diesem Entwicklungsland am ehesten Industrie möglich sein?« – »Wer kann mir sagen, wieviel Stunden die Arbeiter brauchen?« und so fort. Ein häufiger Anfängerfehler, der gerade bei den sogenannten W-Fragen gemacht wird, ist die Doppelfrage, verschachtelt oder aneinandergereiht: »Warum mag was im Becherglas gestiegen sein?« fordert zwei Antworten: einmal die Angabe der Flüssigkeit im Becherglas, zum andern die Begründung für das Steigen. Diese verschachtelte Doppelfrage überfordert ebenso wie die aneinandergereihte Doppelfrage vor allem jüngere und leistungsschwächere Schüler mit Verständnisschwierigkeiten. Ein Beispiel für die aneinandergereihte Doppelfrage: »Was ist im Becherglas? Warum ist diese Flüssigkeit im Becherglas gestiegen?« Noch problematischer sind die sogenannten Frageketten, bei denen mehr als drei oder vier Fragen nacheinander vom Lehrer gestellt werden, ohne daß er eine Antwort abwartet. Bedenkt man, daß Fragen im Sinne von Impulsen den Lernprozeß steuern und dem Schüler damit eine Hilfe sein sollen, so wird einsichtig, daß zu viele der weiteren Schritte vorweggenommen werden, ohne daß die ersten Schritte des Lernprozesses geklärt worden sind.

2. *Aufforderung*

In der Aufforderung veranlaßt der Lehrer den Schüler, seinen Anweisungen gemäß sich um den vorgegebenen Lerninhalt zu bemühen und den Lernprozeß zu einem befriedigenden Abschluß zu bringen. Die grammatikalische Form ist der Befehl: »Nenne mir

Gründe für die Ansicht, daß Alkibiades seine Landsleute verraten hat!« – »Zeige uns, daß das Wasser im Becherglas gestiegen ist!« – »Formuliere den Gedanken noch besser!« Ebenso wie in der Lehrerfrage ist das Antwortfeld sehr eng, der Lernprozeß wird eindeutig in die erwünschte Zielrichtung Lernziel gesteuert. Die Kritik der Gegner von Lehrerfragen und Aufforderung richtet sich jedoch meist nicht gegen die Einengung des Schülers im Lernprozeß, sondern gegen die angenommene autoritäre Einstellung, die vor allem der Aufforderung zu entnehmen ist. Man argumentiert, daß der Lehrer dem Schüler gegenüber zu viel Lernzwang ausübe und daß der Schüler zu sehr zur unkritischen Anpassung an die Forderungen und die Person des Lehrers veranlaßt würde. Inwieweit diese Kritik zutrifft, müßte in empirischen Studien geklärt werden. Es ist anzunehmen, daß noch andere Faktoren als die bloße grammatikalische Form eines Lehrerimpulses das bestimmen, was man als autoritären Unterrichtsstil charakterisiert (siehe dazu das Kapitel über Führungsstile).

3. Denkanstoß

Der Denkanstoß wird von Pädagogen, die sich um anspruchsvollere Methoden im Unterricht bemühen, als die Hochform der Lehrerfrage angesehen. Von ihm kann angenommen werden, daß er dem Schüler ein breiteres Antwortfeld läßt und daß er eher als die Lehrerfrage und die Aufforderung den Schüler zu motivieren vermag. Es sollen zum besseren Verständnis wieder einige Beispiele genannt werden; um einen Vergleich zu haben, soll auf die bereits erwähnten Fragen und Aufforderungen zurückgegriffen werden: »Einige Geschichtsschreiber behaupten, daß Alkibiades ein Verräter war!« – »In dem Becherglas beobachten wir etwas!« – »Ich glaube, dieser Gedanke kann noch besser formuliert werden!« – »Ich lese euch jetzt einen Bericht vor, in dem es um die Rechtfertigung von Gewalt durch evangelische Christen geht!« Im letzten Beispiel kann auch der Bericht, der nach der Ankündigung vorgelesen wird, als Denkanstoß interpretiert werden. Nach Huber und anderen Schulpädagogen fördert der Denkanstoß – er spricht von Impulsunterricht und sieht ihn im Unterschied zum Frageunterricht – vor allem das selbständige Denken der Schüler, »damit wird er gleichzeitig zu einer Gelegenheit für Kräfteübung und -schulung; zugleich erhöht er die Schaffensfreudigkeit und das Selbstbewußtsein der Schüler« (F. Huber, Allgemeine Unterrichtslehre, Bad Heilbrunn 1963, S. 44); auch werde in weit größerem Maße als durch die Lehrerfrage im engeren Sinne »die Pflege des sprachlichen Ausdrucks und des Sprechens« ermöglicht; »er macht aus der Frage-Antwort-Schule eine lebendige Arbeitsgemeinschaft, in der alle mithelfen, daß etwas Ordentliches zustande kommt«. Die genannten Vorteile des Denkanstoßes lassen sich sachlicher und damit kritischer umschreiben als: 1. er motiviert besser als die Lehrerfrage, 2. er ermöglicht optimalere Sprechschulung und 3. er hat sozialerzieherische Funktionen. Doch muß ausdrücklich angemerkt werden, daß bei allen Argumenten, die zugunsten des Denkanstoßes geäußert werden und die sehr plausibel zu sein scheinen, brauchbare empirische Studien ausstehen und daß die Unterrichtsmethodik bisher auf subjektives Überzeugungswissen zurückgreifen muß, wenn es um die Lehrerimpulse geht. Zuletzt soll – um die mögliche Gegenposition anzudeuten – ein beachtenswerter kritischer Einwand zitiert werden: die in den letzten Abschnitten behandelte Dreiteilung der verbalen Impulse in Lehrerfrage, Aufforderung und Denkanstoß sei nichts weiter als eine grammatikalische Unterscheidung. Sie enthalte keine zwingenden Konsequenzen, daß sie sich auch hinsichtlich ihrer methodischen Funktion unterscheiden. Die Lehrerfrage sei grammatikalisch nichts weiter als eine Frage, durch ein Fragezeichen erkennbar, eine unvollständige Erkenntnis oder eine Annahme, die bestätigt werden solle. Die Aufforderung sei grammatikalisch ein Befehl, mit Ausrufezeichen, und der Denkanstoß sei, mit dem Satzzeichen Punkt am Ende versehen, der Indikativ, also die Behauptungsform. Der Schüler werde darauf ausgerichtet, diesen Indikativ selbst in eine mögliche Frageform zu übertragen und dann zu beantworten. Die Übertragung in die Frageform sei die einzige selbsttätige Leistung.

Als Sonderform des verbalen Lehrerimpulses ist die *Prüfungsfrage* angekündigt worden. Sie ist eigentlich gar kein Impuls im engeren Sinne, denn sie hat allenfalls motivierende Funktion im Lernprozeß. Und diese kann auch nur dann vermutet werden, wenn der Schüler während des Lernprozesses weiß, daß sie anschließend gestellt wird. Für die Steuerung des Lernprozesses kann der Lehrer von der Prüfungsfrage nichts erwarten. Doch legt die Unterrichtserfahrung die Vermutung nahe, daß sie oft als solche mißverstanden wird. Dann scheint der Lehrer sich vorwiegend als Gutachter und Bewerter zu deuten, der den Lernprozeß dem Schüler überläßt und die Leistungskontrolle als die eigentliche unterrichtliche Aufgabe des Lehrers auffaßt. Eine solche Beschränkung ist pädagogisch nicht zu vertreten, vielmehr sollte umgekehrt seine wichtigere Funktion darin bestehen, dem Schüler Lernhilfe zu geben. Beispielsweise sollen die Schüler eines siebenten Schuljahres im Sprachlehreunterricht die Schreibung der Straßennamen lernen.

Der Lehrer gibt den Schülern die Hausaufgabe, sich im Sprachbuch die entsprechenden Seiten zu erarbeiten. Am nächsten Tag stellt er Fragen wie: »Wie schreibt man ›Eichendorffstraße‹?« – »Buchstabiere ›Konrad-Adenauer-Straße‹ ...!« Der Lehrer fragt nicht nach Lernschwierigkeiten, die die Schüler vielleicht hatten; Fragen, die vom Schüler zu erwarten sind, werden allenfalls als Indiz für schwache Begabung interpretiert; auf eine besondere Motivation der Schüler wird verzichtet.

Ein Lehrer also, der seine berufliche Tätigkeit vorwiegend in der Lernkontrolle erfüllt sieht, vernachlässigt die wichtigere Seite seines Berufs: nämlich Lernhilfe zu geben. So gesehen, hat die Prüfungsfrage allenfalls Kontrollfunktion, einmal für den Lernerfolg des Schülers, zum andern für den Lehrerfolg des Lehrers. Sie wäre im wichtigen Zusammenhang mit Fragen des Lehrerurteils und der Leistungsmessung zu behandeln, in der Unterrichtsmethodik kann sie allenfalls unter dem Gesichtspunkt »Lehrerimpuls« gesehen werden, dort allerdings, wie geschehen, sehr kritisch. Wie sie und auch die echten Lehrerimpulse auf das Schema des Lernprozesses bezogen und ihm zugeordnet werden können, soll anschließend dargetan werden. Das Schema des Lernprozesses wird der Leser noch aus den Einführungskapiteln in Erinnerung haben. Deshalb kann auf eine neue Vorstellung verzichtet werden.

Zuordnung von Lehrerimpuls und Prüfungsfrage zum Lernprozeß:

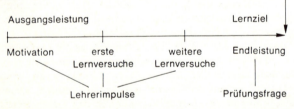

In einem früheren Abschnitt dieses Kapitels ist eine Systematik des Lehrerimpulses erläutert worden, die ausschließlich unter formalen Gesichtspunkten zu sehen war. Nun ist für den Unterricht zweifellos die Frage nach der *Funktion des Lehrerimpulses* wichtiger und für eine Systematik sicherlich fruchtbarer.

Es lassen sich drei *Funktionen* des Lehrerimpulses nennen:
1. Dirigieren
2. Motivieren
3. Informieren

Die Funktion des Dirigierens (1) entspricht genau der Funktion, wie sie allgemein für jede Unterrichtsmethode gilt, nämlich den Lernprozeß zu lenken, bis das angestrebte Lernziel erreicht ist. Ein Beispiel, das fast gänzlich im Dienst dieser Funktion steht und deshalb sehr schlicht ist: »Wie geht die Geschichte weiter?« als Lehrerimpuls, der wenig motivierend ist und dem Schüler keine weiteren Informationen über Lernziel und -inhalt gibt.

Die Funktion des Motivierens (2) durch Unterrichts- und also auch Lehrerimpulse gilt der Aktivierung des Schülers, der Interessenweckung und dem affektiven Beteiligtsein des Schülers. Ein Beispiel aus dem Sachunterricht der Grundschule, das kaum den Lernprozeß lenkt und den Schüler nicht weiter über Lernziel und -inhalt informiert, ist die Anregung: »Wer von euch möchte denn diese Päckchen auf meiner Waage hier vorn auf dem Tisch wiegen?«

Die Funktion des Informierens (3) stellt eine enge Verbindung zwischen dem inhaltlichen und dem methodischen Aspekt im Sinne der Berliner Didaktik her. In ihr geht es darum, durch den Impuls die Schüler mit dem Lerninhalt vertraut zu machen und das Lernziel anzukündigen. Die schlichteste Form ist die Ankündigung des Lehrers: »Wir wollen heute einmal über den Krieg in Vietnam sprechen!« Dieser Impuls ist weder motivierend noch lenkt er den Lernprozeß in eine bestimmte Richtung, er gibt eben nur den Lerninhalt bekannt. Es ist deshalb zu fragen, inwieweit ein solcher Impuls noch als solcher zu bezeichnen ist, wenn er nur eine der drei Funktionen erfüllt.

Über die Funktionen des Lehrerimpulses hinaus ist noch nach *formalen Charakteristika* zu fragen. Erste Forschungsergebnisse liegen zu zwei vor: der Weite eines Impulses (Oehlert, 1977) und die Echtheit eines Impulses (Tausch und Tausch, 1973).

Mit der Weite eines Impulses ist die Offenheit gemeint, die Breite von möglichen Antworten auf ihn; zum Beispiel ist der Impuls: »Überlegt einmal, was man noch nennen könnte!« recht weit, der Impuls »Wie heißt die richtige Lösung dieser Matheaufgabe?« sehr eng. Denkanstöße sind in der Regel sehr viel weiter als Fragen und Aufforderungen, sie gelten deswegen und wegen ihrer Echtheit als die pädagogisch besseren Lehrerimpulse. Jedoch ist damit noch nichts über ihre Effektivität gesagt. So fand Oehlert heraus, daß Lehrerimpulse, die eng sind, weiten Impulsen – was das Behalten angeht – in der Effektivität überlegen sind. Dies traf allerdings nicht für extrem schwere Aufgaben zu, in denen es um Anwendung von physikalischen Kenntnissen handelte. Darüber hinaus stellte Oehlert fest, daß entgegen der weitverbreiteten Meinung von Schulpraktikern anscheinend gerade die leistungsfähigeren Schüler von engen Impulsen profitieren – zumindest für ausgewählte Lerninhalte des Unterrichtsfaches Physik.

Tausch und Tausch haben mit ihren Mitarbeitern die Echtheit von Lehrerimpulsen untersucht. Dabei ergab sich zunächst, daß das Frageverhalten des einzelnen Lehrers sehr konstant ist, über Fächer und Klassenstufe (hohe intraindividuelle Konstanz des Frageverhaltens). Unecht sind alle Fragen, auf die der Lehrer die Antwort bereits weiß, sie dienen also nicht der Informationssuche: »Was ist auf dem Bild dargestellt? Wieviel ist 17^2? What ist the German word for ›exercise‹?« und so fort. Damit sind fast alle sogenannten W-Fragen unecht, wenn sie nicht unmittelbar an die Schüler gerichtet sind (zum Beispiel: Wer von euch . . .? Was sagst du zu . . .? Wen könnten wir . . .?). Tausch und Tausch nehmen an, daß echte Fragen sowohl für Lehrer wie Schüler motivierender sind und den Unterricht als natürlichere Lernsituation erscheinen lassen.

4. Lernakte der Schüler

Wir erinnern uns, daß in den Anfangskapiteln zwischen Lehren und Lernen unterschieden wurde. *Lehren* war dabei als Lernhilfe durch den Lehrer definiert worden. *Lernen* bezog sich auf die unterrichtliche Aktivität des Schülers. *Unterricht* läßt sich als der organisatorische Rahmen bezeichnen, in dem sich Lehren und Lernen in der Schule vollziehen. Auf dieser Grundlage sind die Aktionsformen des Lehrens (Akzent: Lehrer) und die Lernakte des Schülers (Akzent: Schüler) zu sehen. Unter unterrichtsmethodischen Gesichtspunkten geht es bei den Lernakten vor allem um drei Formen: den Schülervortrag, die Schülerimpulse und die Hausaufgaben. Diese Formen sind wahrscheinlich nicht alle denkbaren Lernakte des Schülers, doch sind es diejenigen, die vergleichsweise am häufigsten Gegenstand von unterrichtsmethodischen Überlegungen und Untersuchungen der Schulpädagogik waren. Was jedoch für viele Einzelmethoden des Unterrichts kritisch angemerkt werden muß, gilt im besonderen Maße für die Lernakte der Schüler: sie sind noch weniger als andere Methoden bisher erforscht worden. Für den Verfasser ist dies ein Indiz dafür, wie wenig gerade das Schülerlernen als Forschungsgegenstand Interesse gewann und wie wenig ernst die pädagogische Theorie es meint, wenn sie von der »Selbsttätigkeit« der Schüler, von ihrer »Erziehung zur Selbständigkeit« und von der »Individualisierung des Unterrichts« oder von dem Abbau autoritärer Unterrichtsmaßnahmen spricht.

Ebenso wie der Ausdruck »Aktionsformen des Lehrens« und die »Sozialformen des Unterrichts« – auf die in späteren Kapiteln eingegangen wird – läßt sich auch der Ausdruck *»Lernakte der Schüler«* auf Schulz und Klafki zurückführen. Allerdings muß er bei Schulz aus der Lücke erschlossen werden, die nach den Aktionsformen des Lehrens gelassen wurde. Und bei Klafki heißt es zwar, daß »die verschiedenen Formen der zielorientierten Akte der Schüler« auch als Lernakte bezeichnet werden. Doch an späterer Stelle wird ausdrücklich der enge Bezug zu den Aktionsformen des Lehrens betont. »Auf der Seite der Schüler können viele der eben als Aktionsformen des Lehrens genannten Vollzüge nun als Lernakte auftreten: Problemfragen oder Entscheidungsfragen ebensogut wie Bemerkungen des Zweifelns, des Nichtverstehens oder des Erstaunens, die auf Äußerungen des Lehrers oder der Mitschüler bezogen sind: Erzählen, Vorlesen und Erklären ebensogut wie die

Bildung von Beispielen oder das Zeigen, das Vormachen oder Experimentieren usf.« (Funkkolleg Erziehungswissenschaft 2, S. 151). Auf eine deutlichere Abhebung der Lernakte von den Aktionsformen des Lehrens wird verzichtet. Allerdings schränkt Klafki dies auch ausdrücklich ein, als das »Beziehungsgefüge, das zwischen Lehrakten und Lernakten besteht, bis heute keineswegs hinreichend erforscht« sei. Vielmehr geht Klafki im folgenden auf das Prinzip der Selbsttätigkeit ein, das am ehesten noch weitere Informationen über die Lernakte der Schüler erlaubt.

Nun kann *Selbsttätigkeit* einmal vorwiegend historisch und phänomenologisch, zum andern aber auch lern- und motivationspsychologisch gesehen werden. In dem Einführungskapitel über Begriff und Abgrenzung der Unterrichtsmethodik hatten wir Selbsttätigkeit als eine Aktivität definiert, in der der Schüler selbst Träger des Lernprozesses ist. Der Schüler ist dabei in dem Maße selbsttätig, in dem der Lehrer auf massive Lernhilfen verzichtet. Das bedeutet jedoch nicht, daß der Schüler nur spontan, also von sich aus zu lernen habe, sondern Selbsttätigkeit kann auch vom Lehrer angeregt werden. Danach jedoch hält sich der Lehrer zurück und überläßt den Schüler sich selbst im Lernprozeß. Hier kann – mit einem schulpädagogischen Begriff – aus dem unmittelbaren ein mittelbarer Unterricht werden. Soweit der Rückblick auf den Begriff der Selbsttätigkeit. Für die Lernakte des Schülers ergibt sich, daß die Aktivität des Schülers innerhalb des Lernprozesses überwiegt. Der Lehrer hält sich weitgehend zurück, der Unterricht wird – wie erwähnt wurde – »mittelbarer« als Lernhilfe dem Schüler gegenüber: im Schülervortrag, im Schülerimpuls und in den Hausaufgaben.

Wie groß die Lernhilfe durch den Lehrer sein muß und wie eigentätig der Schüler lernt, ist weitgehend von zwei Faktoren abhängig: der Motivation des Schülers und der Schwierigkeit des jeweiligen Lerninhaltes. In der Motivationspsychologie wurde in den letzten zwei Jahrzehnten ein theoretisches Konzept in großer Breite erforscht; gemeint ist die sogenannte Leistungsmotivationsforschung. In ihr geht es um die Frage, wodurch das Leistungsverhalten des Menschen bestimmt wird, warum es hoch- und niedrigmotivierte Menschen gibt und welche Erziehungsmaßnahmen zur Entwicklung des Leistungsmotivs beitragen. Das *Leistungsmotiv* ist dabei als ein Bedürfnis nach Leistung zu umschreiben, ein Mensch mit einem stark ausgeprägten Leistungsmotiv kann als »ehrgeizig«, »strebsam« und »zielstrebig« charakterisiert werden. In der Schule – so zeigen Untersuchungen – ist die weitere Entwicklung des Leistungsmotivs nicht mehr als eine isolierte Erscheinung zu sehen; vielmehr ist es von Erfolg und Mißerfolg, von sozialen Kontakten zu Eltern und Mitschülern wie auch von der weiteren Förderung durch das Elternhaus abhängig. Auch die Schwierigkeit von Aufgaben kann als Variable in Frage kommen: wird der Schüler überfordert, kommt es zu Mißerfolg, zum Senken der Leistungsansprüche, die er sich setzt, und schließlich zum Verzicht auf Leistung und damit zum Abfall seiner Motivation. Das heißt, und damit sind wir beim zweiten, oben genannten Aspekt: der Aufgabenschwierigkeit. Sie ist – im Unterschied zum motivationalen Aspekt – eher unter rationalen und kognitiven Gesichtspunkten zu sehen. In der Unterrichtspraxis führt sie zu wichtigen didaktischen Vorentscheidungen. Doch wird diese Frage in der didaktischen Analyse vernachlässigt, und in Unterrichtslehren wird sie unter Begriffen wie »Altersgemäßheit«, »Stufengemäßheit« oder »Entwicklungsgemäßheit« eher schlagwortartig denn wissenschaftlich behandelt: »... verschiedene Entwicklungshöhe bedingt verschiedene Unterrichtsart; wechselndes Entwicklungsniveau verlangt wechselndes Lehrniveau« (Huber). Hierzu gehören Fragen wie die naturwissenschaftlichen Lerninhalte in der Grundschule, die Schilderung als Grundform des Aufsatzes im fünften Schuljahr oder die Ausdauerleistungen bei jüngeren Schülern im Sportunterricht. Darüber hinaus darf nicht übersehen werden, daß große interindividuelle Unterschiede innerhalb einer Jahrgangsklasse bestehen, so daß eine Aufgabe von einem Schüler als leicht erlernbar erlebt, von einem anderen als zu schwer angesehen wird. Auf diese Frage wird im späteren Kapitel »Differenzierung im Unterricht« eingegangen.

Die schulpädagogische Forschung hat sich bisher kaum mit der Frage beschäftigt, wie eigentlich der Schüler die *Schwierigkeit von Aufgaben* erlebt, wie er zum Beispiel auf schwere, auf mittelschwere oder leichte Aufgaben reagiert, ob also das Lösungsniveau einer Aufgabe Einflüsse auf den Lernprozeß hat. Die bisherigen Forschungen entstammen der Leistungsmotivationspsychologie. Dort wurde die Frage der Schwierigkeit von Lerninhalten experimentell untersucht, vor allem im Zusammenhang mit den Zielsetzungen einer Versuchsperson: wieviel will sie schaffen? wie gut will sie die Aufgaben lösen? Dabei ergab sich als Wichtigstes, daß die Schwierigkeit einer Aufgabe einen sehr weitreichenden Einfluß auf das Lernverhalten von Versuchspersonen haben kann. Das heißt auch, daß die Schwierigkeit einer Aufgabe nicht isoliert von ihrem Motivationsverhalten gesehen werden kann. Dauernde Mißerfolge bei zu schweren Aufgaben führen zum Sinken der Motivation, gelegentliche Mißerfolge können die Motivation steigern, dauernde Erfolge machen unkritisch und führen schneller zur Sättigung, gelegentliche Erfolge beim Überwiegen von Mißerfolgen erhöhen keineswegs die Motivation und so fort. Führten wir diese Gedanken weiter, so müßte eine breite Einführung in die lern- und motivationspsychologischen Grundlagen des schulischen Lernens gegeben werden. Darauf war in den beiden ersten Kapiteln bereits hingewiesen worden; die Lernakte der Schüler haben uns zwangsläufig zu ihnen zurückgeführt.

4.1. Schülervortrag

Der Schülervortrag enthält viele Elemente, die bereits im Kapitel über den Lehrervortrag behandelt worden sind. Auf diese sei zu Beginn des Kapitels erinnernd hingewiesen, und gleichzeitig soll der Bezug zum Schüler und zum Schülervortrag als Lernakt hergestellt werden.
Der *Vortrag als Lernakt des Schülers* ist – im Anschluß an die Definition des Lehrervortrags – eine zusammenhängende Äußerung des Schülers, durch die mittels wörtlicher Rede ein bestimmtes Lernziel erreicht werden soll.
Vom *Schülervortrag* sollte erst dann die Rede sein, wenn er mindestens mehrere Minuten dauert; eine kürzere Äußerung mag als Diskussionsbeitrag und ähnliches bezeichnet werden. Auch für den Schülervortrag gilt also, daß es sich bei ihm um eine zusammenfassende Darstellung von gewisser Dauer handelt und daß diese ein geschlossenes Thema zum Gegenstand hat: durch Vorlesen einer schriftlich ausgearbeiteten Darstellung oder durch freien Vortrag eines Themas. Zu fragen ist, wo und in welchen Formen der Schülervortrag als Unterrichtsmethode seine Begründung findet. Formal können wie im Kapitel über den Lehrervortrag verschiedene Grundformen unterschieden werden: Bericht, Erzählung, Beschreibung und Schilderung. Im Schülervortrag findet man die drei Formen der Erzählung, des Berichtes und der Beschreibung wieder. Darauf braucht im einzelnen nicht noch einmal eingegangen zu werden. Vielmehr können wir uns mit dem Hinweis auf das Kapitel über den Lehrervortrag begnügen; in diesem Kapitel wird nur auf einige konkrete Formen des Schülervortrags hingewiesen, wie sie im Unterrichtsalltag verwirklicht werden können: das Erzählen in der Grundschule, Gruppenberichte aus dem Gruppenunterricht, die Bild- und Werkbeschreibung, das Vorlesen von Aufsätzen sowie das Anfertigen und Halten von Referaten.

1. Das Erzählen in der Grundschule

In der Grundschuldidaktik wird oft an erster Stelle die »muttersprachliche Schulung« hervorgehoben, die als Lernziel für das Erzählen in der Grundschule gelte. Darüber hinaus ist jedoch auch auf die unterrichtsmethodische Funktion hinzuweisen, die es hat. So wird dem Schüler im sogenannten Morgenkreis die Möglichkeit gegeben, von seinen Erlebnissen am Wochenende zu erzählen. Bei der Einführung in ein neues Unterrichtsthema haben die Schüler Gelegenheit, über eigene Vorerfahrungen zu erzählen: Umgang mit Haustieren, Erlebnisse mit Freunden und Geschwistern, Einkaufen für die Eltern oder Basteln zum Weihnachtsfest. In den ersten Schuljahren ist es vergleichsweise leicht für den Lehrer, viele seiner Schüler frei erzählen zu lassen; in den späteren Schuljahren treten oft Sprechhemmungen auf, die unter Umständen durch allzu intensives Korrigieren durch den Lehrer und mißverstandene Ausdrucksschulungen im Deutschunterricht entstehen können. Unter unterrichtsmethodischen Gesichtspunkten gesehen, gewinnt das freie Erzählen in der Grundschule an Bedeutung, wenn es um die motivierende Einführung in ein neues Thema geht, aber auch, wenn das Vorwissen der Schüler in Erinnerung gerufen werden soll und um die sprachliche Fassung von Lerninhalten zu verbessern.

2. Gruppenberichte

Der Gruppenbericht ist Teil des Gruppenunterrichts; über ihn wird ausführlicher an späterer Stelle gesprochen. Hier sei nur soviel erwähnt: im Gruppenunterricht geht es vornehmlich um die Zusammenarbeit von Schülern in Kleingruppen und um die Erarbeitung von gegebenen Lernzielen. Abschluß der Gruppenarbeit ist der Gruppenbericht. Dieser wird in der Regel von einem Mitglied jeder Kleingruppe vorgetragen und in der Klasse besprochen. Dieser Gruppenbericht sollte die Ergebnisse der Gruppenarbeit zusammenfassend enthalten und kann vom Berichterstatter der Gruppe abgelesen oder anhand von Stichworten vorgetragen werden.

3. Bild- und Werkbeschreibung

Im Deutschunterricht hat die Bildbeschreibung vorwiegend fachdidaktische Zielsetzungen: Einführung in eine Aufsatzform und sprachliche Schulung. In anderen Fächern, vor allem den Sachfächern und einigen sogenannten musischen Fächern wie Kunst- und

Werkerziehung geht es auch um inhaltliche Lernziele. Die Beschreibung kann wiederum mündlich oder schriftlich gebracht werden. In ihr geht es – siehe die Abschnitte über den Lehrervortrag und die Beschreibung als Sonderform – vor allem darum, ein räumliches Nebeneinander wiederzugeben. Der Schüler versucht, einen Sachverhalt knapp und übersichtlich darzustellen, so daß die wichtigsten Einzelheiten bekannt sind und in ihrem Funktionszusammenhang gesehen werden. Solche Werkstücke und Bilder sind als optische Wahrnehmung gegeben und sollten deshalb möglichst gut strukturiert als Lerninhalt vorliegen. Beispiele: ein Dia vom Buckingham Palace in London als Lerninhalt im Erdkundeunterricht des 6. Schuljahres, ein aus Gips geformter Vogel im Werkunterricht des 7. Schuljahres, ein Dürerportrait im Kunstunterricht des 11. Schuljahres oder das Modell einer Dezimalwaage zusammen mit einer funktionsfähigen Waage im Physikunterricht des 7. Schuljahres.

4. Vorlesen von Aufsätzen

Mehr als bei den bisher genannten Beispielen hat der Schüler bei der Gestaltung und dem Vorlesen von Aufsätzen die Möglichkeit, eigene Vorstellungen zu verwirklichen. Hierbei geht es uns – da wir es ja mit methodischen Überlegungen zu tun haben – nicht so sehr um die formale Gestaltung der Aufsätze als indessen um den Inhalt. Damit rückt der Lerninhalt wieder stärker ins Blickfeld, der Aufsatz – den der Schüler eigenständig geschrieben hat – kann zum wichtigen Beitrag werden, um das Lernziel der Klasse zu erreichen. Bisher hat sich allenfalls die Grundschulpädagogik dieser methodischen Möglichkeit erinnert und ihn im Anfangsunterricht und im Sachunterricht bis zum vierten Schuljahr wirkungsvoll eingesetzt. Zwar steht auch hier meistens die sprachliche Schulung – also der fachdidaktische Gesichtspunkt – im Vordergrund der inhaltlichen Überlegungen, aber es werden auch weitergehende Ziele angestrebt. Diese können unter anderem den Richtlinien entnommen werden, wie sie die einzelnen Länder in der Bundesrepublik verfaßt haben. So heißt es zum Beispiel in den Richtlinien des Landes Niedersachsen für den Sachunterricht der ersten Bildungsstufe (1. bis 3. Schuljahr), daß die Kinder angeleitet werden sollen, »ihre alltägliche Umwelt und die für sie bedeutungsvollen Lebensverhältnisse und Naturgegebenheiten nachdrücklicher zu erleben und genauer zu erfassen«. Lerninhalte sind in dieser Bildungsstufe unter anderem: Geräte und Werkzeuge, die sie kennenlernen sollen, handhaben, in einfachen Arbeitsvorrichtungen selbst ausführen, darüber sprechen und in ersten Versuchen schreiben sollen; heimatkundliche Unterrichtsgänge, um die Umwelt bewußter zu erleben und ebenfalls kennenzulernen; Sammeln von Gegenständen und darüber schreiben und so fort. In den Richtlinien wird hier vom »gestaltenden Darstellen« gesprochen und dieses als »das wichtigste Verfahren für das geistige Verarbeiten der Wirklichkeit, weil es sinnenhaftes Auffassen fördert, ohne besondere Verallgemeinerung zu verlangen« bezeichnet. Wie jedoch Untersuchungen zum Aufsatzunterricht zeigen, dominiert vielfach in der Bewertung die sprachliche Form des Aufsatzes, und die inhaltlichen Aspekte werden vernachlässigt. Dadurch sind Kinder mit Schwierigkeiten im sprachlichen Ausdruck wieder einmal benachteiligt, von der Überbewertung der Rechtschreibung im Grundschulunterricht ganz abgesehen.

5. Anfertigen und Halten von Referaten

Referate sind methodisch vorwiegend in der Sekundarstufe II (also ab 11. Schuljahr) und am Ende der Sekundarstufe I (ab 8. Schuljahr) vertretbar. Sie können als eine höhere und anspruchsvollere Form des »Aufsatzes« angesehen werden. Das Referat ist mehr als ein mündlicher Bericht. Es ist eine Abhandlung über ein bestimmtes Thema, das wissenschaftlichen Ansprüchen genügen sollte. In ihm werden möglichst umfassend Forschungsergebnisse zusammengefaßt, sachlich wiedergegeben und – wenn ausdrücklich vermerkt – auch kritisch analysiert. Es kann als Anregung für eine Diskussion dienen, unterrichtsmethodisch die Grundlage für ein Unterrichtsgespräch sein. Diese Funktion kann vor allem das Übersichtsreferat erfüllen. Voraussetzung für ein gutes Referat ist die gründliche Vertrautheit mit dem Thema, das heißt, zur Vorbereitung gehört die gründliche Literaturkenntnis, aus ihr ergibt sich erst die Gliederung des Themas nach bestimmten Gesichtspunkten und abschließend die Vorbereitung eines Konzeptes. Es wird zwar immer wieder empfohlen, ein Referat nicht ausführlich schriftlich vorzubereiten; doch ist die Regel, daß Referate abgelesen werden, was ihre Wirksamkeit verringern kann. Ein Konzept mit Stichworten und wichtigen Kernsätzen und Zitaten sollte als Grundlage ausreichen. Die endgültige Gestalt des Referats ergibt sich im Verlauf des Vortrages. Es kann eine wichtige Vorbereitung auf spätere Ausbildung und Studium des älteren Schülers sein; mögliche Themen – die als Propädeutikum denkbar sind – werden dem Lebensbereich des Schülers entnommen: ein Referat über ein Buch und seinen Autor, über ein anspruchsvolles Hobby des Schülers, ein Thema aus dem Fach Geschichte, Erdkunde, Physik, Biologie oder Chemie.

4.2. Schülerimpulse

Im Kapitel über Lehrerimpulse hatten wir alle möglichen Impulse des Lehrers, also Lernanreize, diesem Begriff untergeordnet. Beim *Schülerimpuls* als Lernakt ist dies grundsätzlich auch möglich, doch tritt dabei noch stärker als beim Lehrerimpuls die Schülerfrage in den Vordergrund. Andere Schülerimpulse wie solche aus dem nonverbalen Bereich – so Mimik oder Gestik – scheinen kaum von Bedeutung zu sein. Inwieweit dies berechtigt ist zu sagen, hängt von ausstehenden Untersuchungen ab. Aber auch zur *Schülerfrage* liegen kaum Aussagen, geschweige denn empirische Untersuchungen in einer solchen Breite vor, daß Verallgemeinerungen gewagt werden dürften. Über Schülerimpulse ist bisher nur im Zusammenhang mit entwicklungspsychologischen Problemen, mit reformpädagogischen Bemühungen innerhalb des Gesamtunterrichts und mit dem freien und gebundenen Unterrichtsgespräch diskutiert worden.

Unter entwicklungspsychologischen Gesichtspunkten können Aussagen bis in die ersten Schuljahre der Grundschule versucht werden. In der Entwicklungspsychologie werden zwei sogenannte *Fragealter* unterschieden. Das sind Phasen in der kindlichen Entwicklung, die unter anderem charakterisiert sind durch ein gehäuftes Fragen des Kindes. Das erste Fragealter wird für das Alter von 1;6 bis 2;0 Jahren angesetzt; es ist das Namenfragen des Kindes mit Fragen wie: »Is'n das?«, also »Was ist das?«. Dem Kind geht es hierbei – natürlich nicht bewußt und gezielt – um Erweiterung seines Wortschatzes. Im zweiten Fragealter stellt das Kind »Warum-Fragen«, das heißt, es will für alle Erscheinungen, die vom Üblichen und Gewohnten abweichen, eine Begründung haben. Diese Warum-Fragen sind allerdings nicht kausal, sondern final gemeint; das Kind fragt nach dem Zweck, den zum Beispiel ein Flugzeug (zum Fliegen), ein Lkw (zum Transportieren von Gegenständen) oder ein Hund (zum Bewachen) hat. Kinder, die noch zu Beginn der Schulzeit Warum- oder gar Namensfragen gehäuft stellen, gelten als retardiert, das heißt, in ihrer gesamtseelischen Entwicklung zurückgeblieben. Man erwartet auch vom Schulanfänger bereits eine »ernstere« Fragehaltung, was bei vielen Schülern zu Hemmungen führt, überhaupt Fragen zu stellen. Es wird in der Regel von ihm erwartet, daß er nur dann fragt, wenn dazu eine gewisse sachliche Berechtigung besteht. Dieser Einfluß auf die kindliche Fragehaltung setzt in der vorschulischen Erziehung durch die Eltern ein und kann nur noch wenig durch den Lehrer korrigiert werden. Wächst das Kind in einer erzieherisch optimalen Familie auf, so wird es stets dann fragen, wenn ein Frageanlaß gegeben ist. Werden die Fragen von den Eltern nicht oder nur unzureichend beantwortet oder wird sein Fragen gänzlich unterbunden, kommt es sehr schnell zum Abbrechen und damit zu einem verlangsamten Entwicklungsfortschritt. Rieder bringt ein instruktives Beispiel optimalen Elternverhaltens:

Der Vater hat eine Hausnummer aus Schmiedeeisen gekauft, nimmt sie aus der Einkaufstasche und legt sie – noch eingewickelt – auf den Tisch; Alter des Kindes 5; 2 Jahre.
Kind: Was ist da drin? – Vater: Schau!
Kind: Ist das eine Drei? Eine Drei ist das. Gelt? – Vater: Ja.
Kind: Wo hast du die her? – Vater: Die habe ich im Geschäft gekauft.
Kind: Was kann man damit machen? – Die machen wir am Haus an.
Wann tun wir das schaffen? Heute? – Ja.
Wann heut? – Heute abend.
Darf ich dir helfen? Gelt, ich darf dir helfen.

Dieses Beispiel zeigt eindrucksvoll, wie umfassend dieses Kind versucht, sich zu informieren. Zuerst erfragt es den Gegenstand, dann seine Herkunft, den Zweck, den Zeitpunkt seiner Verwendung und äußert dann den Wunsch, selbst mit dem Gegenstand umzugehen.

Der Grundschullehrer kann zwar in den beiden ersten Schuljahren bei seinen Schülern noch ein naives und selbstverständliches Fragen beobachten, doch läßt dieses Fragebedürfnis mit steigendem Alter immer mehr nach. Diese Fragescheu wird so groß, daß Methodiker Überlegungen anstellen müssen, um das verlorene Fragebedürfnis neu zu wecken. Hierzu läßt sich die Hypothese mit einiger Berechtigung äußern, daß der übliche Frontalunterricht mit der Lehrerdominanz bei Frage und Antwort wie im Lehrervortrag die Schüler entmutigt. Hierzu kommt die Ungeduld des Lehrers gegenüber fragenden Schülern, vor allem, wenn sie Fragen stellen, die nicht unmittelbaren Bezug zum Lerninhalt der Stunde haben. Hierzu haben sich die Reformpädagogen, vor allem Vertreter des Gesamtunterrichts nach Berthold Otto, geäußert. Damit sind wir beim zweiten Aspekt, auf den wir im folgenden Abschnitt eingehen wollen.

Der *Gesamtunterricht* im Sinne von Berthold Otto hat zum Vorbild das Tischgespräch in einer kinderreichen Familie. Die Schule wird als ähnliche Organisationsform gesehen, und zu bestimmten Zeiten treffen sich alle Schüler einer Schule zu einer Art »Tischgespräch«, in dem die Schüler ihren »natürlichen Fragetrieb« befriedigen können. Das freie Unterrichtsgespräch, auf das im Kapitel über das Unterrichtsgespräch eingegangen wird, läßt sich auf den Gesamtunterricht nach Berthold Otto zurückführen. Der »natürliche Fragetrieb« des Kindes drückt sich darin aus, »daß die Kinder sich in der Welt zurechtzufinden suchen und daß sie das zunächst mit Hilfe ihrer eigenen Sinne tun, daß sie durch ihren eigenen Forschertrieb sich überall hinführen und leiten lassen und kombinieren, was vor ihnen liegt, daß sie aber überall dann, wenn ihre eigene Kombinationsfähigkeit sie im Stich läßt, wenn ihnen etwas durch die Sinne kommt, was sie sich nicht erklären können, sich fragend an die Eltern wenden und dann von Eltern oder älteren Geschwistern oder von anderen Verwandten bereitwillig Auskunft erhalten« (B. Otto, 1. pädagogische Flugschrift des Berthold-Otto-Vereins, Berlin 1913). Diese Anregungen wurden in die pädagogische Gedankenwelt aufgenommen und stets dann zitiert, wenn es um »Pädagogik vom Kinde« aus und um Selbsttätigkeit als Prinzip der Schulpädagogik ging.

Dies gilt auch für die heutige Diskussion zur Schülerfrage, sofern sie überhaupt einmal von einem erziehungswissenschaftlichen Theoretiker behandelt wird. So wird sie beispielsweise von Sauer in seine Überlegungen zur Frage im Unterricht einbezogen (K. Sauer, Zur didaktischen und methodischen Bedeutung der Frage im Unterricht, Die Deutsche Schule, 1966, 430—444). Dabei verzichtet Sauer allerdings weitgehend darauf, etwa im Sinne von Otto einen »natürlichen Fragetrieb« beim Schüler anzunehmen. Vielmehr soll der Schüler im und durch den Unterricht erst befähigt werden, »Probleme, Fragen sehen zu lernen«, »sich durch ihre Offenheit und Dringlichkeit beunruhigen und zum Denken, zum Handeln aktivieren zu lassen«. Lernziel des Unterrichts ist es also unter anderem, das Kind zu lehren, »angesichts bestimmter Sachverhalte angemessen Fragen zu stellen«. Die Frage allerdings, wie nun der Lehrer seine Schüler zum Fragen führen könne, bleibt unbeantwortet. Es liegt jedoch nahe anzunehmen, daß die echte Schülerfrage nur dann auftritt, wenn der Schüler an einem bestimmten Lerninhalt großes Interesse zeigt, darüber hinaus sehr stark ichbezogen motiviert ist und vom Lehrer ermutigt wird, Fragen zu stellen. Gleichgültigkeit oder gar Ablehnung eines Lerninhaltes werden wahrscheinlich nicht zu Fragen führen. Jedoch ist das, was man in der Philosophie als Problembewußtsein bezeichnet, unter psychologischen und pädagogischen Gesichtspunkten bisher nur ungenügend erforscht.

Eine Hilfe, um häufiger als im konventionellen Unterricht zu Schülerfragen zu kommen, ist durch das *Unterrichtsgespräch* möglich. Hier haben Schüler Gelegenheit, sich zu bestimmten Lerninhalten frei zu äußern, Fragen zu stellen und auch selbst Antworten zu suchen. Allerdings besteht für das Fragen im Unterrichtsgespräch die Gefahr, daß nicht mehr echte Schülerfragen gestellt werden. Dies gilt besonders dann, wenn den Schülern Gesprächsthemen gegeben werden, zu denen sie keine besondere Beziehung haben. Ein Beispiel soll erläutern, was im Unterrichtsgespräch die Schülerfrage sein könnte und was sie nicht sein sollte. Das Beispiel ist einem Gesamtunterrichtsprotokoll von Kretschmann aus dem Jahre 1926 entnommen; es wird im Kapitel Unterrichtsgespräch noch einmal unter inhaltlichen Gesichtspunkten zitiert. Jetzt sollen nur die wichtigsten Schülerfragen herausgegriffen und kurz analysiert werden:

»Da links vom Eingang steht ein Denkmal; da ist ein mächtiger Löwe drauf« (Frieda). »Was soll der Löwe da?« (Ewald). – »Der Löwe ist ein starkes, mächtiges Tier; das wissen alle Leute. Manche sagen zu ihm der König der Tiere« (Irene). – Gewiß, die anderen Tiere haben Furcht vor ihm. Und solch ein Löwe mit der langen Mähne, der sieht auch stolz und stattlich aus (Lehrer). – »Dann haben sie ihn wohl darum hingebaut, damit alle Leute sehen sollen, hier wohnt auch ein Löwe?« (Ewald). – Freilich, genauso wie du sagst, so ist es (Lehrer). – »Ich denke, in dem Haus hat ein Kaiser gewohnt?« (Richard). – Das stimmt, aber viel ändert sich doch darum nicht ... (Lehrer). – »Ich wollte noch sagen, in Jänickendorf heißt doch ein Bauer Löwe; dann ist er wohl auch so mächtig stark?« (Irene). – Nun, in unserem Dorf heißt doch auch einer Schneider und näht keine Anzüge ... (Lehrer).

Gewiß stellen die Schüler in Unbefangenheit und Naivität die Fragen, die ihnen spontan einfallen. Doch ist hier der Verdacht nicht von der Hand zu weisen, daß die Schülerfrage als methodische Maßnahme, also als Lernimpuls, zum Selbstzweck wird. Der Lehrer scheint sich damit zu begnügen, daß seine Schüler Fragen stellen, ohne kritisch zu bedenken, welche Funktion sie eigentlich im Lernprozeß haben und welche Lernziele angesteuert werden.
Sicherlich erhalten sie nebenbei Informationen über den Symbolwert eines Löwendenkmals, aber der Lehrer bleibt im Anthropomorphisieren, das heißt, im Vermenschlichen der Tiergestalt stecken. Und die Antwort auf die Schülerfrage nach der Übereinstimmung von Familiennamen und Wortbedeutung dieses Namens bleibt unbefriedigend, vielleicht ist sie sogar ungeschickt, da die Schülerin entmutigt wird, wenn solche Antworten vom Lehrer gegeben werden.

Trotz aller Forderungen, vom sogenannten lehrerzentrierten Unterricht abzukommen und endlich schülerzentriert zu arbeiten, zeigen die Untersuchungen von Tausch und Tausch (1973, S. 212), daß etwa 80 Prozent aller

Wörter vom Lehrer und nur 20 Prozent der Wörter im Unterricht vom Schüler gesprochen werden, wobei es sich meist um Antworten auf Lehrerimpulse und nur selten um echte *Schülerimpulse* handelt. So liegt der Anteil der spontanen Schüleräußerungen, die ein Reservoir für Impulse sein können, bei 1 bis maximal 6 Prozent im Unterricht. Dabei schwanken die Prozentsätze von Fach zu Fach beträchtlich. In Mathematik, Geschichte und Erdkunde sind sie gering, am höchsten in den Fächern Chemie und Physik, wie Winnefeld in Übereinstimmung mit Wiesenhütter feststellte.

Daß nicht jede spontane Schüleräußerung als Unterrichtsimpuls gewertet werden kann, liegt nahe. Sie ist es dann, wenn sie (siehe Kuckuck, 1975) neue Sachperspektiven eröffnet, sich unmittelbar an die behandelte Thematik anschließt, versuchen, den Lerninhalt zu erweitern, jedoch nicht akzeptabel, wenn sie auf untergeordnete Randgebiete ausweicht, völlig außerhalb der Thematik liegt, sachlich falsch sind oder bereits Behandeltes nur wiederholt.

Brauchbare Schülerimpulse sollten nicht ignoriert oder zurückgewiesen werden, sondern sofort aufgegriffen, auf später verschoben, zumindest aber korrigiert und modifiziert in den weiteren Unterrichtsverlauf eingearbeitet werden.

Faßt man die *Funktion der Schülerfrage* unter inhaltlichen und methodischen Gesichtspunkten zusammen, so ergibt sich:
1. sie ist im Unterschied zur Lehrerfrage eine echte Frage; das heißt, sie entspringt einem echten Informationsbedürfnis, das vom Lehrer unterrichtlich genutzt werden sollte;
2. sie weist den Lehrer auf Interessengebiete seiner Schüler hin, die er bei strikter Beachtung der Lehrpläne übersehen und nicht berücksichtigen würde;
3. sie motiviert den Schüler stärker als die unechte Lehrerfrage, die von einem Fragenden, der die Antwort weiß, an einen Antwortenden gerichtet wird, der sie oft nicht weiß;
4. sie verführt zum Verbalismus beim Lehrer, der – wie im Unterrichtsprotokoll nach Kretschmann – sich mit oberflächlichen Äußerungen begnügt, ohne nach der Lerneffektivität zu fragen;
5. sie hat als Lerninhalte Themen, die zwar den einzelnen Schüler interessieren, vielleicht auch eine Gruppe, aber unter Umständen weder vom Lehrer noch vom Lehrplan her eine Berechtigung haben, das heißt, in der Schülerfrage wird die subjektive Lernzielbestimmung bevorzugt.

4.3. Hausaufgaben

»Hausaufgaben ... sind eines der zahlreichen Instrumente der Schule, um die Unterschiede zwischen ›guten‹ und ›schlechten‹ Schülern deutlicher herauszuarbeiten« (Horst Speichert, Aktion: Schluß mit den Hausaufgaben, betrifft: erziehung, 1972, 5, S. 21). Speichert meint, aufgrund der vorliegenden Untersuchungen zum

Thema Hausaufgabe und der Erfahrungen in der Unterrichtswirklichkeit sollten Hausaufgaben, als Lernakte der Schüler, nicht mehr gestellt werden. Bevor jedoch solch ein pauschales Urteil gefällt wird und pädagogischer Aktionismus die sachkritische Reflexion ersetzt, sollte nach Argumenten für und wider Hausaufgaben und nach brauchbaren empirischen Untersuchungen zu diesem Thema gefragt werden.

In der traditionellen Schulpädagogik haben Hausaufgaben ihre selbstverständliche methodische Funktion, ohne daß viel nach ihrer Effektivität gefragt wird. Sie umfassen alle mündlichen und schriftlichen Aufgaben, die dem Schüler außerhalb des Unterrichts und ohne direkte Lehrerhilfe aufgegeben sind. Sie können als Vorbereitung oder als Nachbereitung des Unterrichts gedacht sein. Im letzteren Falle soll der Schüler den Lernprozeß selbsttätig zu Ende führen oder die Lerninhalte der vorausgegangenen Unterrichtszeit festigen. Die Hausaufgaben werden allenfalls von den häuslichen Erziehern überwacht, oder es werden durch sie Lernhilfen gegeben. »Die Hausaufgaben zählen jedoch bis heute nicht zu den geklärten Fragen. Die Fachleute spalten sich in zwei Lager« (Wittmann).

Von den *Befürwortern* der Hausaufgaben werden unter anderem folgende *Argumente* vorrangig genannt – Gegner der Hausaufgaben sind im Gegensatz zur Literatur in der Minderheit:

1. Hausaufgaben sind ein wichtiges Bindeglied zwischen Schule und Elternhaus.
2. Sie erziehen den Schüler zu Selbständigkeit, Kreativität, Pflichtbewußtsein und anderem mehr.
3. Sie wecken zusätzliche Interessen und Eigeninitiative.
4. Sie haben wichtige Übungsfunktionen.
5. Sie dienen der zusätzlichen Vertiefung des Unterrichts.
6. Sie sind eine gute Konzentrationsübung.
7. Der Schüler hat die Möglichkeit zur Selbstkontrolle.
8. Hausaufgaben sind für den Lehrer eine gute Lehrkontrolle.
9. Sie dienen der Vorbereitung auf den Unterricht.
10. Sie sind ein guter Ersatz für ausgefallenen Unterricht.
11. Differenzierende Hausaufgaben ermöglichen eine zusätzliche Individualisierung des Lernprozesses.
12. Sie ermöglichen die Individualisierung des Lerntempos.
13. Sie sind eine gute Selbstbestätigung für den Schüler, besonders der sonst ›stillen‹ Schüler.
14. Sie ermöglichen häusliche Partnerarbeit zwischen Schülern.
15. Die Zeiteinteilung bleibt der freien Entscheidung des Schülers überlassen.
16. Hausaufgaben sind eine sinnvolle Freizeitgestaltung.

Von den *Gegnern* der Hausaufgaben werden Argumente genannt, die oft am Bilde des Schulversagers orientiert sind, so zum Beispiel:
1. Hausaufgaben sind eine zu große zeitliche Belastung für den Schüler.

2. Sie vergrößern die Chancenungleichheit, und zwar besonders bei den ohnehin schon leistungsschwachen Schülern.
3. Sie benachteiligen vor allem die schreibschwachen Schüler, da meist schriftliche Hausaufgaben gefordert werden.
4. Es wird meist gar nicht oder nur ungenügend differenziert.
5. Hausaufgaben verstärken die ohnehin weit verbreitete Schülerunlust.
6. Anfängliche Motivation wird durch Hausaufgaben verdorben.
7. Hausaufgaben fördern die Unselbständigkeit der Schüler.
8. Sie sind ein Verlust an Freizeit.
9. Sie verführen zu Unehrlichkeit und Mogeln.
10. Oft bleibt unklar, ob die Lösung eine selbständige Leistung ist.
11. Eltern werden beim Helfen oft fachlich und pädagogisch überfordert.
12. Hausaufgaben sind meist nur überflüssiges mechanisches Lernen.
13. Ihre Effektivität ist viel zu gering im Vergleich zum Aufwand.
14. Sie sind ein ungeeignetes Mittel zum Bestrafen.
15. Sie werden in der Schule vom Lehrer nicht oder nur ungenügend vorbereitet.
16. Die Zeiteinteilung der Schüler ist meist ungünstig (wenn sie in der Mittagszeit angefertigt werden).
17. Durch die notwendige Lehrerkontrolle geht viel Zeit verloren.

Die bisher vorliegenden Untersuchungen zum Thema Hausaufgaben bestätigen insgesamt das letzte Argument, allerdings geben sie genügend Hinweise dafür, daß diese Frage differenzierter und weniger dogmatisch behandelt werden sollte, als dies bei Speichert zu Beginn dieses Kapitels der Fall war. Die Kernfrage für empirische Untersuchungen zum Thema Hausaufgaben sollte ihre *Effektivität* für den Lernprozeß betreffen. Leider liegen hierzu nicht genügend Untersuchungen vor, um endgültige Aussagen machen zu können. Hinzu kommt, daß sie unter wenig vergleichbaren Bedingungen durchgeführt wurden und deshalb nicht ohne weiteres zusammenfassend interpretiert werden können. Frühere amerikanische Untersuchungen in verschiedenen Altersgruppen belegten, daß auch diese methodische Frage nicht global entschieden werden kann. So fand Brooks (1916) in seiner Erhebung bei Schülern des vierten bis sechsten Schuljahres, daß Hausaufgaben dort effektiv waren, wo Eltern an ihnen interessiert waren, sie überwachten, kontrollierten und – wenn notwendig – Lernhilfen gaben. Schüler hingegen, die keine Förderung durch das Elternhaus erhielten, hatten sowohl mit den Hausaufgaben wie auch im Unterricht beträchtliche Probleme. Diese Untersuchungsergebnisse führten in amerikanischen Schulen teilweise zur Verringerung der Hausaufgaben (homework) und zur Einführung von Schulaufgaben (guided study in school), bei denen sich in den sogenannten »study periods« Lehrer bereithalten, um Lernhilfe zu geben.
Im Jahre 1937 versuchte Di Napoli, in einem Feldexperiment zu untersuchen, ob verbindliche oder freiwillige Hausaufgaben zu

größerer Lerneffektivität führen. Dazu teilte Di Napoli seine Stichprobe in zwei vergleichbare Hälften: die eine erhielt regelmäßige Hausaufgaben, die verbindlich waren, von den Lehrern nachgesehen, zensiert und als Grundlage für die Zeugnisnoten verwandt wurden; die zweite Hälfte erhielt nur freiwillige Hausaufgaben, die zudem noch gemeinsam von den Lehrern und Schülern zusammengestellt und anschließend auch zensiert wurden. Schüler des fünften Schuljahres hatten, wenn sie verbindliche Hausaufgaben erhielten, bessere Schulleistungen als die mit freiwilligen Hausaufgaben; bei den Schülern des siebenten Schuljahres hingegen führten freiwillige Hausaufgaben zu einer größeren Lerneffektivität. Der Verfasser schließt hieraus, daß auch das Lebensalter der Schüler bei der Frage nach der Effektivität von Hausaufgaben als beachtenswerte Variable zu gelten hat.

Wie sehr jedoch Hausaufgaben und ihre Effektivität unter dem Gesichtspunkt ihrer Zielsetzung zu unterschiedlichen Ergebnissen führen können, haben Dietz und Kuhrt in einer interessanten Studie im Jahre 1960 vorgelegt (B. Dietz und W. Kuhrt, Wirkungsanalyse verschiedenartiger Hausaufgaben, Schule und Psychologie, 1960, 7, 264—275 und 319—320). Für die beiden Autoren galten als Hausaufgaben alle Aufgaben, »die sich aus dem Unterrichtsprozeß ergeben und außerhalb der Unterrichtsstunde angefertigt werden ... Die Hausaufgaben sind dem Inhalt nach nichts anderes als eine Aufforderung an die Schüler zu einer bestimmten Arbeit mit dem Stoff ...« Dabei gehe es – im Sinne einer positiven Wertung – vor allem um die Selbsttätigkeit der Schüler, und Dietz und Kuhrt formulierten die Hypothese, daß qualitativ gute Hausaufgaben die Entwicklung der Denkfähigkeit der Schüler fördern und helfen, »ein anwendungsbereites Wissen zu sichern«. Allerdings schränken die beiden Autoren ein, daß dies nur unter bestimmten Bedingungen wirksam werde, die noch längst nicht alle erforscht und durch empirische Untersuchungen belegt seien.

Probanden waren Schüler aus den Klassen 9 bis 12; es wurden die tatsächlich gestellten Hausaufgaben eines Schuljahres klassifiziert, die Schüler nach ihrer Einstellung zu den geforderten Hausaufgaben gefragt (Motivation), der Zeitaufwand festgestellt wie auch Leistungskontrollen durchgeführt (Messung der Effektivität). Es wurden insgesamt sechs *Klassen von Hausaufgaben* gebildet, das Einteilungskriterium war die »geforderte Betätigung der Schüler in der häuslichen Arbeit«. Danach wurde unterschieden:
1. Hausaufgaben zur einfachen Festigung von Wissen und Können.
2. Hausaufgaben zur Erweiterung des Wissens.
3. Hausaufgaben zur Systematisierung des Wissens und Könnens.

4. Hausaufgaben zur Anwendung des Wissens und Könnens an gegebenen Beispielen und in bestimmten Situationen.
5. Hausaufgaben zur Anwendung des Wissens und Könnens an zu suchenden Beispielen und Situationen.
6. Hausaufgaben zur Hinführung zu dem neu zu behandelnden Stoff.

Die Auszählung der insgesamt 1533 Hausaufgaben ergab, daß mehr als die Hälfte der Hausaufgaben, nämlich 54%, auf die erste Kategorie fiel: jede zweite Hausaufgabe betraf die einfache Festigung von Wissen und Können. Leistungskontrollen und die Motivationsbefragung der Schüler zeigten jedoch, daß gerade diese Kategorie am negativsten zu werten war: der Lerneffekt war recht gering und die Motivation der Schüler niedrig. In diesem Zusammenhang wird oft das Schlagwort vom »sturen Pauken und Büffeln« gebracht, trifft nach Dietz und Kuhrt jedoch nur bedingt für diese Kategorie zu. Vielmehr sei der geringe Lerneffekt nebst Motivation Ursache für oberflächliches und wenig konzentriertes Lernen in dieser Kategorie.

Etwa 17% aller Hausaufgaben umfaßten solche, die die Anwendung des Wissens und Könnens an gegebenen Beispielen und in bestimmten Situationen zum Inhalt hatten, »solche Aufgaben sind recht positiv in der Lernwirkung, erfordern eine intensive Auseinandersetzung mit dem Stoff und bereiten den Schülern Freude«.

Hausaufgaben, in denen es um eine Erweiterung des Wissens ging, also um Aufgaben der Gruppe 2, waren merkwürdigerweise noch unbeliebter als die der Gruppe 1. Der Zeitaufwand war ebenfalls gering. Dietz und Kuhrt führen dieses negative Ergebnis auf die »zu wenig entwickelten Fähigkeiten der Schüler, mit dem Buch zu arbeiten« zurück. Andererseits konnte in den Leistungsmessungen nachgewiesen werden, daß die Effektivität trotzdem höher war, als nach den Schüleraussagen zu vermuten gewesen wäre.

In der Gruppe 3 ging es um die Systematisierung des Wissens. Hier wurde ebenfalls eine selbständige Tätigkeit der Schüler gefordert, jedoch nach vorgeschriebener Aufgabenstellung durch den Lehrer. Das Ergebnis läßt keine eindeutigen Schlüsse zu, weder was Zeitaufwand noch was Motivation oder Lerneffektivität betrifft. Anders bei Gruppe 4 bis 6, über Gruppe 4 ist oben berichtet worden. In Gruppe 5 ging es um Hausaufgaben zur Anwendung des Wissens und Könnens an zu suchenden Beispielen und Situationen, also um Lernübertragung. Dieses Profil war völlig positiv: der Lerneffekt war gut, ebenso die Motivation der Schüler, und der Zeitaufwand hielt sich in Grenzen. Leider lagen für die Gruppe 6, Hausaufgaben zur Hinführung zu neuen Lerninhalten, nicht genügend Beispiele vor, um statistisch gesicherte Ergebnisse zu erhalten. Nach Dietz und Kuhrt wird die *Effektivität von Hausaufgaben* folgenden Faktoren bestimmt:

a) der Praxisbezogenheit der Hausaufgaben; das heißt, daß die Anwendung von Lerninhalten stärker motiviert und die Behaltensleistung erhöht;
b) der geforderten Selbsttätigkeit; das selbständige Orientieren im Lerninhalt fördert das Erfassen von wichtigen Einzelheiten und der Struktur des Lerninhaltes;
c) des geforderten Arbeitsverfahrens; hier geht es um Arbeitstechniken, mit denen sich Schüler einen Lerninhalt aneignen;
d) dem zeitlichen Verhältnis zwischen Unterricht und Aufgabe; es ist zu beachten, ob vorbereitende oder nacharbeitende Hausaufgaben gewählt werden;
e) der Struktur des zu erarbeitenden Lerninhaltes; unübersichtliche Lerninhalte erschweren, gut strukturierte Lerninhalte erleichtern das Arbeiten.

Langfristige Lernkontrollen, die Dietz und Kuhrt durchführten, ergaben, daß Hausaufgaben aus Gruppe 6 am besten behalten wurden. Hier ging es um vorbereitende Hausaufgaben zur Hinführung auf neue Lerninhalte. Am schlechtesten schnitten Hausaufgaben vom Typus der Gruppen 1 und 3 ab, das betraf Hausaufgaben zur einfachen Festigung von Wissen und Können – also die am häufigsten gestellten Hausaufgaben – sowie Hausaufgaben zur Systematisierung von Wissen und Können. Diese Kategorie von Hausaufgaben erfordert größere Abstraktionsfähigkeit, Übersicht über die Lerninhalte und Erkennen des Wesentlichen; sie bedeutete wahrscheinlich für viele der untersuchten Schüler eine kognitive Überforderung und war ein Indiz für ihre geringe Schulung solchen Aufgaben gegenüber.
In einer Zusatzuntersuchung, die Unterschiede zwischen den leistungsschwachen und leistungsstärkeren Schülern galt, fanden Dietz und Kuhrt, daß bestimmte Aufgabengruppen – vor allem Gruppe 4 und 6 – zu vergleichbaren Verbesserungen führten. Allerdings sprachen leistungsschwächere Schüler besonders auf solche Hausaufgaben an, die einen klaren Praxisbezug hatten und die aktives Umgehen vom Schüler erforderten. »Schwächere Schüler fördern heißt also, die Abstraktheit der Aufgaben vermeiden und die Schüler durch geeignete Aufgaben aktivieren« (Dietz und Kuhrt, S. 313). Reine Lernaufgaben, die vorwiegend mechanisches und uneinsichtiges Lernen erfordern, wirken also der Absicht, leistungsschwächere Schüler zu fördern, geradezu entgegen. Überspitzt formuliert heißt das: schlechte Hausaufgaben können ebenso wie schlechter Unterricht dazu beitragen, daß schlechte Schüler noch schlechter werden.
Als klassische Arbeit auf dem Gebiet der Hausaufgaben wird stets

die Untersuchung von Wittmann zitiert. Dieser veröffentlichte 1964 die Ergebnisse seiner Feldstudie, die experimentell angelegt war, unter dem eher journalistischen Titel *Vom Sinn und Unsinn der Hausaufgaben*. Wittmann führte sein Unterrichtsexperiment mit je sechs Klassen des dritten und des siebenten Schuljahres durch. In parallelisierten Gruppen erhielt eine Gruppe – die Kontrollgruppe – die üblichen Hausaufgaben, die andere Gruppe keine Hausaufgaben über einen Zeitraum von vier Monaten. Zur Messung des Leistungsfortschrittes in beiden Gruppen wurden Rechen- und Rechtschreibtests gegeben. Diese zeigten, daß bei »Messung der Rechen- und Rechtschreibleistung am Ende der viermonatigen Experimentalperiode keine signifikanten Unterschiede vorliegen, also auch keine Wirksamkeit der Hausaufgaben behauptet werden kann« (Wittmann, S. 37). Doch sind einige schwerwiegende methodische Bedenken gegenüber der Untersuchung von Wittmann vorzubringen, unter anderem wurden unterschiedliche Testaufgaben im Vortest und im Kriteriumstest verwandt, außerdem konnte keine vollkommene Parallelisierung der Gruppen erreicht werden. Deshalb soll eine Ergänzungsuntersuchung erwähnt werden, in der diese Mängel vermieden wurden.
Gemeint ist eine Untersuchung von Ferdinand und Klüter aus dem Jahr 1968. Den Autoren ging es um die speziellere und damit eher empirisch interpretierbare Hypothese, daß für Kinder des zweiten Schuljahres Hausaufgaben im Lesen keinen leistungssteigernden Wert haben. Die Autoren beschränkten sich also darauf, eine Altersgruppe und ein Schuljahr, das zweite nämlich, zu untersuchen, außerdem ging es nur um Hausaufgaben im Lesen, also ein Teilgebiet aus dem muttersprachlichen Unterricht. Gemessen wurde die Lesefertigkeit in der Versuchsgruppe (ohne Hausaufgaben im Lesen) und in der Kontrollgruppe (Hausaufgaben mit den üblichen mündlichen Leseübungen), wobei je zwei Schüler mit gleichen Anfangsleistungen im Lesen und gleicher Intelligenz ein Paar bildeten, um eine weitergehende Parallelisierung der Experimental- und der Kontrollgruppe zu erreichen. Darüber hinaus wurde so gruppiert, daß auch der sozioökonomische Status in beiden Gruppen etwa gleich war. Das Experiment lief über ein halbes Schuljahr. Nach der Zeit von sechs Monaten wurden die Leistungen der beiden Gruppen, die zu Beginn des Experiments nach Lesefertigkeit, Begabung, sozialer Schicht und Alter gleich waren, getestet. Konnte die Hypothese bestätigt werden, daß es keinen Lesefortschritt in dem Versuch gegeben hatte? Die nachstehende Tabelle gibt eine Antwort auf diese Frage:

Leseleistungen im 2. Schuljahr
ohne und mit Hausaufgaben

	Versuchsgruppen	Kontrollgruppen
Vortest $\bar{X}$	32,9	32,3
Endtest $\bar{X}$	17,7	17,7

($\bar{X}$ = Mittelwert, bezogen auf die im Lesetest gemachten Fehler.)

In den Versuchs- und Kontrollgruppen sind die gleichen Leseleistungen gegeben; in beiden Gruppen kommt es zu einer statistisch bedeutsamen Verbesserung der Lesefertigkeit um fast 15 Fehler. Trotz Leseübungen als Hausaufgaben ist die Kontrollgruppe, wie man eigentlich erwarten sollte, nicht besser, vielmehr zeigt die Versuchsgruppe ohne häusliche Leseübungen den gleichen Lernfortschritt. Dieser kann wahrscheinlich auf schulische Leseübungen und sogenanntes immanentes Üben zurückgeführt werden; das heißt, das bloße Umgehen mit Lesestoff bringt bereits bedeutsame Fortschritte in der Lesefertigkeit. Einschränkend muß allerdings angemerkt werden, daß dieses Ergebnis nur im Sinne einer statistischen Aussage zu interpretieren ist, das heißt, nur als Gesamtergebnis für die Gruppen zu sehen ist und Aussagen über einzelne Schüler und ihren Lernfortschritt nur bedingt zuläßt. So wäre zum Beispiel die Frage zu klären, ob das Ergebnis in gleicher Eindeutigkeit für leistungsschwächere Schüler zu gelten hat. Die Frage nach der geschlechtsspezifischen Abhängigkeit haben die Autoren Ferdinand und Klüter untersucht: die Mädchen hatten weitaus bessere Ausgangsleistungen, und im Endtest lagen sie ebensoweit vor den Jungen, der Leistungsvorsprung der Mädchen blieb also erhalten (Willi Ferdinand und M. Klüter, Hausaufgaben in der Diskussion, Schule und Psychologie, 1968, 15, 97 bis 105).

So sehr die bisher vorliegenden Untersuchungen nahelegen, Hausaufgaben als ineffektiv anzusehen, so problematisch wäre es, ein endgültiges Urteil fällen zu wollen, wie es etwa Speichert fordert, »daß sich zwingend die Folgerung ergibt, die bitteschön politisch durchzusetzen ist, den Unfug mit den Hausaufgaben endlich zu beseitigen«. Ehe man, wie leider so oft in der Schulpädagogik, »das Kind mit dem Bade ausschüttet«, sollten weitere experimentelle Untersuchungen differenziertere Kenntnis über die Effektivität von Hausaufgaben ermöglichen. Solange dies nicht geschehen ist, bleibt die Forderung nach sinnvollen Hausaufgaben bestehen. Auch bleibt zu bedenken, daß die Öffentlichkeit – vor allem durch die Eltern der Schüler repräsentiert – diese fordert und protestieren würde, wenn man auf Hausaufgaben verzichtete. Vor einer Reduzierung oder gar vor einem Verzicht auf Hausaufgaben müßten

Eltern und Öffentlichkeit intensiv über die pädagogischen Gründe aufgeklärt werden. So befragten Eigler und Krumm *Eltern* nach ihrer Einstellung zu den Hausaufgaben. Eine der Fragen lautete: Wie nützlich sind Ihrer Meinung nach Hausaufgaben für Ihr Kind? Es antworteten (in Prozent der insgesamt 792 Befragten):

keine Antwort	1%
sehr nützlich	52%
nützlich	45%
nicht besonders nützlich	3%
ohne Nutzen	0%

Danach waren also 97% der befragten Eltern der Meinung, Hausaufgaben seien nützlich. Dieses Ergebnis stimmt weitgehend mit Ergebnissen überein, die bereits Wittmann gefunden hatte. Doch sollte sich der Interpret solcher Aussagen nicht dazu verführen lassen, die subjektiven Meinungen der befragten Eltern als Grundlage für bestimmte Forderungen und politische Konsequenzen zu mißbrauchen. Was Eigler und Krumm im wesentlichen erfragten, sind mehr oder weniger persönliche Ansichten, Vorurteile und Einstellungen, die teilweise kaum das Niveau demoskopischer Befragungen übersteigen. Erkenntnisfortschritt kann nur von solchen experimentellen Untersuchungen erwartet werden, wie sie vorweg berichtet wurden.

Trotz der wenig ermutigenden Ergebnisse aus der empirischen Unterrichtsforschung kann auf Hausaufgaben nicht verzichtet werden. Wie gezeigt werden soll, erfüllen sie verschiedene *allgemeine Funktionen*; es sind im Anschluß an Winkeler zu nennen:
(S = Skalenwert der Funktion)

1. didaktische Funktion (Effektivität des Unterrichts wird durch Hausaufgaben erhöht) S = 2,6
2. Kontrollfunktion (Kontrolle, ob Lehr- und Lernziele des Unterrichts erreicht wurden) S = 2,1
3. Informationsfunktion (Informieren der Eltern über Lernfortschritt und Leistungsstand ihrer Kinder) S = 1,8
4. Kommunikationsfunktion (Hausaufgaben schaffen zusätzliche Kontakte zwischen Kindern und Eltern, Schule und Elternhaus ebenso wie zwischen Schülern) S = 1,5
5. Selektionsfunktion (Hausaufgaben sind ein wichtiger Faktor bei der Schülerbeurteilung) S = 0,5
6. Entlastungsfunktion (Hausaufgaben entlasten den Lehrer, machen Hausaufgaben zur wichtigen Ergänzung des Unterrichts) S = 0,4

7. Legitimationsfunktion (Hausaufgaben als Nachweis für die Qualifikation des Lehrers) S = 0,1

8. Disziplinierungsfunktion (Hausaufgaben als »Strafarbeit«) S = 0,1

9. Beschäftigungsfunktion (Hausaufgaben als sinnvolle Freizeitbeschäftigung) S = 0,0

Was die Rangfolge verdeckt, wird durch die Skalenwerte (S) deutlicher: von einer Studentengruppe (N = 129 Teilnehmer der Befragung) wurden als positiv im pädagogischen Sinne nur die ersten 4 Funktionen eingestuft: die didaktische, die Kontroll-, die Informations- und die Kommunikationsfunktion. Die restlichen fünf Funktionen galten als pädagogisch weder sinnvoll noch nützlich.

Wie gesagt, solange uns keine weiterführenden Experimente aus der Unterrichtsforschung zum Thema Hausaufgaben vorliegen und auch die Öffentlichkeit sie fordert, gilt die These, daß Hausaufgaben durchaus methodische Funktionen als Lernakte der Schüler erfüllen. Deshalb sollen im letzten Teil dieses Kapitels einige *Konsequenzen* gezogen und Hinweise für vielleicht effektivere Hausaufgaben gegeben werden. Sie sind die Zusammenfassung von Forderungen, wie sie Wittmann, Geißler/Plock und Eigler/Krumm äußern.

1. Die *Dauer* der täglichen Hausaufgaben sollte begrenzt werden. Sie wird von den Lehrern meistens unterschätzt und von den Schülern überschätzt. Als Faustregel lassen sich folgende Zeiten nennen:

1. und 2. Schuljahr	10 bis 30 Minuten
3. und 4. Schuljahr	maximal 1 Stunde
5. und 6. Schuljahr	maximal 1 ½ Stunden
7. bis 10. Schuljahr	maximal 2 Stunden
11. bis 13. Schuljahr	maximal 3 Stunden täglich.

Da die Dauer der täglichen Hausaufgaben stark von dem individuellen Arbeitstempo der Schüler und ihrer Leistungsfähigkeit abhängt, darüber hinaus große interindividuelle Unterschiede bestehen, sollte als Grundlage für die Entscheidung über die Dauer der Hausaufgaben die Zeit der Leistungsschwächeren genommen werden. Man kann – wiederum als Faustregel – davon ausgehen, daß der langsamste Schüler etwa doppelt so viel Zeit wie der schnellste Schüler braucht. Wie groß die zeitliche Belastung nach Elternaussagen jedoch tatsächlich ist, zeigen Eigler und Krumm; zum Beispiel arbeitet ein Drittel der Schüler aus 5. Klassen mehr als 2½ Stunden an den täglichen Hausaufgaben, eine Belastung, die in den Gymnasien wesentlich größer ist als in Real- und Volksschulen. Hier ist eine engere Zusammenarbeit der Fachlehrer wie auch eine größere Mitbestimmung der Schüler eine selbstverständliche Konsequenz für ein Schulsystem, das sich als »demokratische Leistungsschule« versteht.

2. Hausaufgaben, die vorwiegend mechanische Lösungen und – für den Schüler – sinnloses Tätigsein bedeuten, sollten durch Hausaufgaben ersetzt werden, die im Sinne von Kuhrt und Dietz *praxisbezogen und problemhaltig* sind. So kann das Schreiben eines Fibeltextes im ersten Schuljahr eine sinnvolle Tätigkeit sein, die dem Erfassen der Wortgestalten und dem Erlernen der Ausgangsschrift gilt, im vierten Schuljahr kann das Abschreiben als überflüssiges Tun erlebt werden. Gleiches gilt für das Abschreiben einer fremdsprachigen Lektion, hier kann die Umformung des Textes – von der Vergangenheit in die Gegenwart, von der dritten in die erste Person – jedoch Anreiz genug sein.

3. Hausaufgaben sollten wie jede andere unterrichtliche Maßnahme des Lehrers *methodisch durchdacht* sein; hierzu gehört es auch, Hausaufgaben sinnvoll nach ihrer möglichen Funktion im Unterricht einzusetzen. Hausaufgaben, in denen es um bloßes Festigen von Wissen und Können (nach Dietz und Kuhrt über 50%) geht, sollten verringert werden. Geißler und Plock nennen einige *Funktionen von Hausaufgaben:*

1. als nachbereitende Hausaufgaben zum
   a) Zusammenfassen des Lerninhaltes
   b) Üben
   c) Übertragen
   d) Wiederholen
   e) Einprägen
   f) Auswendiglernen
2. als vorbereitende Hausaufgaben zum
   a) Sammeln von Material
   b) Erkunden von Themenbereichen
   c) Beobachten von Erscheinungen
   d) Sich-Informieren über Lerninhalte
   e) Erlesen von Materialien
   f) Vergleichen von Materialien

4. Hausaufgaben sollten im sinnvollen *Zusammenhang mit dem Unterricht* stehen. Hausaufgaben, die nur gegeben werden, weil sie aus optischen Gründen den Eltern gegenüber als notwendig erachtet werden oder weil sie als »Excercitien« einen erzieherischen Wert haben sollen, sind pädagogisch wenig sinnvoll. Dahinter steht meist eine unkritische Einstellung, die tägliche Hausaufgabe als

wichtige Pflichtübung zu sehen. Sie wird dann eher eine negative Funktion haben, wenn Schüler den Sinn einer Hausaufgabe nicht einsehen, weil sie nicht im Zusammenhang mit dem Unterricht steht. Darüber berichtet zum Beispiel Wittmann in seiner Schülerbefragung.

5. Schüler und Eltern sollten über einige wichtige *Voraussetzungen* bei der Anfertigung von Hausaufgaben aufgeklärt werden: daß Schüler während der Hausaufgaben nicht von Eltern oder Geschwistern gestört werden sollten, daß sie nicht unmittelbar nach der Schule gemacht, daß sie von den Eltern beachtet werden sollten und daß längere Arbeiten geteilt werden, um Ermüdung und Sättigung zu vermeiden.

6. Die *Mithilfe der Eltern* ist ein wichtiger Gesichtspunkt und kann eigentlich nur in ständiger Zusammenarbeit zwischen Lehrern und Eltern zufriedenstellend für alle gelöst werden. Pädagogisch wünschenswert wäre – im Sinne der geforderten Selbsttätigkeit des Schülers –, daß er Hausaufgaben völlig ohne Mithilfe und Kontrolle durch die Eltern macht. Nach Eigler und Krumm kann angenommen werden, daß etwa 8% der Eltern ihren Kindern nicht helfen, etwa 10% sie überwachen und der Rest von etwa 80% mehr oder weniger intensiv hilft. Wenn sie Hilfen geben, so in der Form von Abhören des Lernstoffes, Kontrolle, ob die Aufgaben richtig sind, zum Erledigen der Hausaufgaben anregen, sich die Aufgaben zeigen lassen, ohne weiter zu kontrollieren, und eventuell Lösungshilfen geben. Da intensive Mithilfe der Eltern jedoch psychische Belastung der Beteiligten zur Folge hat und die Eltern zeitlich unzulässig belastet, sollte ihre Funktion auf das Nachsehen und die Motivierung ihrer Kinder beschränkt bleiben. Ob es dazu kommt, hängt weitgehend von der Art der Hausaufgaben ab, die der Lehrer stellt.

7. Hausaufgaben sollten vom Lehrer in irgendeiner Weise *kontrolliert* werden. Damit ist keine autoritäre Überwachung verbunden, sondern es geht hier um Beachtung der Schülerleistung, um weiter zu motivieren, und dann, die Hausaufgaben zu besprechen und zusätzliche Anregungen zu geben. Verschiedene Formen der Hausaufgabenkontrolle sind möglich, sie reichen vom einfachen Abhaken und bloßen Übersehen der Arbeiten bis zur gemeinsamen Besprechung und der Notengebung. Schüler, deren Hausaufgaben nicht in den Lernprozeß eingeplant werden und keine Beachtung finden, werden entmutigt, gleichgültig und erleben die Hausaufgabe als überflüssiges, weil scheinbar sinnloses Tun und damit Zeitvergeudung.

8. Hausaufgaben sollten in der Form *variiert* werden. Was heißt

das? Es ist wenig motivierend und damit ineffektiv, als Hausaufgabe ständig – auch im Sachunterricht – die Aufsatzform zu wählen: »Schreibt einen Aufsatz über das, was wir heute besprochen haben!« Eine solche Formulierung, vor allem wenn sie zu Standardformulierung und -hausaufgabe erhoben wird, ist methodisch wenig brauchbar und zeugt von mangelnder pädagogischer Phantasie und Reflexion. Variationsmöglichkeiten sind unter anderem durch das Zeichnen von graphischen Darstellungen, durch das Aufstellen von Tabellen, durch das Finden eigener Aufgabenstellungen, durch das Bild oder in stichwortartigen Zusammenfassungen möglich.

5. Sozialformen des Unterrichts

Bevor auf die verschiedenen Sozialformen des Unterrichts eingegangen wird, ist es notwendig, den Leser enger und vor allem kritisch über Führungsstile aufzuklären. Doch dieses Vorhaben scheint auf den ersten Blick hin überflüssig zu sein. Jeder hat einmal vom demokratischen oder autoritären Führungsstil gehört oder gelesen und sich für den demokratischen Führungsstil entschieden. Eine solche schnelle Entscheidung führt unter Umständen zu einer unkritischen Anwendung von bestimmten schul- und unterrichtsmethodischen Konsequenzen, die sich für den jungen Erzieher fatal auswirken können. Erfahrungen aus Prüfungen im Fach Pädagogik und Psychologie bestätigten dies: jedem Prüfling waren »demokratischer« und »autoritärer« Führungsstil bekannt, die Entscheidung für den Berufsalltag als zukünftiger Lehrer war ebenso eindeutig: demokratischer Führungsstil ist gut, autoritärer Führungsstil ist als unpädagogisch abzulehnen. Die wenigen, die sich im Rahmen eines Prüfungsthemas intensiver mit dieser Thematik beschäftigt hatten, zeigten eine auffallende Diskrepanz zu den anderen: sie waren sehr viel kritischer und auch hinsichtlich eventueller Konsequenzen für ihre Berufspraxis vorsichtiger geworden. Was zu dieser größeren Vorsicht und Distanzierung beitrug, soll in den folgenden Abschnitten entwickelt werden.

5.1. Führungsstile und Lehrerverhalten

In der psychologischen, soziologischen und pädagogischen Diskussion werden für den Begriff der Führungsstile oft ähnliche oder gleichbedeutende Begriffe verwandt: Erziehungsstil, Unterrichtsstil, Lehrstil, Erziehungsmethoden oder -praktiken, oder es wird nur vom Lehrer-Schüler-Verhältnis gesprochen. Alle Versuche, diese Begriffe auch terminologisch korrekt voneinander zu trennen, sind wenig erfolgreich gewesen. Jeder dieser Begriffe – vom Führungsstil bis zum Lehrstil – ist sehr vieldeutig und umfaßt oft mehr in seinem sprachlichen Umfeld, als für seine Erforschung dienlich ist. So sollen bis auf eine Ausnahme diese Begriffe als Synonyma, also gleichbedeutend, verwandt werden. Die Ausnahme ist der Unterrichtsstil: er soll als eine Sonderform des Führungsstils angesehen werden, die im Raum der Schule und des Unterrichts Geltung hat. Denn wie noch zu zeigen ist, gelten hier

andere sozialpsychologische Voraussetzungen als beim Führungsstil im allgemeinen.
Die wichtigsten Anregungen erhielt die Thematik der Führungsstile aus einer sozialpsychologischen Untersuchung, über die die Autoren Lewin, Lippitt und White (1939) in dem Journal of Social Psychology berichteten. Es ging, wie die Überschrift bereits verrät, um »Patterns of aggressive behavoir in experimentally created ›social climates‹«. In einem amerikanischen Ferienlager wurden Kleingruppen von Jungen zusammengefaßt, einem Gruppenführer zugewiesen, der ein bestimmtes Verhalten ihnen gegenüber zu zeigen hatte, und ihre Reaktion auf dieses Führerverhalten beobachtet. Vorrangig ging es dabei um die Frage, wie sich die drei Formen des demokratischen, autokratischen und des Laissez-faire-Stiles auf das aggressive Verhalten der Jungen auswirkten. Bei der Deutung der Untersuchung wurde später allerdings oft auf dieses wichtige experimentelle Ziel nicht eingegangen, vielmehr wurde allein das Führerverhalten in den drei genannten Varianten interpretiert: demokratisches, autokratisches und Laissez-faire. Diese drei künstlich vorgegebenen Führungsstile wurden die Grundlage für die gesamte spätere Forschung zum Thema Führungsstile. Dies braucht nicht unbedingt als Kritik gewertet zu werden, da die meisten späteren Untersuchungen im wesentlichen die Ergebnisse der Untersuchung von Lewin, Lippitt und White bestätigten. Deshalb kann das wichtigste Ergebnis kurz vorgetragen werden. Ergänzungen und Bezüge zum Unterrichtsstil können dann in größerer Kürze gebracht werden.
Autokratisches Führerverhalten führte in der Kleingruppe zu höherer Leistung, dieser Führungsstil war hinsichtlich bestimmter Leistungen effektiver. Das zeigte sich jedoch nur in Anwesenheit des Führers, in seiner Abwesenheit kam es zu keinen gemeinsamen Aktionen der Gruppe mehr, selbst vorliegende Planungen wurden nicht weitergeführt. Das aggressive Verhalten unter den Gruppenmitgliedern war in Abwesenheit des Führers vergleichsweise hoch; die Gruppe hatte also nur gelernt, von ihrem Führer abhängig zu sein und sich nach ihm zu orientieren.
Demokratisches Führungsverhalten erbrachte vergleichsweise gute Zusammenarbeit aller Gruppenmitglieder, sie entschieden in Anwesenheit des Führers weitgehend selbständig – was ja auch beabsichtigt war –, führten die Planungen ebenso selbständig durch; der Führer hatte die Funktion eines Katalysators, eines Beraters, der sich weitgehend zurückhalten konnte. So ist verständlich, daß die Gruppe auch in der Abwesenheit des Führers ebenso selbständig weiterarbeitete. Sie machte sogar zusätzliche Pläne, die über das

hinausgingen, was in seiner Anwesenheit besprochen worden war. Der Führer hatte dabei, um mit einem Lehrerwort zu sprechen, »sich selbst überflüssig machen können«. Die Gruppe war unabhängig vom Führer geworden. Das soziale Klima konnte als gut bezeichnet werden: es gab wenig Aggressionen, die Jungen hatten Freude an den geplanten Vorhaben.

Der *Laissez-faire-Stil,* bei dem der Führer sich weitgehend zurückhielt, führte zu einer Desorganisation der Gruppe. Es gab keine Gruppenaktivitäten, die Jungen zeigten wenig Interesse an den anderen Gruppenmitgliedern, sie langweilten sich, gelegentlich kam es zu aggressivem Verhalten.

In der Folgezeit wurde eine Reihe von Untersuchungen durchgeführt, die sich mit Varianten des Themas Führungsstil beschäftigten, unter anderem wurde die Forschung auch in pädagogischer Hinsicht vor allem durch das Ehepaar R. Tausch und A. Tausch im deutschsprachigen Raum gefördert. Wie gesagt, im wesentlichen konnten die Ergebnisse der Studie von Lewin, Lippitt und White bestätigt werden. Dabei zeigte es sich, daß und in welch starkem Maße Schülerverhalten vom Erzieher oder Lehrer abhängig ist. So wurden vor allem die Auswirkungen des Lehrerverhaltens auf den Schüler oder die Schülergruppe untersucht.

Um Mißverständnissen vorzubeugen, ist es notwendig, darauf hinzuweisen, daß auch im terminologischen Bereich der Führungsstile versucht wurde, *neue Begriffe* an die Stelle der alten, aus der Studie von Lewin und Mitarbeitern übernommenen Begriffe treten zu lassen. So wurde für den autokratischen Führungsstil nun der dominante, der autoritäre oder despotische Führungsstil eingeführt, für den demokratischen hatte man den Begriff des partnerschaftlichen, des sozial-integrativen oder kooperativen Führungsstils; nur für den Laissez-faire-Stil hielten die Verfasser keinen anderen Begriff für notwendig. Die Gründe für den Wechsel lagen vor allem in der Mißverständlichkeit und der Deutung der Begriffe »demokratisch« und »autoritär« unter politischen Gesichtspunkten.

Über die Lewin-Lippitt-White-Untersuchung hinausgehend, läßt sich heute feststellen, daß in der Unterrichtssituation sehr viel komplexere Zusammenhänge zu beachten sind als in der genannten Studie. Wenn, wie angekündigt wurde, im Unterrichtsbereich nun an die Stelle des Führungsstils der Begriff des Unterrichtsstils tritt, so bedeutet das einerseits eine Einengung auf den Raum der Schule, andererseits aber eine Erweiterung der Problematik: wir haben es nun nicht mehr mit einer sogenannten künstlichen Gruppe etwa gleichaltriger Jungen in einem Ferienlager zu tun, in das die Jungen freiwillig kamen. In der Schulklasse haben wir es vielmehr mit einer größeren, bereits gefestigten und mit Vorerfahrungen belasteten Gruppe zu tun. Untersuchungen, vor allem experimenteller Art, lassen sich nicht ohne größere methodische Schwierigkeiten durchführen. Dies erschwert oft die Interpretation der Ergebnisse aus Unterrichtsexperimenten. Faßt man jedoch zusammen, was sich heute zum Unterrichtsstil aussagen läßt, so kommt man zu folgender Charakteristik des jeweiligen Unterrichtsstils:

Charakteristik des *Autokratischen*: Der Lehrer neigt zu häufigerem Befehlen und Anordnen, er unterbricht öfter die Schüler, er läßt ihnen insgesamt weniger Entscheidungsspielraum, auch dort nicht, wo es durchaus möglich wäre, seine Kritik ist eher destruktiv als helfend, er reagiert stärker affektiv: so tadelt er massiver, lobt aber auch öfter – allerdings ohne pädagogische Absichten damit zu verbinden. Die Klasse zeigt stärkeres Rivalisieren der Schüler untereinander, es gibt häufiger Spannungen zwischen einzelnen Schülern oder Gruppen in der Klasse, es kommt seltener zu spontanem Verhalten, auch individuelle Abweichungen des einzelnen werden nicht so sehr toleriert, Gruppenaktivität ist selten, es kommt häufiger zur Opposition gegenüber dem Lehrer.

Charakteristik des *Demokratischen:* Der Lehrer neigt in stärkerem Maße zur Billigung spontaner Aktivität der Klasse wie auch einzelner, er hilft eher beim Lösen von gemeinsam gestellten Problemen, ohne diese Lösungen jedoch vorzugeben, er regt die Schüler zu Selbständigkeit bei Entscheidungen an, überläßt auch häufiger die Initiative der Klasse, auch die Führung wie etwa im Unterrichtsgespräch, und zeigt öfter allgemeine Sympathie und mehr Wohlwollen gegenüber dem Schüler. Die Klasse handelt häufiger spontan, die Schüler lassen stärkere Individualität in ihrem Verhalten erkennen, damit auch größere Selbständigkeit, die Spannungen in der Klasse sind geringer, rivalisiert wird seltener, und die Opposition gegen den Lehrer ist gering.

Charakteristik des *Laissez-faire:* Dieser Führungsstil wird – was theoretisch berechtigt ist – von der Pädagogik nicht als eigenständiger Unterrichtsstil anerkannt. Doch erscheint es notwendig, auch auf diesen Führungsstil im Sinne eines Unterrichtsstils einzugehen, da er in Tendenzen und in bestimmten Situationen auch in der Schulwirklichkeit nachweisbar ist und ebenso wie die beiden anderen Stile als Idealtypus dargestellt wird. So führte Rietz eine Sonderschulklasse für Lernbehinderte über mehrere Jahre, in denen die Schüler außer der Schulpflicht keinerlei Zwang unterworfen wurden. Die Kinder hatten also während der Unterrichtszeit volle Freiheit, die Lehrerin half nur, wenn sie dazu aufgefordert wurde. Die Kinder spielten zeitweise miteinander, dann kam es zu aggressiven Ausbrüchen, es bildete sich eine Rangordnung heraus, die vor allem die rangniederen Schüler benachteiligte. Gelegentlich kam es zu gemeinsamen Spielen oder Unterrichtsversuchen, die jedoch weitgehend vom Wohlwollen der ranghöheren Schüler in der Klasse abhängig waren. Die Lehrerin wurde, da sie von sich aus nicht auf Autorität bestand, als gleichrangig angesehen, ihre Überlegenheit nur in den Situationen angenommen, in denen die Schüler von ihr Hilfe erwarteten. Nach diesen Monaten der labilen Kontakte, der aggressiven Handlungen und gelegentlichen Ansätze zu Unterricht und Zusammenarbeit kam es zu stärkerer Integration und zu stabileren Gruppenstrukturen. An die Stelle ungezielter und vorwiegend affektiver Handlungen trat mehr und mehr ein bestimmter Beschäftigungsrhythmus mit geplanten Vorhaben über einige Wochen hinweg. Doch war diese Konstanz und Normalisierung nur relativ stabil, häufige Ausbrüche und der Zerfall von Gruppen führten immer wieder zu Rückfällen und zur Desintegration der Klasse. Beachtenswert ist, daß es der Lehrerin dann – nicht mehr? – gelang, diese Krisen im Zusammenleben der Schüler zu steuern oder gar abzukürzen.

So wie die drei Unterrichtsstile soeben charakterisiert wurden, sind sie selten in der Schulwirklichkeit beobachtbar. Hier und unter anderen Gesichtspunkten setzt die zu Recht gesehene *Problematik* ein:

1. Führungsstil und Unterrichtsstil werden *idealtypisch* gesehen. Das heißt, man steigert vorhandene Tendenzen in Erscheinungen, die man beobachtet, zu einer nicht mehr real anzutreffenden Ausdrucksform. Der Vorteil dieses Vorgehens ist größere Anschaulichkeit und Einprägsamkeit, der Nachteil Mißverständlichkeit und utopisches Denken. In der Schulwirklichkeit trifft man eher sogenannte Mischtypen an, das heißt Verhaltensweisen beim Lehrer und in der Klasse, die sowohl dem demokratischen wie auch dem autokratischen oder Laissez-faire-Stil zuzuordnen sind. Vor allem wird nicht bedacht, wenn – wie oben – die Idealtypen gezeichnet werden, daß soziale Beziehungen in der Schulklasse von mehr als nur dem Führungs- oder Unterrichtsstil abhängig sind, so von der besonderen Situation, der Größe der Klasse, den Vorerfahrungen der Schüler im Elternhaus, vom Unterrichtsstil der Fachlehrer und anderem mehr.

2. Die Begriffe autoritär, demokratisch oder Laissez-faire sind *ideologisch* stark vorbelastet. Sie kommen aus dem Raum der Politik und Wirtschaft und haben darüber hinaus zu verschiedenen Zeiten und in verschiedenen politischen Gruppen abweichende Bedeutungen und Wertungen erfahren. Dies scheint vor allem für den Begriff des demokratischen Führungsstils zuzutreffen. Interessant ist es in diesem Zusammenhang, einmal zu fragen, inwieweit

sich die empirische Forschung in den sozialistischen Ländern, insbesondere in der DDR, mit diesem Problem beschäftigt. Hier liegen bis auf wenige Ausnahmen, die im übrigen die Untersuchungen in den sogenannten kapitalistischen Ländern bestätigen, keine Ergebnisse vor. Wichtig sind die Abweichungen von den Ergebnissen der bürgerlichen Psychologie und Pädagogik. Danach – ausgehend von der klassischen Untersuchung von Lewin und Mitarbeitern und von westdeutschen Autoren wie Tausch und Tausch – wird ebenfalls vom autokratischen, vom demokratisch-zentralistischen und vom Laissez-faire-Stil gesprochen. Auch wird die Problematik des Forschungsgebietes gesehen, wonach es noch eine Reihe ungelöster Fragen gebe, eine Reihe sehr umstrittener Auffassungen und wenig Klarheit in begrifflicher Hinsicht. In einer Verteilung der Führungsstile zeigte sich in einer Arbeit, daß bei Lehrern in der DDR geringeres autokratisches oder autoritäres Verhalten nachgewiesen werden konnte, daß die untersuchten Lehrer eher dem Mischtyp des demokratischen und Laissez-faire-Stils zuzurechnen waren und daß autokratisches Verhalten eher in Stadt- als in Landschulen der DDR nachweisbar war. Bei der weiteren Analyse des Führungsverhaltens ergaben sich keine bedeutsamen Unterschiede hinsichtlich Geschlecht, Alter, Dienstalter und Ausbildungsart, allerdings konnten beachtliche Unterschiede von Schule zu Schule nachgewiesen werden. Hier spielte nach Meinung der Versuchsleiter wahrscheinlich neben anderen Bedingungen vor allem der Leitungsstil des Direktors eine wesentliche Rolle. Nicht zuletzt sei erwähnt, daß nach den Untersuchungen der Autoren in der DDR Erfahrungen aus der gesellschaftlichen Praxis (der sozialistischen Demokratie) auf das Führungsverhalten übertragen wurden. Inwieweit hierbei Beobachtungsmethoden und Lehrerverhalten im Sinne der gesellschaftlichen Erwünschtheit ihres Bildungssystems und das demokratische Führungsverhalten als äußere Anpassung zu interpretieren sind, kann aus dem Studium der Literatur nicht erschlossen werden.

3. Die Begriffe demokratischer, autokratischer und Laissez-faire-Stil sind stark *vereinfachend*. Hier sei an das Beispiel der Prüflinge zu Anfang dieses Kapitels erinnert, bei denen – in oberflächlicher Kenntnis – eine sehr unkritische und stark politisierende Einstellung gegenüber den Führungsstilen zu beobachten war. Diese vereinfachende Sichtweite führt leicht zu Mißverständnissen vor allem gegenüber den Möglichkeiten, die der Lehrer hat, um bestimmte Unterrichtsstile im Schulalltag zu verwirklichen. Die Fehleinschätzung des demokratischen Unterrichtsstils führt oft zu Schwierigkeiten, in der Klasse die notwendigen Ordnungsformen

herzustellen. Sind die Schwierigkeiten sehr groß oder dauern an, so folgen leicht Resignation und Wechsel in den vorher abgelehnten autoritären Unterrichtsstil. Auch wird eine negative Einstellung gegenüber den Schülern eingenommen, die sich als undankbare Objekte der ersten Erziehungsversuche erwiesen haben. Es wird die Komplexität dessen unterschätzt, was mit dem Begriff des Unterrichtsstils gemeint ist und unter Umständen bei ersten Mißerfolgen zu Unsicherheit und Enttäuschung führt.

Einen ersten Schritt, vom Dilemma wegzukommen, in das die Termini »demokratisch« und »autokratisch« geführt haben, ist die Einengung auf die Termini *»direktiv«* und *»permissiv«*, wie sie von Bastine in die deutsche pädagogische Psychologie aus dem amerikanischen Forschungsraum eingeführt wurden. Der direktive Lehrer ist demnach der Lehrer, der die Tendenz hat, »die Handlungen und Erlebnisweisen anderer Personen nach eigenen Vorstellungen zu lenken und zu kontrollieren«. Beim nicht-direktiven oder permissiven Lehrer geht es um das »Vermeiden von Lenkung und Kontrolle anderer Personen und das Akzeptieren ihrer Handlungs- und Erlebnisweisen«. So neigt der direktive Lehrer eher dazu, maßgeblichen Einfluß in Gruppen zu nehmen, er glaubt, daß Schüler mehr leisten, wenn er sie beaufsichtigt, es macht ihm Spaß, andere von seiner Meinung zu überzeugen, er legt gern fest, was die Schüler zu tun haben sollen, und er versucht, die Entscheidungen seiner Schüler in seinem Sinne zu beeinflussen. Der permissive Lehrer hingegen neigt dazu, seinen Schülern weitgehend freie Hand zu lassen, er vermeidet es, seine Schüler zu beeinflussen, er versucht, niemanden zu bevormunden, und er möchte keinen seiner Schüler in seiner Entscheidungsfreiheit einschränken. Im Unterschied zu den sozialistischen Untersuchungen ergaben sich bei Bastine geschlechtsspezifische Unterschiede: Lehrer und Lehrerstudenten waren bedeutsam direktiver als Lehrerinnen und Lehrerstudentinnen. In einer nicht veröffentlichten Studie fand der Verfasser dieser Schrift auch hochbedeutsame Unterschiede zwischen älteren und dienstälteren Lehrern einerseits und Studenten und jungen Lehrern andererseits.

Will man – und dazu führt die bisherige Darstellung der Unterrichtsstile – eine pädagogische Wertung versuchen, so ist von den Lernzielen her der eher demokratische oder leicht permissive Unterrichtsstil erwünscht. Diese Entscheidung wird als Konsequenz der Lernziele Selbständigkeit, Spontaneität und Fähigkeit zur Kooperation zu sehen sein. Damit wird auch die Funktion des Lehrers als Berater, Helfer, Anreger und »primus inter pares« zu begründen sein, und die Definition des Lehrens als Lernhilfe erhält von hier aus eine zusätzliche Bedeutung. Der in der Gegenwart allgemein geforderte Unterrichtsstil ist der demokratische oder partnerschaftliche. Doch ist mit dieser Vorentscheidung noch keinerlei Lösung schulpädagogischer Probleme gegeben, und auch die unterrichtsmethodischen Maßnahmen, wie sie in den folgenden Kapiteln beschrieben werden, sind erst einer von vielen notwendigen Schritten. Die häufigsten *Schwierigkeiten* sollen kurz genannt und erläutert werden:

1. Schüler werden im *Elternhaus* oft autoritär erzogen. Sie mißverstehen partnerschaftliches Verhalten beim Lehrer als Anbiederungsversuche oder als Schwäche, sich durchsetzen zu können. Zusammenarbeit mit anderen Schülern ist nur möglich, wenn emotionale Bindungen vorhanden sind, die Basis für sachliche Zusammenarbeit fehlt.

2. Die Schüler wurden vorher durch *andere Lehrer* – dies gilt besonders für den Klassenlehrer – autoritär geführt. Auch hier wird das partnerschaftliche Verhalten des neuen Lehrers zuerst für Anbiederungsversuche oder Schwäche gehalten. Es kommt zu vermehrten aggressiven Verhaltensweisen auch dem Lehrer gegenüber, die Klasse zerfällt vorübergehend zu einer schlecht integrierten Gruppe mit vielen Außenseitern, Cliquen und Paaren.

3. Die *Fachlehrer* unterrichten autoritär, während der Klassenlehrer sich um weniger direktiven Unterrichtsstil bemüht. Hierbei kann es zu zusätzlichen Konflikten mit Kollegen kommen, wenn zum Beispiel das Verhalten eines Schülers – etwa berechtigte spontane Kritik an einer unterrichtlichen Maßnahme – vom Fachlehrer als undiszipliniert interpretiert, vom Klassenlehrer jedoch als gerechtfertigte Kritik angesehen wird. Noch schwieriger wird es für den Fachlehrer, wenn dieser sich um einen nichtdirektiven Unterrichtsstil bemüht, der Klassenlehrer jedoch auf Autorität des Lehrers besteht.

4. Nichtdirektiver Unterrichtsstil wird in Klassen mit höherer Schülerzahl schwierig. Nach den bisherigen Untersuchungen scheinen Klassen mit *höherer Frequenz* einen autoritäreren Unterrichtsstil zu erfordern. Wahrscheinlich macht der partnerschaftliche Stil einen persönlicheren Kontakt notwendig, der in Klassen mit Schülerzahlen von vierzig und mehr nicht gegeben ist.

5. Der Lehrer hat selbst einen *autoritären Unterrichtsstil*. Nach einer Befragung von Tausch glauben 77% der befragten Lehrer, demokratisch zu unterrichten und die Klassen zu führen. Hingegen zeigten Unterrichtsbeobachtungen, daß sich in der realen Unterrichtssituation 91% ausgesprochen autoritär verhielten. Die Fehleinschätzung des eigenen Unterrichtsstiles kann vor allem zu einer

unkritischen Haltung der sozialerzieherischen Bemühungen führen. Mit unterrichtsmethodischen Maßnahmen wie Gruppenunterricht oder Unterrichtsgespräch allein wird ein Unterrichtsstil nicht partnerschaftlich, wahrscheinlich spielt die Einstellung des Lehrers, vor allem wohl auch sein eigener Lebensstil eine größere Rolle.
6. Vielen Pädagogen ist demokratischer Führungsstil nicht mehr als ein *Schlagwort*. Dem Lehrer ist vielfach nicht bekannt, wie nun eigentlich demokratisches Verhalten gegenüber dem einzelnen Schüler oder der Klasse als Gruppe zu konkretisieren sei. Es ist anzunehmen, daß konkretes Verhalten im Sinne des partnerschaftlichen Unterrichtsstils fast ausschließlich im Praktikum und bei den ersten eigenen und selbständigen Unterrichtsversuchen »gelernt« werden kann. Literaturstudium – und damit auch diese Schrift – kann nur Anregungen vermitteln, vielleicht helfen, kritischer und vorsichtiger zu sein und vor Gefahren warnen. Eine Gefahr, auf die einzugehen ist, ist die Verwechslung von demokratischem und Laissez-faire-Stil. Hier sei nochmals auf die Charakteristik des Laissez-faire in diesem Kapitel hingewiesen: Schüler gewähren lassen, sie sich selbst überlassen und Selbständigkeit dort erwarten, wo sie erst erzogen werden soll, kann zum Chaos in der Klasse führen. Der extrem permissive Lehrer kommt diesem Unterrichtsstil wohl am nächsten: er vermeidet, seinen Schülern Entscheidungshilfen zu geben, er scheut sich davor, sie zu beeinflussen – damit überläßt er die Schüler sich selbst.
7. Die Entscheidung für den demokratischen Unterrichtsstil ist keine Entscheidung gegen den autoritären Unterrichtsstil. Vielmehr zeigt der einseitig permissive Lehrer ebenso wie der einseitig direktive Lehrer einen Mangel an *sozialer Flexibilität*. Nach einer Untersuchung von Gordon hatten solche Lehrer Klassen mit hoher Leistung und optimaler Gruppenstruktur, die fähig waren, in mehreren Stilvarianten zu lehren, und damit ein Optimum an Verhaltensbreite zeigten. Das heißt, sie waren sozial flexibel genug, etwa bei Kopfrechenübungen sehr direktiv Arbeitsruhe und Konzentration von den Schülern zu erwarten, andererseits jedoch im gebundenen Unterrichtsgespräch sich selbst zurückzuhalten, kritische Einwände zum Thema zu akzeptieren und die Klasse zu einem anderen Gesprächsergebnis kommen zu lassen, als von ihm erwartet und vielleicht gewünscht worden war. Soziale Flexibilität des Lehrers wird damit zu einem wichtigen Kriterium für Lehrerfolg.

Neuere Tendenzen in der schulpädagogischen Diskussion des Problems deuten darauf hin, daß Begriff und Forschung »Erziehungsstil« als zu eng und begrenzt kritisiert werden und nunmehr eher von »sozialer Interaktion«, von »Lehrerverhalten« oder auch »Kommunikation« gesprochen wird. Damit weitet sich das Forschungsgebiet so aus, daß es empirischen Untersuchungen entzogen wird. Diese Neuorientierung gilt insbesondere für die kommunikative Didaktik, die – von der Technologie, Psychologie, Soziologie, Kunst, Werbung, Informationstheorie und Erkenntnistheorie kommend – ihr Interesse dem Beziehungsaspekt Schüler – Lehrer zuwendet. Im Anschluß an Watzlawick wird zum Beispiel nicht mehr von autoritärem Erziehungsstil oder Frontalunterricht gesprochen, sondern von komplementärer Kommunikation, weil der Lehrer als der eine Kommunikationspartner dominiert. Und Unterrichtsmethoden wie Gruppenunterricht oder Unterrichtsgespräch werden der symmetrischen Kommunikation zugeordnet, weil beide Partner – Lehrer und Schüler – gleichberechtigt und beteiligt sind. Inwieweit sich kommunikative Didaktik als fruchtbar für die Schulpädagogik erweist, bleibt der Zukunft überlassen. Wie Erfahrungen aus Psychologie und Soziologie nahelegen, ist vor einer Überschätzung dieses nur für die Schulpädagogik neuen Ansatzes zu warnen.

5.2. Sozialformen des Unterrichts

Der Begriff *Sozialformen des Unterrichts* ist relativ jung. In der älteren schulpädagogischen Literatur wurde von Unterrichtsformen, von Unterrichtsverfahren oder von Unterrichtstechniken gesprochen. Dabei konnten diese Ausdrücke oft mit dem umfassenderen Begriff der Unterrichtsmethodik gleichgesetzt werden, auf eine weitere terminologische Aufgliederung wurde weitgehend verzichtet. Diese findet sich nach Wissen des Verfassers erst bei Klafki und bei Schulz.

Nach Schulz sind die Sozialformen des Unterrichts als Unterrichtsmethoden »Verfahrensweisen, mit denen der Unterrichtsprozeß strukturiert werden kann, in dem Intentionen und Themen gelehrt werden sollen« (S. 30). Sie »variieren das Verhältnis zwischen dem Lernen von etwas und dem Lernen mit anderen« (S. 32). Schulz unterscheidet dabei den Frontalunterricht, die Kreissituation – also das Unterrichtsgespräch –, den Teilgruppenunterricht und den Einzelunterricht.

Nach Klafki, der den Begriff der Sozialformen des Unterrichts von Schulz übernimmt, geht es in diesem methodischen Begriff »um die Form, in der die am Unterricht beteiligten Personen aufeinander bezogen sind« (S. 143). Das heißt, Klafki engt die Kriterien zu Recht auf den Sozialbezug ein. Dabei unterscheidet er Klassenunterricht, Einzelarbeit, Gruppenarbeit sowie Partnerarbeit, Großgruppenunterricht und Team-Teaching.

Im Anschluß an die beiden obigen Begriffsbestimmungen sollen Sozialformen wie folgt *definiert* werden:

Sozialformen des Unterrichts sind jene Unterrichtsmethoden, die durch die Beziehungen der Schüler zueinander und zum Lehrer begründet werden.

Es geht also um einen weiteren Versuch, Unterrichtsmethodik terminologisch zu differenzieren und von der bloßen Aufzählung zu einer Systematisierung dieses wichtigen Aspektes im Unterricht zu kommen. Dabei ist zu bedenken, daß die Sozialformen des Unterrichts zwei Funktionen haben, einmal die erzieherische, zum zweiten die methodische Funktion der Unterrichtsgestaltung. Die erzieherische Funktion umfaßt Fragen nach der sozialerzieherischen Zielsetzung, die in den Sozialformen des Unterrichts gegeben ist. Hier wird von Kooperationsfähigkeit, von Solidarität, von der Fähigkeit zum Teamwork oder von der sozialen Integration gesprochen. Die methodische Funktion ist im engen Zusammenhang mit der Lerneffektivität im Unterricht zu sehen: auch die Sozialformen des Unterrichts sollen den Lernprozeß steuern. Auf diese Frage war bereits im dritten Kapitel dieser Einführung eingegangen worden.

Im Anschluß an Klafki und Schulz sollen die Sozialformen des Unterrichts noch weitergehend aufgegliedert werden. Die neue *Systematik* sieht wie folgt aus:

1. Klassenunterricht
    1.1. Frontalunterricht
        als fragend-entwickelnder Unterricht
        als Lehrgespräch
    1.2. Unterrichtsgespräch
2. innere Differenzierung des Unterrichts
    2.1. Gruppenunterricht
    2.2. Partnerarbeit
    2.3. Einzelarbeit
    2.4. Sonderform der Einzelarbeit:
        Programmierter Unterricht

In dieser Systematik wird versucht, die Differenzierung als weiteren Grundbegriff aus der Unterrichtsmethodik zu erfassen. Dabei sollen nur die drei wichtigsten Differenzierungsformen behandelt werden; Partnerarbeit kann als Vorform und Sonderfall der Gruppenarbeit gesehen werden, der Großgruppenunterricht ist – trotz anderslautender Bestimmungen – als eine Sonderform des Klassenunterrichts zu bezeichnen, und Team-Teaching ist eine Konzeption, die als Neuerung noch keinen Eingang in die Schulwirklichkeit gefunden hat.

Die Definition der Sozialformen des Unterrichts kann die Grundlage für schematische Übersichten sein, an denen die wichtigsten Charakteristika jeder Sozialform erkennbar werden. Im Sinne der Definition sind die Beziehungen der Schüler zueinander und zum Lehrer diese Grundlage (S = Schüler, L = Lehrer).

5.2.1.1. Frontalunterricht

Nach diesem Schema läßt sich der Frontalunterricht als eine Sozialform kennzeichnen, in der die Kontakte zwischen Lehrer und Schüler überwiegen und in der es kaum oder gar nicht zu Kontakten zwischen den Schülern kommt. Sie sind oft, wie zum Beispiel im fragend-entwickelnden Unterricht, auch gar nicht erwünscht. Innerhalb des Frontalunterrichts lassen sich zwei Aktionsformen des Unterrichts wiedererkennen: der Lehrervortrag und der eben genannte fragend-entwickelnde Unterricht. Trotz erheblicher methodischer Bedenken ist der Frontalunterricht in der Schulwirklichkeit die am häufigsten anzutreffende Sozialform des Unterrichts.

5.2.1.2. Unterrichtsgespräch

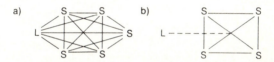

Beim Unterrichtsgespräch sind zwei Formen zu unterscheiden: a) das Unterrichtsgespräch mit dem Lehrer als Gesprächsteilnehmer und b) das Unterrichtsgespräch ohne Lehrer. Im ersten Fall ist der Lehrer gleichberechtigter Partner der Schüler und ordnet sich in die Gesprächsgruppe als »primus inter pares« ein. Hinzu kommt seine Funktion als Moderator, das heißt, bei Schwierigkeiten während des Gesprächsverlaufs greift er korrigierend ein. Im zweiten Fall ist der Lehrer bloßer Beobachter des Unterrichtsgesprächs, er hält sich weitgehend zurück. Die gestrichelte Linie im Schema deutet jedoch an, daß er auch hier die Funktion des Moderators – falls notwendig – übernimmt. Diese zweite Form des Gesprächs kann für Schulklassen gelten, die selbständig und selbstkorrigierend arbeiten können, also bei älteren Schülern und nach einer Zeit der Gesprächsschulung. Die Zahl der Teilnehmer an einem Unterrichtsgespräch sollte fünfzehn nicht überschreiten; die aus dem Schema herauszulesenden Zahlen sind nicht verbindlich. Die geringere Zahl wurde gewählt, um die Schemata übersichtlich zu gestalten.

5.2.2.1. Gruppenunterricht

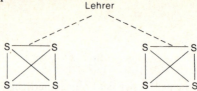

Im Gruppenunterricht, genauer in der Phase der Gruppenarbeit, besteht ein enger Kontakt zwischen den Mitgliedern jeder Gruppe. Der Lehrer hat die Funktion des Helfers, der dann beratend eingreift, wenn er aufgefordert wird, wenn es zu Konflikten zwischen den Gruppenmitgliedern kommt oder wenn die Gruppenarbeit von ihm gelenkt werden muß. Oft wird, zum Beispiel auch bei Schulz, von indirektem Unterricht gesprochen: der Lehrer greift nur, wenn notwendig, in den Lernprozeß ein.

5.2.2.2. Partnerarbeit
5.2.2.3. Einzelarbeit

Sowohl im programmierten Unterricht wie in der sonst üblichen Einzelarbeit lernt der Schüler allein. Ähnlich wie im Unterrichtsgespräch und bei der Gruppenarbeit ist der Lehrer nur Helfer in schwierigen Lernphasen und sollte nur dann eingreifen, wenn er es für unbedingt notwendig hält oder wenn der Schüler ihn dazu auffordert. Es wird im Schema deutlich, daß der programmierte Unterricht als Sozialform des Unterrichts nur eine Sonderform ist. Da der programmierte Unterricht jedoch innerhalb der Unterrichtsmethodik eine Sonderstellung einnimmt, ist besonders auf ihn einzugehen.

Zusammenfassend können die Sozialformen des Unterrichts wie folgt dargestellt werden: einmal durch die Pole »aktiv« und »rezeptiv«, nicht aktiv« und zweitens durch die Kategorien – oder besser Sozialpartner »Lehrer«, »Klasse«, »Gruppe« und »einzelner Schüler«. Diese Pole und die Sozialpartner lassen sich in einer *Tabelle* systematisieren und die Sozialformen ihnen zuordnen. Übrigens müßte – um das anzumerken – für das Team-Teaching noch die Kategorie »Lehrer« als Plural geschaffen werden.

Tabelle der Sozialformen des Unterrichts

	Lehrer	Klasse	Gruppe	Einzelschüler
aktiv	Frontal-unterricht	Unterrichts-gespräch	Gruppenarbeit Partnerarbeit	Einzelarbeit Frontal-unterricht
rezeptiv, nicht aktiv	Unterrichtsgespräch Partnerarbeit Einzelarbeit	Frontal-unterricht		

Die Tabelle macht deutlich, daß man beim Versuch einer Systematisierung nur akzentuierend vorgehen kann: gemäß der Definition des Unterrichtsgesprächs verhält sich die Klasse aktiv, der Lehrer ist weitgehend unbeteiligt. Doch kann in der Unterrichtssituation nicht vermieden werden, daß einzelne Schüler sich nicht am Gespräch beteiligen und daß der Lehrer aktiver – also direkter – eingreifen muß, als es nach der Definition wünschenswert wäre. Doch werden die Ausnahmen die methodischen Zielsetzungen des Unterrichtsgesprächs deswegen nicht in Frage stellen. Völlige Selbsttätigkeit der Schüler im Unterrichtsgespräch wäre ebenso eine Illusion wie völliges Zurückziehen des Lehrers aus dem Unterrichtsprozeß. Hier sei an die einführenden Kapitel dieser Einführung erinnert, in denen versucht wurde, die Rolle des Lehrers als Lernhelfer zu sehen und angemessen einzuschätzen.

5.2.1. Klassenunterricht

Im vorigen Kapitel ist bereits beschrieben worden, um welche unterrichtsmethodischen Fragen es beim Klassenunterricht geht: die ganze Klasse ist – gemeinsam mit dem Lehrer – am Unterricht beteiligt. Diese Sozialform des Unterrichts ist am häufigsten in der Schule zu belegen, auch wenn sie in der Literatur oft als ungenügend abgelehnt wird. Ein Grund ist die geringe Möglichkeit zur Differenzierung und Individualisierung, mit anderen Worten: im Klassenunterricht kann der Lehrer nicht so leicht der individuellen Leistungsfähigkeit des Schülers gerecht werden wie etwa im Einzelunterricht.

Klassenunterricht ist sehr stark von der sogenannten Klassenfrequenz abhängig, das heißt: von der Zahl der Schüler, die in einer Klasse zusammengefaßt werden. Meistens handelt es sich um sogenannte Jahrgangsklassen, also Klassen, die Schüler des gleichen Alters umfassen. Diese Schüler desselben Geburtsjahrganges erhalten Unterricht mit gleichen Leistungsanforderungen. Diese Leistungsanforderungen setzen eine große Gleichartigkeit, also Homogenität der Schulklasse voraus, die in den meisten Schulklassen, vor allem in der Grundschule, nicht gegeben ist. Andererseits geht jede Kritik an der Jahrgangsklasse an der Tatsache vorbei, daß Differenzierungsmaßnahmen sehr unökonomisch sein können, hohe finanzielle Belastungen verlangen und an den Lehrer extreme berufliche Anforderungen stellen. So bleiben die Jahrgangsklasse und der Klassenunterricht die Organisations- und Sozialform des Unterrichts, die in der Unterrichtswirklichkeit am häufigsten anzutreffen ist. Wie in den beiden folgenden Kapiteln noch begründet werden kann, haben sie durchaus ihre schulpädagogische Berechtigung. Dies gilt vor allem für Lerninhalte, die nicht so sehr an die individuelle Leistungsfähigkeit des Schülers gebunden sind. Das bedeutet für die Unterrichtsplanung wiederum, daß auch diese unterrichtsmethodischen Maßnahmen von inhaltlichen Vorüberlegungen abhängig sind.

In den folgenden beiden Kapiteln sollen zwei Formen des Klassenunterrichts unterschieden werden. In der Literatur werden sie sonst nicht zusammen genannt, da sie verschieden bewertet werden: einmal geht es um den sogenannten *Frontalunterricht,* zum andern um das *Unterrichtsgespräch.* Der Frontalunterricht wird von den meisten Schulpädagogen als unterrichtlich wenig effektiv abgelehnt, das Unterrichtsgespräch wird als eine pädagogisch wünschenswerte Unterrichtsmethode bevorzugt. Diese unterschiedliche Wertung der beiden Sozialformen im Klassenunterricht ist bisher nicht durch empirische Untersuchungen ausreichend belegt, so daß in dieser Einführung auf eine solche Wertung verzichtet werden kann und auch muß. Was ist nun mit Frontalunterricht, was ist mit Unterrichtsgespräch gemeint?

5.2.1.1. Frontalunterricht

In den meisten Unterrichtslehren finden sich nur kurze Hinweise auf den Frontalunterricht, und die derzeitige Schulpädagogik beschäftigt sich gar nicht mit Fragen des Frontalunterrichts. So heißt es lapidar bei Janasch-Joppich (S. 36):

Der *klassische Frontalunterricht* mit seinem reinen Lernzweck kennt als gewollte und erlaubte Beziehungen nur diejenigen, die vom Lehrer zu den einzelnen Schülern und wieder zurück gehen. Die sozialen Querverbindungen unter den Kindern, solange sie nicht unbequem in Erscheinung treten, werden übersehen, sonst aber unterdrückt. Sie sind gewissermaßen »irregulär« und werden in den Unterricht nicht mit einbezogen. Das soziale Milieu solcher gleichsam »atomisierter« Klassen ist pädagogisch verhältnismäßig arm und bürdet dem Lehrer die ganze Last auf, denn er ist der einzige legale Beziehungspunkt. Aus dem Partner wird leicht der Widerpart, weil die Schüler ihre Abhängigkeit vom Lehrer zu unmittelbar spüren.

Die Autoren Jannasch und Joppich nennen zwar den klassischen Frontalunterricht und meinen damit wahrscheinlich den Frontalunterricht der Herbartianer, verzichten aber auf Hinweise, die sich mit dem modernen Frontalunterricht zu beschäftigen hätten. Dieser ist die wohl häufigste Sozialform des Unterrichts, wie schon erwähnt wurde. Auch die Beziehung zwischen Frontalunterricht und reinem Lernzweck ist nicht zwingend, auch wenn sie von den meisten Kritikern des Frontalunterrichts immer wieder gesehen wird.

Über Jannasch-Joppich hinausgehend, können folgende *Kritikpunkte* am Frontalunterricht genannt werden:

1. Der Frontalunterricht vernachlässigt *sozialerzieherische* Aspekte des Unterrichtsgeschehens. Darauf haben Jannasch und Joppich bereits hingewiesen, wenn auch nicht ohne weiteres der extremen Wertung einer »atomisierten« Klasse zugestimmt werden kann. Soziometrische Untersuchungen über die Struktur von Schulklassen belegen immer wieder, daß selbst in den Anfängerklassen der Grundschule bereits Bindungen zwischen den Schülern bestehen, die auch nicht durch den Frontalunterricht zerstört werden. Allerdings muß zugestanden werden, daß sich im sogenannten reinen Frontalunterricht mit Verzicht auf jegliche Differenzierung und Verbot des Kontaktes zwischen den Schülern während des Unterrichts sozialerzieherische Zielsetzungen kaum verwirklichen lassen. Darauf wird von Lehrern auch oft bewußt verzichtet, vor allem im Gymnasialunterricht.

2. Der Frontalunterricht führt zur *autoritären Bindung* an den Lehrer. Auch diesem Kritikpunkt muß zugestimmt werden. Ist der Unterricht durch sozialerzieherische Zielsetzungen bestimmt, die als Unterrichtsstil die demokratische Führung durch den Lehrer anerkennen, so kann der reine Frontalunterricht nur wenig zur Demokratisierung des Unterrichts beitragen. Dies gilt auch für die Beziehung zwischen Lehrer und Schüler. Da der Lehrer eindeutig der wichtigste Bezugspunkt im Frontalunterricht für den Schüler ist, kommt es zu einer engeren Bindung an die Person des Lehrers als etwa im Gruppenunterricht. Dies kann, wie etwa im Grundschulunterricht, nicht unbedingt und einseitig als negativ gewertet werden, im Gegenteil: der Schüler kann sich mit dem Lehrer oder der Lehrerin identifizieren, er lernt unter Umständen, weil er den Lehrer als Autoritätsperson akzeptiert, und er findet Sicherheit bei ihm. Doch ist zu bedenken, und hier setzt die berechtigte Kritik am

Frontalunterricht ein, daß eine zu enge Bindung an die Autorität des Lehrers der Entwicklung hinsichtlich Selbständigkeit und sozialer Reife nicht förderlich sein wird. Für die Grundschulklassen kann deshalb eine autoritäre Bindung an den Lehrer noch gerechtfertigt sein, in der Sekundarstufe I – also der Hauptschule sowie der Realschule und dem Gymnasium – sollte der Frontalunterricht nicht mehr die alleinige Sozialform des Unterrichts sein.

3. Im Frontalunterricht wird der Lehrer nicht der *Individualität des Schülers* gerecht. Im Frontalunterricht ist es dem Lehrer nur möglich, seine Lernziele so auszuwählen, als habe er eine völlig leistungshomogene Schulklasse vor sich. Diese Voraussetzung trifft wohl für keine Schulklasse zu, die interindividuellen Unterschiede sind sehr groß. Doch muß der Lehrer – um überhaupt Lernziele setzen zu können – so tun, als habe er eine leistungshomogene Klasse vor sich. Denn im Frontalunterricht kann er nur die Klasse als ein Ganzes ansprechen. Dies führt zwangsläufig dazu, daß er sich bei der Wahl seiner Lehrziele an einem bestimmten Leistungsniveau orientiert. Meistens geht er vom sogenannten Durchschnittsschüler aus, was in einer Überforderung des leistungsschwachen und in der Unterforderung des guten Schülers endet. Geht er vom leistungsbesten Schüler aus, was häufiger im Gymnasialunterricht zu beobachten ist, dann überfordert er alle anderen Schüler. Andererseits langweilt sich der unterforderte Schüler im Anfangsunterricht der Grundschule, der bereits vor Schuleintritt lesen konnte, wenn die Lehrerin die lernschwachen Schulanfänger besonders intensiv betreut und erst dann neue Fibeltexte einführt, wenn auch der lernschwächste Schüler alle Stammwörter beherrscht.

4. Der Schüler lernt im Frontalunterricht nur *rezeptiv*. Dieser Vorwurf ist insofern gerechtfertigt, als im reinen Frontalunterricht nur ein Schüler – zum Beispiel beim Beantworten von Lehrerfragen – aktiv tätig zu einem bestimmten Zeitpunkt im Unterricht ist, während alle anderen Schüler nur zuhören, also rezeptiv lernen können. Dem Lehrer ist keine Möglichkeit gegeben, zu jedem Lernschritt für alle Schüler Lernkontrollen vorzunehmen. So kann er auch nur beschränkt Informationen darüber erhalten, ob ein Schüler im reinen Frage- oder Vortragsunterricht tatsächlich zuhört und damit am Unterricht beteiligt ist. Darüber hinaus wird die Selbsttätigkeit des Schülers kaum angesprochen. Versteht der Lehrer sein unterrichtliches Bemühen jedoch als Lernhilfe, so sollte er von hier aus bereits motiviert sein, seine eigene Aktivität zugunsten der Schüler zu verringern. Eine solche Zurückhaltung kann auch durch empirische Untersuchungen belegt werden, die ergeben ha-

ben, daß aktiv lernende Schüler sehr viel besser motiviert sind, eine höhere Lerneinsicht zeigen und langfristig besser lernen.

Zu Anfang dieses Kapitels war bereits erwähnt worden, welche Diskrepanz zwischen der erziehungswissenschaftlichen Wertung des Frontalunterrichts einerseits und seinem Anteil im Schulalltag andererseits besteht. In der schulpädagogischen Literatur wird Frontalunterricht entweder nicht erwähnt oder von den Autoren verteufelt – in der Schulpraxis ist er für die meisten Lehrer die Methode der Wahl. Lehrer, die den Frontalunterricht als Ergebnis ihrer methodischen Überlegungen bewußt anwenden und ihn deshalb auch bejahen, geben folgende *Vorteile* des Frontalunterrichts an:

1. Der Frontalunterricht ist *ökonomisch*. Das heißt, im Frontalunterricht hat der Lehrer wie in keiner anderen Sozialform des Unterrichts die Möglichkeit, alle Schüler gleichzeitig anzusprechen. Dabei setzt er voraus, daß möglichst viele Schüler auch ansprechbar sind. Für den Frontalunterricht bedeutet dies eine zusätzliche Forderung an den Lehrer: seine Schüler zu Beginn des Unterrichts – spätestens in der Einführungsphase – zu motivieren und während des weiteren Lernens immer wieder neu zu motivieren, auch wenn Ermüdung und vor allem Sättigung auftreten. Für den Frontalunterricht hat die Größe der Schulklasse, also die Klassenfrequenz, nicht die Bedeutung wie in der Differenzierung. Ob der Lehrer nun zwanzig oder vierzig Schüler unterrichtet, ist sekundär, wichtig ist seine Fähigkeit, möglichst viele gleichzeitig anzusprechen. Diese Überlegungen scheinen zum Beispiel bei den derzeitigen Reformschulen eine Rolle zu spielen, wenn vom sogenannten Großgruppenunterricht die Rede ist: mehrere Schulklassen desselben Jahrganges werden zu einer sogenannten Großklasse zusammengefaßt und in einem größeren Raum gleichzeitig frontal unterrichtet. Der Lehrer übernimmt für den Schüler Funktionen, wie sie aus dem Vorlesungsbetrieb der Hochschulen bekannt sind. Es braucht nicht weiter ausgeführt zu werden, wie problematisch solche methodischen Maßnahmen für zehnjährige Schüler sein können.

2. Der Frontalunterricht ist eine methodisch sehr *einfache* Sozialform des Unterrichts. Der Lehrer kann sich leichter als etwa im Unterrichtsgespräch an ein bestimmtes Vorbereitungsschema halten, er braucht vor allem keine Rücksicht auf mögliche Schülerspontaneität zu nehmen, und er erreicht eher seine Lehrziele. Es ist nicht so schwierig, Schüler an den Frontalunterricht zu gewöhnen, wie manche seiner Kritiker behaupten. Eher ist das Gegenteil der Fall: eine Klasse, die jahrelang an einen reinen Frontalunterricht

gewöhnt ist, ist nur schwer auf anspruchsvollere Methoden im Unterricht umzustellen. Vor allem scheint dies für leistungsschwächere Schüler zuzutreffen, für die der Frontalunterricht ebenso wie für den Lehrer eher überschaubar und daher eher effektiv sein könnte. Doch stehen hierzu noch empirische Untersuchungen aus.
3. Der Frontalunterricht erleichtert *disziplinarische Maßnahmen* des Lehrers. Die homogene Ausrichtung der Klasse auf den Lehrer ist zwar dem autoritären Unterrichtsstil zuzuordnen, begünstigt jedoch unter Umständen das Lernverhalten der Schüler. Sie können eher konzentriert arbeiten, die Arbeitsruhe ist in einem solchen Unterricht größer, und der Lehrer kann Störungen des Unterrichts leichter als etwa im Gruppenunterricht erkennen. Auch gibt es für den Schüler geringere Möglichkeiten der Ablenkung vom Unterrichtsgeschehen. Nun führt jedoch Frontalunterricht, wenn er nicht zwingend inhaltlich und methodisch begründet werden kann, zu einer recht zwanghaften Unterrichtsgestaltung. Diese führt dann auch oft zu – wie Jannasch-Joppich generell für den Frontalunterricht annehmen – einem Ausweichen und Ausbrechen der Schüler, vor allem dann, wenn der Lehrer den geplanten Unterrichtsverlauf gegen die Interessen der Schüler erzwingen will. Zum Beispiel will er das Unterrichtsthema »Gastarbeiter in Deutschland« behandeln. Angemessen wäre unter anderem ein gebundenes Unterrichtsgespräch. Der Lehrer jedoch wählt die Methode des fragend-entwickelnden Unterrichts, hat sich genaue Zielsetzungen für die Unterrichtsstunde überlegt, die Fragen sind schriftlich formuliert, und das Lernziel »Wir üben Toleranz gegenüber den Gastarbeitern« soll erreicht werden. Da die Schüler zu diesem Thema Erfahrungen der Eltern oder eigene Erlebnisse beitragen können, sie auch sehr motiviert sind, über dieses Thema zu sprechen, kommt es zu spontanen Äußerungen. Diese Äußerungen sind unter Umständen Ausdruck von massiven Vorurteilen und negativen sozialen Wertungen gegenüber den Gastarbeitern. Da diese Äußerungen nicht in die Unterrichtsplanung des Lehrers passen – so meint er jedenfalls –, werden sie von ihm unterdrückt, kritisiert und abgewiesen. Nur die vorbereiteten Fragen gelten, die er sich vor der Unterrichtsstunde überlegt hat: Wieviel Gastarbeiter sind zur Zeit in der Bundesrepublik? Kann mir einer sagen, woher die Gastarbeiter kommen? Warum bringen die Gastarbeiter ihre Familien oft mit? Wozu brauchen wir Gastarbeiter? Wie sollte man sich den Gastarbeitern gegenüber verhalten? und so fort. Lernziele – das sei vorweg gesagt – mit weltanschaulichem, politischem, religiösem oder moralischem Inhalt eignen sich nicht gut für den Frontalunterricht in der gezeigten Form, eher Einführun-

gen in sehr rationale Inhalte des Mathematik- oder des Sachkundeunterrichts Erdkunde, Geschichte, Physik oder Chemie.

4. Aus dem eben Gesagten ergibt sich, daß Frontalunterricht anscheinend besser für *Lerninhalte* geeignet ist, in denen ein rezeptives Lernen möglich ist und bei dem ein Vorwissen von gleichem Niveau für die Schüler angenommen werden kann. Dies gilt zum Beispiel für erste Einführungen in die sogenannten Kulturtechniken wie Erstlese- und Rechtschreibunterricht wie auch für die erste Einführung in die Zinsberechnung oder in die Technik des Umgangs mit Ton oder Holz als Materialien für den Werkunterricht. Hier kann fragend-entwickelnd oder durch Lehrervortrag eingeführt werden, ohne daß es zu methodischen Fehlern kommen muß. Allerdings sei einschränkend vermerkt, um nicht falsch interpretiert zu werden, daß Frontalunterricht bei den genannten Lerninhalten nicht die ausschließliche Sozialform des Unterrichts bleiben darf. Sie ist also nicht als die einzige methodische Maßnahme zu verstehen. Dies würde ansonsten einen Rückfall in den Methodenmonismus bedeuten. Andererseits ist durchaus zu bedenken, daß der Frontalunterricht für Lerninhalte geeignet ist, die schneller gelernt werden können, weil sie nur rezeptives Lernen erfordern. Dies scheint für Einführungen in Grundwissen und bestimmte Grundfertigkeiten zuzutreffen, aber auch für Übungen, die Konzentration und hohes Arbeitstempo erfordern.

Es klang bereits mehrfach in den vorangegangenen Abschnitten an, daß der Frontalunterricht sich als Sozialform in *zwei Aktionsformen des Lehrens* verwirklichen läßt:

a) als Lehrervortrag und
b) als fragend-entwickelnder Unterricht.

Über diese beiden Aktionsformen des Unterrichts ist bereits ausführlicher in früheren Kapiteln gesprochen worden. Im Frontalunterricht als einer Sozialform des Unterrichts wird in die Unterrichtsmethodik von einem anderen Aspekt eingeführt: eben durch die Frage, in welchen sozialen Beziehungen der Unterricht gesehen werden kann; gefragt wird, wie bei allen Sozialformen, nach den Kontakten zwischen Lehrer und Schüler und zwischen Schüler und Schüler.

Zwar kann darauf verzichtet werden, noch einmal auf die Grundlagen der einzelnen Aktionsformen des Lehrens einzugehen, wie sie auch für den Frontalunterricht gelten: Lehrervortrag, Lehrerdemonstration und Lehrerimpuls (dort besonders die Lehrerfrage). Doch gelten für den fragend-entwickelnden Unterricht zusätzliche Überlegungen, die sich aus der Besonderheit dieser Sozialform ergeben. Sie können gleichzeitig als *Hinweis* für einen unterrichtlich angemessenen und schulpädagogisch annehmbaren Frontalunterricht gelten.

1. Der *Unterrichtsverlauf* muß in der Planung genau vom Lehrer *festgelegt werden*. Das heißt, der Lehrer überlegt und hält – unter Umständen wörtlich – die Fragen, die er im Verlauf der Unterrichtsstunde stellt, fest. Darüber hinaus kann er notieren, welche Antworten er auf seine Fragen erwartet, um an diese wiederum neue Fragen anschließen zu können.

2. Als Konsequenz ergibt sich, daß der *Stundenverlauf* ebenso genau eingehalten werden muß, wie die Planung erfolgte. Das heißt, daß Schülerantworten, die vom Thema wegführen, nicht akzeptiert werden dürfen. Dies gilt erst recht für spontane Schülerbeiträge, die unter Umständen sogar das Lernziel der Stunde in Frage stellen könnten. Was für den Schüler gilt, hat der Lehrer in noch stärkerem Maße zu beachten: ein Abschweifen des Lehrers vom Thema der Stunde stellt die ganze Stunde in Frage und ist nicht zu rechtfertigen.

3. Das *Unterrichtstempo* sollte vergleichsweise groß sein. Der Lehrer läßt keine langen Denkpausen der Schüler zu; wenn sie vorkommen, stellt der Lehrer Zusatzfragen, um den Stundenverlauf nicht stocken zu lassen. Auch hat nach jeder – im Sinne der Planung – richtigen Schülerantwort sofort die nächste Lehrerfrage zu folgen; was für den Schüler gilt, ist auch vom Lehrer zu erfüllen. Wie das Beispiel am Ende dieses Kapitels belegt, ist es so dem Lehrer möglich, hundert und mehr Fragen zu stellen und beantworten zu lassen, obwohl ihm nur eine halbe Stunde dazu zur Verfügung steht.

4. In der Regel sollte im Frontalunterricht das *Ziel der Stunde,* also das wichtigste Lernziel, genannt werden. Die Zielangabe erleichtert die Anpassung an die Fragen des Lehrers und damit die Erreichung des Stundenziels. Einige Beispiele von Ankündigungen zu Beginn der Stunde, die als Festlegung des geplanten Stundenzieles gelten können: »Heute wollen wir uns mit dem Berechnen des Flächeninhalts von Dreiecken beschäftigen!« »Wir wollen heute ein neues Lesestück aus dem Lesebuch kennenlernen!« »Ja, also wir wollen heute ein Sprichwort besprechen.« »Heute wollen wir lernen, wie die Banken die Zinsen berechnen!« Diese Zielangabe soll, so nehmen Vertreter des reinen Frontalunterrichts an, zugleich auch eine Motivierung der Schüler zur Folge haben. Diese Annahme ist jedoch nur gerechtfertigt, wenn ein Interesse der Schüler am Stundenthema vorliegt und sie an den Frontalunterricht als dominierende Sozialform des Unterrichts gewöhnt sind.

5. Um sicherzugehen, daß das Stundenziel erreicht wird, sollen

Zwischenergebnisse und vor allem *das Stundenergebnis* schriftlich oder mündlich fixiert werden. Die meistgewählte Form ist die Zusammenfassung und Wiederholung: ». . . und jetzt wollen wir mal schnell zunächst kurz die einzelnen Vorgänge bei dieser Geschichte herausstellen. Damit wir die Handlung dieser Geschichte noch mal klarer herausbekommen. – Als ersten Punkt?« In diesem Ausschnitt aus dem Unterrichtsprotokoll, auf das anschließend eingegangen wird, wird vom Lehrer selbst die Zielangabe der zusammenfassenden Wiederholung genannt. Eine Frage, die mit unterschiedlichen Ergebnissen diskutiert wird, ist in diesem Zusammenhang die Möglichkeit für die Schüler, sich Notizen zu machen oder ganz mitzuschreiben.

6. Die *Ergebnissicherung der Unterrichtsstunde* muß explizit gegeben sein; sei es als Merksatz am Ende der Stunde, als zusammenfassende mündliche Äußerung eines Schülers oder des Lehrers oder als Hausaufgabe für die nächste Unterrichtsstunde. Ein Merksatz kann sein: »Man berechnet die Fläche eines Dreiecks, indem man die Länge der Seite c mit ihrer Höhe h multipliziert und durch zwei teilt.« Die mündliche Äußerung des Schülers oder des Lehrers kann sein: »Wir sehen, daß das Sprichwort ›Wer andern eine Grube gräbt, fällt selbst hinein‹ für unsere Geschichte zutrifft.« Eine Hausaufgabe als Ergebnissicherung der Stunde ist: »Schreibt bitte zu morgen die wichtigsten Gedanken aus der Geschichte auf, die wir heute kennengelernt haben!« Wie wenig motivierend eine solche Unterrichtsführung ist, wenn sie als einzige bekannt und verwirklicht wird, hat jeder Leser als Schüler wahrscheinlich erlebt; trotzdem lehren Unterrichtsbeobachtung und -hospitationen, daß dieselben Lehranfänger den Frontalunterricht in seiner reinen Form immer wieder nachahmen.

7. Treten besondere Schwierigkeiten während des Unterrichts auf, werden die *Lösungen vom Lehrer* gegeben. Dies ist aus Zeitgründen ökonomisch, unterbricht nicht den Unterrichtsverlauf und ermöglicht auch bei Überforderung der Schüler die Erreichung des Stundenziels. Ein Beleg aus dem bereits genannten Unterrichtsprotokoll: »Habt ihr den Inhalt der Geschichte alle verstanden?« (Gemurmel in der Klasse: »Ja.«) »Ist darin ein Wort vorgekommen, das ihr vielleicht nicht versteht? Bitte!« Rainer: »Argwöhnisch.« Lehrer: »Argwöhnisch – was heißt das? Oder sag ein anderes Wort dafür! (Befehl) – Das kommt auch in der Geschichte vor, dieses andere Wort.« Alfred: »Unzufrieden?« Lehrer: »Nein!« Reinhard: »Neugierig?« Lehrer: »Auch nicht ganz!« Barbara: »Ohne Verständnis.« Lehrer: »Nein! Mißtrauisch. Also mißtrauisch heißt argwöhnisch!« . . .

8. Der Lehrer sollte den *Lerninhalt selbst vollständig beherrschen*. Dies ist eine selbstverständliche Forderung für jeden Unterricht, wie man meinen könnte. Es kann jedoch auch Lerninhalte etwa religiöser, moralischer oder weltanschaulicher Art geben, bei denen der Lehrer nicht alle Aspekte und Sichtweisen im Unterrichtsentwurf bedenken muß. Hier kann eine allzu genaue Vorbereitung geradezu eine Einengung des Lehrers und der Schüler zur Folge haben. Anders ist es allerdings bei streng rational aufgebauten Lerninhalten, wie sie eher im Frontalunterricht – vor allem im fragend-entwickelnden Unterricht – behandelt werden können. So ist es für den Lehrer im Mathematik- oder Rechenunterricht der Sekundarstufe I (etwa im 9. und 10. Schuljahr) unerläßlich, daß er bei der Einführung in die Logarithmenrechnung oder in den Umgang mit dem Rechenstab beides selbst beherrscht. Gleiches gilt für Fragen des topographischen Grundwissens im Geographieunterricht, bei technologischen Fragen im Fach Arbeitslehre, Zahlen im Geschichtsunterricht, auch für den Fremdsprachenunterricht oder die naturwissenschaftlichen Fächer. Für die traditionellen musischen Fächer braucht sie nicht immer zuzutreffen.

9. Der Lehrer sollte möglichst auf einem *Vorwissen* aufbauen können, das bei allen Schülern der Klasse vorausgesetzt werden kann. Bei diesem Hinweis darf an die in den beiden ersten Kapiteln behandelten Formalstufen hingewiesen werden. Der Hinweis auf das Vorwissen würde der Stufe der Klarheit bei den Herbartianern entsprechen. Nur können wir heute großzügiger sein und von einem allgemeineren Begriff des Vorwissens ausgehen: nicht so sehr viele Einzelheiten gilt es zu klären, sondern die für das neue, auf dem Vorwissen aufbauende Lernziel notwendigen Voraussetzungen des Unterrichts: etwa bei der Übertragung des Archimedischen Prinzips auf Luft ist das Prinzip für Flüssigkeiten zu beherrschen, die drei Aggregatzustände Gase, Flüssigkeiten und feste Körper müssen als Vorwissen bekannt sein und so fort. Auch Lernschritte, die das Vorwissen während der Unterrichtsstunde als bekannt vorausgesetzt werden können, sollten übergangen werden. Das unbekannte Wort »argwöhnisch« aus dem vorletzten Abschnitt wurde vom Lehrer als bekannt angenommen und deshalb auch nicht weiter geklärt als durch ein Synonym, eben das Wort »mißtrauisch«. In der Analyse der Wortfeldes »mißtrauisch« hätte der Lehrer auch auf den Unterschied zwischen den beiden Adjektiven hinweisen oder die Unterschiede sogar erarbeiten können: »argwöhnisch« als eine besondere Form des Mißtrauens, nämlich als eine Mutmaßung, aber auch Einstellung oder Neigung, hinter dem Verhalten eines anderen Menschen feindselige oder unredliche

Absichten zu vermuten, »mißtrauisch« als allgemeineres Adjektiv, das soviel bedeutet wie »zweifelnde Einstellung gegenüber dem Verhalten eines anderen Menschen«. Argwöhnisch wäre die ausdrucksstärkere Art des Mißtrauens. Allerdings ist zu bezweifeln, daß eine so weitgehende Bedeutungsanalyse von Wörtern in der Hauptschule sehr effektiv sein kann.

10. Als letztes ist darauf hinzuweisen, daß der Schüler als Lernsubjekt im Frontalunterricht *zwei Funktionen* zu erfüllen hat. Er ist einmal rezeptiv Lernender, indem er zuhört, was der Lehrer vorträgt oder fragend entwickelt, zum andern ist er – was weitaus seltener im Frontalunterricht möglich ist – aktiv Antwortender. Diese Doppelfunktion des Schülers wird oft im Frontalunterricht vergessen. Mißverständnisse, die beim Lehrer so über den Erfolg seiner unterrichtlichen Bemühungen entstehen, können fatal sein. Zum Beispiel, wenn die Schüler nur dann stärker beteiligt sind, sobald sie vom Lehrer direkt angesprochen werden. Oder wenn der Lehrer den Erfolg seiner Lehrversuche nur bei einem Schüler, etwa in der Zusammenfassung des Stundenergebnisses, überprüft und naiv glaubt, daß dann auch der Rest der Klasse das Lernziel der Stunde erreicht habe. So gesehen, verlangt gerade der Frontalunterricht eher als andere Sozialformen des Unterrichts die Effektivitätskontrolle. Die meisten Schüler sind nur mit wenigen Antworten am Unterricht aktiv zu beteiligen, und nur für wenige Schüler kann er mit gutem Gewissen annehmen, daß sie das Lernziel erreicht haben, weil er dies durch häufigeres Fragen nachgeprüft hat. Meist kann allerdings gar nicht vom Schüler als einzelnem Lernenden die Rede sein: vielmehr führt der Frontalunterricht eher als andere Sozialformen des Unterrichts dazu, daß nur die Klasse als Ganzes – also als eine scheinbar homogene Gruppe von Schülern – gesehen wird.

Wie der reine Frontalunterricht im fragend-entwickelnden Unterricht und im Lehrervortrag verwirklicht wird, soll an einem *Beispiel* gezeigt werden, auf das in den vorangegangenen Abschnitten bereits hingewiesen wurde. Das Beispiel ist der Schrift »Verbales Verhalten im Schulunterricht« (Verf.: A. Weber) entnommen. Lerninhalt ist das Sprichwort »Der Lauscher an der Wand hört seine eigne Schand« mit einem Zeitungsbericht über zwei junge Männer, die einen Überfall planen und von ihrer Vermieterin belauscht werden. Die Stunde ist wie folgt aufgebaut:

1. Ankündigung des Lehrers
   »Wir wollen heute über ein Sprichwort sprechen«
2. Sammeln von Sprichwörtern als Beispiele

3. Tafelschrieb des Lehrers
   »Der Lauscher an der Wand hört seine eigne Schand«
4. Lehrervortrag des Zeitungsberichtes
5. Klären von unverstandenen Wörtern
   »Argwöhnisch«
6. nochmaliges Vorlesen des Zeitungsberichtes durch Lehrer
7. fragend-entwickelnder Unterricht zu
   7.1. dem Verhalten der Männer und ihrer Vermieterin
   7.2. dem Inhalt der Geschichte
   7.3. dem Bezug zwischen Zeitungsbericht und Sprichwort.

Hier nun ein Auszug aus dem Unterrichtsprotokoll zu Punkt 7.1. des Stundenverlaufs, also zum fragend-entwickelnden Unterricht über das Verhalten der beiden Männer und ihrer Vermieterin:

Dieter: »Sie hätte das nicht in die Zeitung geben sollen.«
Lehrer: »Sprich deutlich!«
Dieter: »Sie hätte das nicht in die Zeitung geben sollen.«
Lehrer: »Hat sie das in die Zeitung gegeben?«
Reinhold: »Nein, das haben vielleicht so Reporter, die das gehört haben.«
Edmund: »Die hätte anonym bleiben sollen.«
Lehrer: »Laut!«
Edmund: »Sie hätte lieber anonym bleiben sollen.«
Lehrer: »Was heißt das? Vielleicht verstehen das Wort nicht alle: ›anonym‹!«
Annegret: »Keinen Namen nennen!«
Lehrer: »Wie hätte sie denn das machen sollen, um anonym zu bleiben?«
Alfred: »Sie hätte telefonisch angerufen und den Fall dann gemeldet.«
Bernd: »Sie hätte das nicht gleich der Polizei sagen sollen. Erst mal warten.«
Lehrer: »Worauf hätte sie dann warten sollen?«
Bernd: »Auf den Einbruch. Und dann das der Polizei sagen, daß sie das gewußt hätte.«
Lehrer: »Was meint ihr dazu? Sollte sie erst darauf warten, daß die einbrechen?«

(Pause)

Siegfried: »Dann macht die sich ja strafbar, wenn sie das also –«
Lehrer: »Sprich bitte deutlich!«
Siegfried: »Dann macht sie sich strafbar, wenn sie die erst einbrechen läßt.«
Lehrer: »Warum macht sie sich strafbar?«
Siegfried: »Weil sie ja gewußt hat von dem.«
Lehrer: »Also auch die Vorbereitung einer Tat, wenn sie bekannt ist, ist strafbar. – Was hätte sie eventuell noch tun können, um anonym zu bleiben? Jemand hatte gesagt, sie hätte telefonieren sollen. Was hätte sie noch tun können?«
Uwe: »Sie hätte nicht an dem Lüftungsschacht lauschen sollen.«
Lehrer: »Was meinst du?«
Alfred: »Sie brauchte ja bloß einen Brief zu schreiben, ohne Adresse, und in den Briefkasten werfen.«
Lehrer: »Welche Gefahr hätte da aber bestanden?«

(Pause)

106

Rolf: »Daß sie von jemandem gesehen worden wäre.«
Volker: »Daß die Polizei gedacht hätte, das wäre nur ein Scherz gewesen.«
Ulrich: »Daß der Briefträger sich den Brief aufsparen würde.«
Lehrer: »Hm – hm.«
Dieter II: »Daß der Brief nicht früh genug ankäme.«
Lehrer: »Siehst du! Das heißt mit anderen Worten? – Ja?«
Edmund: »Auch mit dem Telefon, das hätte sie nicht machen sollen, weil – äh – die Polizei auch denken konnte, daß sich einer einen Scherz erlauben wollte. Da war es besser, daß sie hingegangen wäre und da Bescheid gesagt hat, daß sie den Namen bekanntgeben sollte.«
Lehrer: »Also, noch mal zu dem Brief!«
. . .

In diesem Beispiel werden einige wichtige Aspekte deutlich, die den Frontalunterricht charakterisieren. Der Stundenverlauf wird so eingehalten, wie der Lehrer geplant hat: der letzte Beitrag des Edmund ist bereits ein Abschweifen für den Lehrer, deshalb weist er darauf hin und fordert auf: ». . . noch mal zu dem Brief!« Das Tempo des Unterrichts ist recht groß: der Lehrer wartet nicht sehr lange auf weitere Beiträge, vielmehr stellt er sogleich nach der Schülerantwort seine weiteren Fragen; kurze Pausen gibt es nur nach den Lehrerfragen: »Sollte er erst darauf warten, daß die einbrechen?« Oder: »Welche Gefahr hätte da aber bestanden?« Das Lernziel der Stunde wurde den Schülern genannt: »Ja, also wir wollen heute ein Sprichwort besprechen.« Das wichtigste Kriterium für den Frontalunterricht ist die ausschließliche Ausrichtung des Schülers auf den Lehrer. Damit ist er erst als Sozialform des Unterrichts anzusehen: Fragen des Lehrers an die Klasse, direkte Antwort eines oder mehrerer Schüler auf die Fragen, dabei gibt es kein Eingehen auf die Beiträge anderer Schüler, Kritik wird nur geäußert, wenn sie vom Lehrer gefordert wird.

In der Schulpädagogik ist nun mehrfach versucht worden, den fragend-entwickelnden Unterricht an anspruchsvollere Forderungen anzupassen und damit auch diese Sozialform des Unterrichts aufzuwerten. Unter anderem wird dann von einem *sokratischen Gespräch* geredet, das als Prototyp des Lehrens durch das Gespräch interpretiert wird. Man orientiert sich dabei an der Methode des philosophischen Lehrgesprächs, wie sie Sokrates bei Platon zugeschrieben wird. Ziel eines solchen Gesprächs sei es, den Schüler zu Erkenntnissen zu führen, so daß sie diese selbst aus sich heraus gewonnen zu haben meinen. Der Lehrer übernimmt – wie Sokrates im philosophischen Lehrgespräch – dabei die Rolle der Hebamme. Es wird deshalb in diesem Zusammenhange oft von der mäeutischen Lehrweise gesprochen. Versuche, diese Gesprächstechnik in größerer Breite auch im Schulalltag zu verwirklichen, sind kaum gemacht worden. Sie setzen vor allem beim Lehrer wohl ein extrem hohes Maß an Gesprächstechnik voraus, zum andern eignen sich nicht viele Lerninhalte für diese Art der Gesprächsführung.

Welche *Vorurteile* gegenüber dem Frontalunterricht bestehen, soll anhand einer Befragung belegt werden. Lehrerstudenten (N = 94) wurde eine Liste vorgelegt, in der sie die Verhaltensweisen des Lehrers und des Schülers innerhalb des Frontalunterrichts charakterisieren sollten. Danach ist der Lehrer einerseits aktiv, stark führend, zielstrebig in seiner Unterrichtsführung, andererseits aber wenig nachsichtig, nicht sozial, wenig zugänglich, wenig unterhaltsam und unbeliebt. Der Schüler ist im Frontalunterricht nach Meinung der zukünftigen Lehrer einerseits sehr lehrerabhängig, lehrerorientiert, andererseits wenig aktiv, überhaupt nicht gruppenorientiert, ebensowenig mitschülerorientiert und spontan, darüber hinaus wenig motiviert.
Eine Faktorenanalyse ergab vier interpretierbare Faktoren, die sich wie folgt beschreiben lassen: Faktor 1 als autoritäres Schülerverhalten, Faktor 2 als negatives Lehrerimage, Faktor 3 als Mangel an Mitschülerkontakten und Faktor 4 als starke Leistungsorientierung von Schüler und Lehrer. Somit entspricht das Vorurteil des Lehrerstudenten weitgehend dem Bild, das in der Literatur vom Frontalunterricht gezeichnet wird und als Extremform im Beispiel von Weber vorgestellt wurde. Da Frontalunterricht wohl in der Unterrichtspraxis die am häufigsten anzutreffende Sozialform ist, werden die ersten eigenen und spätere Unterrichterfahrungen beim jungen Lehrer zwangsläufig zu Konflikten führen. Diese ließen sich vermeiden, wenn der angehende Lehrer früher und sachlicher über den Frontalunterricht mit seinen Vor- wie Nachteilen aufgeklärt würde.

5.2.1.2. *Unterrichtsgespräch*

In der Umgangssprache wird *Gespräch* meistens als ein mündlicher Austausch von Gedanken gesehen, wobei es im Unterschied zur Unterhaltung um ein bestimmtes Thema geht. Ähnliche Wörter wie Unterhaltung (als zwangloser sprachlicher Kontakt), Diskussion (als engagiertes Fachgespräch), Geplauder (als vertrauliches Sichunterhalten) oder Konversation (als gehobene Unterhaltung), Dialog (als literarische Form des Gesprächs) und Kolloquium (als wissenschaftliches Gespräch) lassen sich recht deutlich vom Gespräch abheben. Die soziologische Definition des Gesprächs als »kognitive Kommunikation mit dem Medium der Sprache zwischen zwei oder mehr Partnern« meint kaum mehr, als in der umgangssprachlichen Bedeutung bereits enthalten ist.
Das Wort Gespräch wurde nun als Begriff in die schulpädagogische Terminologie übernommen und dort als eine Sonderform – eben als *Unterrichtsgespräch* – definiert. Von dem Gespräch im umgangssprachlichen Sinne unterscheidet sich das Unterrichtsgespräch in drei Punkten:
a) es ist *lernzielorientiert*, das heißt, der Lehrer zumeist gibt ein

Lernziel, das mit dem Gespräch erreicht werden soll, es bleibt also nicht wie im sonstigen Gespräch bei der Beschäftigung mit einem bestimmten Thema;
b) es ist *zeitlich begrenzt,* das heißt, es kann unter zeitökonomischem Aspekt in der Regel nicht länger als eine Unterrichtsstunde dauern, ist jedoch aus lern- und motivationspsychologischen Gründen auf eine Zeit von fünfzehn bis dreißig Minuten zu begrenzen;
c) der *Lehrer* hat zumindest indirekt – als »primus inter pares« oder moderner als Moderator – die *Gesprächsführung,* das heißt, er lenkt das Gespräch in Richtung Lernziel und versucht, dort zu motivieren, wo eine Sättigungsphase im Gespräch auftritt.

In der derzeitigen Diskussion lassen sich drei Arten von Unterrichtsgesprächen unterscheiden: das Lehrgespräch, das freie und das gebundene Unterrichtsgespräch.

Das *Lehrgespräch* kann als eine Modifikation des fragend-entwickelnden Unterrichts verstanden werden. Oder anders: es wird versucht, den Frontalunterricht, wie er im letzten Kapitel beschrieben wurde, mit neueren methodischen Anregungen zu füllen, um ihn damit an die neuzeitliche Schulpädagogik anzupassen. Im Lehrgespräch wird zwar auch »fragend entwickelt«, jedoch nicht mehr mit Entscheidungsfragen und den sogenannten W-Fragen, sondern mit Denkanstößen und anderen Impulsen. Dabei liegt die Gesprächsführung immer noch beim Lehrer, er ist zwar nicht mehr der einzige Bezugspunkt für den Schüler, er regt also auch Gesprächskontakte zwischen den Schülern an, doch die Führung des Gesprächs wird nicht an die Schüler abgegeben. Des weiteren unterscheidet sich das Lehrgespräch noch hinsichtlich des Unterrichtsstils vom fragend-entwickelnden Unterricht als reinem Frontalunterricht: nicht mehr der eher autoritäre Unterrichtsstil ist erwünscht, sondern der partnerschaftlich-demokratische Unterrichtsstil; der Schüler wird eher als fast gleichwertiger Gesprächspartner akzeptiert, er darf eher kritisieren, der Lehrer ist nicht auf seine Planung Frage für Frage festgelegt, vielmehr läßt er Abweichungen und Umwege zum Lernziel zu. So gesehen, stellt das Lehrgespräch einen Kompromiß zwischen fragend-entwickelndem Frontalunterricht und dem Unterrichtsgespräch im engeren Sinne dar. Das folgende Schema macht dies anschaulich:

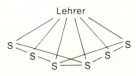

Rössner unterscheidet in diesem Zusammenhang einmal Gespräche mit Schülern und Erwachsenen-Gespräche, bei den Gesprächen mit Schülern wiederum solche mit Lehrer-Dominanz und solche mit Schüler-Dominanz. Das Lehrgespräch gehört zu den Gesprächsformen mit Lehrer-Dominanz und desgleichen zum Frage-, Impuls- und Frontalunterricht. Rössner sieht das Lehrgespräch als eine Unterrichtsmethode, in der der Lehrer selbst aktiv ist, er »rückt in das Zentrum des Miteinander-Sprechens. Es ist weniger ein ›Miteinander‹-Sprechen als vielmehr ein ›Mit-dem-Lehrer‹-Sprechen« (S. 35). Dann allerdings lehnt Rössner den Begriff Unterrichts- wie auch Lehrgespräch ab und verwendet sie nicht weiter als Fachbegriffe, weil er sie für zu vieldeutig und mißverständlich hält. Ob die Begriffe Lehr- und Unterrichtsgespräch als Termini weiter brauchbar sind, hängt jedoch weniger von ihrer vieldeutigen und mißverständlichen Verwendung in der pädagogischen Literatur ab, als vielmehr davon, wie sie definiert werden. Und dies scheint durchaus möglich zu sein, vor allem, wenn sich viele Hinweise auf einen Konsensus im pädagogischen Sprachgebrauch finden lassen. Auch die umgangssprachlichen Bezüge haben helfen können, wie die Begriffserläuterungen zu Anfang dieses Kapitels zeigten.

Das folgende *Beispiel eines Lehrgesprächs* in einem fünften Schuljahr verdeutlicht am besten, was mit der Übergangsstellung gemeint ist, die das Lehrgespräch hat. Das Unterrichtsfach der Wahl ist Deutsch, der Lerninhalt die Fabel »Der Fuchs und der Ziegenbock« von Äsop, Lernziele unter anderem das Erkennen der typischen Merkmale einer Fabel sowie des Gehaltes der Fabel.

Verlauf der Stunde:
(1. Einstieg: Der Lehrer schreibt an die Tafel den Satzbeginn »Wenn Tiere sprechen könnten ...«, dreht sich zur Klasse um und schweigt. Nach einigen Sekunden: ...)
S: Tiere können aber gar nicht sprechen.
S: Das hat Herr A. auch nicht gesagt, da steht »Wenn Tiere sprechen könnten«!
S: Wenn unser Hund sprechen könnte, der hätte uns bestimmt viel zu erzählen.
L: Was zum Beispiel?
S: Der würde mir bestimmt jeden Tag sagen, daß ich mit ihm spielen soll und dann auch, daß er jeden Tag viele Knochen haben will. (Klasse lacht)
S: Und unser Wellensittich würde den ganzen Tag im Zimmer 'rumfliegen und alles anfressen. (Klasse lacht wieder)
L: Das habt ihr euch gut ausgedacht, es gibt aber auch Geschichten von Tieren, in denen sich die Tiere wie Menschen benehmen und in denen der Dichter uns eine besondere Frage stellt. Eine solche Geschichte nennt man eine Fabel, eine solche Fabel will ich euch jetzt vorlesen, sie ist von Äsop

geschrieben, einem Dichter, der vor mehr als zweitausend Jahren in Griechenland gelebt hat.
(Lehrer schreibt Namen und Überschrift der Fabel an die Tafel)
(2. Lehrervortrag: Lehrer liest Fabel aus dem Lesebuch vor)
(3. eigentliches Lehrgespräch)
L: Die Fabel steht im Lesebuch auf Seite 213, schlagt das Lesebuch auf und lest die Fabel in Ruhe durch; nach einigen Minuten:)
S: Das war aber ein dummer Ziegenbock. Der hat gar nicht gemerkt, daß ihn der Fuchs einen Streich spielen wollte.
S: Das kann doch jedem passieren. Der wollte dem Fuchs doch bloß helfen, Peter. Der Ziegenbock wußte das doch nicht. Daß der Fuchs bloß an sich gedacht hat, er kannte den Fuchs vielleicht nicht.
S: Das hätte der Ziegenbock aber wissen müssen. Füchse sind nämlich schlau! (Klasse schweigt)
L: Wieso sind Füchse ›schlau‹ und Ziegenböcke ›dumm‹? Was meint ihr anderen?
S: Das kann man doch gar nicht sagen, das sind doch Tiere. Aber das ist in diesen Tiergeschichten immer so. Da ist der Fuchs schlau, das Schaf ist dumm, und der Löwe ist der König . . .
S: (ruft dazwischen) Ich bin der Löwe! (Klasse lacht) (L schreibt an die Tafel inzwischen: In der Fabel haben Tiere eindeutige Eigenschaften wie Menschen)
. . .
. . .
(4. Sicherung des Unterrichtsergebnisses: Schüler schreiben Tafeltext ins Heft)
(5. Hausaufgabe: Schüler erzählen die Geschichte nach, und zwar entweder aus der Sicht des Ziegenbocks oder des Fuchses)

Das freie und das gebundene Unterrichtsgespräch sind die im engeren Sinne gebräuchlichen Gesprächsformen. Wie unterscheiden sie sich? Was ist ihnen gemeinsam?
Dem *freien und dem gebundenen Unterrichtsgespräch* gemeinsam ist, daß sich der Lehrer als Gesprächsleiter zurückhält und die Schüler unter- und miteinander sprechen. Dabei sollen folgende Voraussetzungen erfüllt werden: die Schüler sollen möglichst selbständige Beiträge zum Gesprächsthema bringen, es ist also nicht erwünscht, sich den Lehreräußerungen anzupassen oder sich vom Lehrer direkt lenken zu lassen; darüber hinaus sollen Schüler möglichst kritisch sein, dies gilt sowohl den Beiträgen der Mitschüler wie auch den Beiträgen des Lehrers gegenüber; auch soll der Schüler bereits einige Techniken der Gesprächsführung besitzen, da er ja weitgehend unabhängig vom Lehrer sein soll, dies gilt für das Tolerieren der Meinung anderer wie auch für die Verbindlichkeit, in der etwa Kritik gegenüber dem andern geäußert wird; wenn möglich, sollen die Gesprächsthemen einem tatsächlichen Fragebedürfnis entsprechen, das heißt, die echten Schülerfragen ersetzen die Lehrerfrage, die ja weitgehend als Scheinfrage zu bezeichnen ist; im fragend-entwickelnden Unterricht stellt der Lehrer Fragen,

die er selbst ja weiß und beantworten könnte. Die eben genannten Forderungen hängen eng mit inhaltlichen Überlegungen zusammen, das heißt also, mit dem Unterrichtsgespräch sollen auch als Methode erzieherische Zielsetzungen erreicht werden: die Selbständigkeit, die Kritikfähigkeit, die Fähigkeit zu einer normalen Gesprächsführung und die soziale Integration der Schüler in die Klassengemeinschaft, aber auch – weitgesteckter – in die Gesellschaft.

Worin unterscheiden sich nun freies und gebundenes Unterrichtsgespräch? Um diese Frage befriedigend beantworten zu können, ist ein kurzer historischer Rückblick notwendig.

Der *geschichtliche Rückblick* kann bei der Kritik an dem Formalstufenschema der Herbartianer ansetzen. Von den Formalstufen war, wie sich der Leser erinnern wird, in den Einführungskapiteln bereits ausführlicher die Rede. Auch die Quellen des Unterrichtsgesprächs lassen sich auf verschiedene Vertreter der Reformpädagogik zurückführen, die ja als Gegenbewertung zur Lernschule der Herbartianer interpretiert wird. Als wichtigster Vertreter der Reformpädagogik läßt sich hierbei B. Otto nennen, der das Unterrichtsgespräch in seinem *Gesamtunterricht* als Methode vorwegnahm. Bei Otto geht es unter anderem im Gesamtunterricht um erzieherische Fragen in der Schulgemeinschaft, die sich zum Gesamtunterricht zusammenfindet. Er beschreibt seinen Gesamtunterricht: »Ich sitze hier an dieser Stelle, wo ich heute stehe, und wo Sie jetzt sitzen, da sitzen ringsherum die Schüler. Dann meldet sich einer mit irgendeinem Thema. Es ist gänzlich gleichgültig, was das für ein Thema ist. Es kommen die einfachsten Erlebnisse, Tageserlebnisse, es kommen die tiefsten philosophischen Fragen, und öfter kommt es vor, daß die beiden verschiedenen Arten sich unmittelbar gegenseitig ablösen. Wenn nun ein solches Thema angeregt ist, dann wird darüber so lange diskutiert, wie das Interesse der Gesamtheit dafür rege bleibt. Das zu bemerken und zu beurteilen, ist Sache des Leiters . . . Die Frage, die ein Schüler stellt, wird nach Möglichkeit von Schülern beantwortet. Es ergibt sich das auch ganz von selbst, geradeso wie es am Familientisch allgemein bekannt ist . . . Wenn aber die Kenntnisse der Schüler nicht ausreichen, so bemühen wir Lehrer uns zu antworten, soweit unsere Kenntnisse ausreichen, was auch nicht immer vollständig der Fall ist« (Erste Päd. Flugschrift des Berthold-Otto-Vereins, Berlin 1913). Diese neue Art der Unterrichtsmethode bedeutete im Jahre 1913 eine pädagogische Revolution. Heute sind viele der damaligen methodischen Ansätze verwirklicht worden, andere haben sich nicht durchzusetzen vermocht. Der Reformversuch der Pädagogen um Otto hat wesentlich die Entwicklung des Unterrichtsgesprächs in seiner derzeitigen Form geprägt. Als Begriff wurde das Unterrichtsgespräch vor allem durch Autoren wie Scheibner, Kretschmann, Haase und Fischer bekannt. Ihnen allerdings geht es um das gebundene Unterrichtsgespräch, der obige Auszug aus dem Vortrag von Berthold Otto ist ein Beispiel für das, was man später und manchmal auch heute noch unter einem freien Unterrichtsgespräch zu verstehen hat. Damit kommen wir auf die Frage zurück, wie sich freies und gebundenes Unterrichtsgespräch voneinander abheben lassen.

Beide Arten des Unterrichtsgesprächs unterscheiden sich nicht so sehr methodisch als vielmehr unter inhaltlichem Gesichtspunkt. Wie bei Otto im Gesamtunterricht wird den Schülern kein festes Gesprächsthema vorgeschrieben, auch wird es nicht von den Schülern mit oder ohne Lehrer bestimmt. Vielmehr ergeben sich die Inhalte zu Gesprächsbeginn und auch im weiteren Verlauf des Gesprächs aus den spontanen Einfällen der Schüler. Kretschmann, ein bereits erwähnter Vertreter des freien Unterrichtsgesprächs, bringt ein recht anschauliches Beispiel für den Verlauf eines solchen Gesprächs: zuerst sprechen die Schüler über die Kaiserpfalz in Goslar, kommen dann zum Schloß Sanssouci in Berlin, erwähnen die Bedeutung des Löwen als Denkmal, als Wappentier und als Beiname, reden über die Entstehung von Familiennamen und wenden sich dann verschiedenen Baustilen zu; anschließend führt das Gespräch zu den Schreibwerkzeugen der Römer in der Antike, zu der Frage nach der Herkunft des Wachses, nach dem Leben der Bienen, ihrem Nutzen für den Menschen, nach der Bedeutung des Fachausdruckes »Kerbtier« und nach den Anwendungsmöglichkeiten des Wachses; dies wiederum führt zur Herstellung von Schallplatten, zum Plattenspieler, zu den Wespen, ihren Nestern, zu den Hornissen, den Spinnen, zu der Frage, ob Frösche Ohren haben, was Kaulquappen sind und was Spinnen im Winter machen. Ein solches reines »freies« Unterrichtsgespräch ist inhaltlich eine Folge von Assoziationen, also von Gedankenketten, deshalb eigentlich keine im Sinne der Definition des Unterrichtsgesprächs noch zu bezeichnende Unterrichtsmethode. Im heutigen Unterricht ist das freie Gespräch eine Ausnahme. Vor allem wird es unter inhaltlichen Gesichtspunkten kritisch zu sehen sein: es werden keine ausdrücklichen Lernziele formuliert, und es kann keine Lernzielkontrolle gemacht werden. Was sich an erzieherischen Lernzielen erreichen ließe, kann auch – wie noch zu zeigen ist – im gebundenen Unterrichtsgespräch erfüllt werden. Außerdem können die meisten der angesprochenen Fragen nicht oder nur sehr oberflächlich behandelt werden, und viele Antworten werden auf später verschoben. Vorteile des freien Unterrichtsgespräches, die auch heute noch gesehen werden, sind die vielleicht noch bessere Gesprächs- und Sprechschulung und die Möglichkeit, im freien Gespräch ein echtes Fragebedürfnis der Schüler zu befriedigen. So hat das freie Unterrichtsgespräch durchaus seine methodische Berechtigung: im freien Erzählen und Berichten zum Wochenbeginn oder auch im täglichen Schulanfang des Anfangsunterrichtes; dann lassen sich in einer sogenannten Fragestunde aktuelle Fragebedürfnisse der Schüler auch in den Klassen der Sekundarstufen befriedigen, und im sogenannten Gelegenheitsunterricht kann auf aktuelle Fragen eingegangen werden, die sich während des traditionellen Unterrichts ergeben.

Der *Gelegenheitsunterricht* ist nach Ansicht des Verfassers dieser Einführung wahrscheinlich am ehesten geeignet, die methodischen Ansätze brauchbar auch für den heutigen Unterricht zu verwenden. Hierbei ist vor allem an die Auseinandersetzung mit Lerninhalten zu denken, die unmittelbar der Lebenswirklichkeit entnommen werden. Er ist als unsystematischer und ungeplanter Unterricht am ehesten spontaner Unterricht. Die Lerninhalte werden ausgewählt, weil sie aktuell sind. Die Aktualität sollte auch von den Schülern akzeptiert werden. So kann ein Verkehrsunfall vor dem Schulgebäude Anlaß sein, verkehrserzieherische Fragen zu dem Vorfall zu besprechen. Der Tod eines Staatsmannes ist Anstoß, eine Schilderung seiner Persönlichkeit zu versuchen, seine politischen Verdienste zu würdigen und Konsequenzen zu besprechen, die sich aus der veränderten politischen Lage nach seinem Tod ergeben. Allerdings wird der Gelegenheitsunterricht in der traditionellen Schulpädagogik eher negativ als positiv beurteilt, zum Beispiel wenn Huber in seiner Unterrichtslehre davor warnt, den Unterricht »bei aller Lebensbezogenheit und Lebensverbundenheit« zu einem »bloßen Gelegenheitsunterricht ausarten« zu lassen. Ein Motiv für die Ablehnung des Gelegenheitsunterrichts ist beim Lehrer zu suchen: er fühlt sich unter Umständen durch spontane Fragen der Schüler verunsichert, dies gilt nicht nur für das breite Allgemeinwissen, das solch ein Unterricht vom Lehrer verlangt, sondern auch für die Notwendigkeit, noch stärker als im traditionellen Unterricht auf die Schüler einzugehen. Auch ist für viele Lehrer die sogenannte Stofffülle im Unterricht so groß, daß eine Stunde oder ein Stundenabschnitt mit Gelegenheitsunterricht Zeitverlust zu bedeuten scheint. Nicht zuletzt mag manchem Lehrer das Wort »Gelegenheitsunterricht« Grund für eine Ablehnung sein: Gelegenheitsunterricht kann kaum vorbereitet sein, und wer

diese Form des »freien Gesprächs« wählt, könnte – so meint man – als schlecht vorbereiteter Lehrer gelten.
So wird, wenn ein Unterrichtsgespräch durchgeführt wird, im heutigen Unterricht die *gebundene* Form des Unterrichtsgesprächs gewählt. Das heißt, daß Schüler und Lehrer im Gespräch thematisch gebunden sind. Das gebundene Unterrichtsgespräch vermeidet die Nachteile des freien Unterrichtsgesprächs: es besteht eine Bindung an ein vorgegebenes Thema, also an einen Lerninhalt (zum Beispiel »Der schulfreie Samstag«), die Lernziele selbst können alternativ gestellt werden, oder der Lehrer verzichtet auf eindeutig formulierte Lernziele (zum Beispiel »Gründe für und gegen den schulfreien Samstag«, »Abwägen von Für und Wider ein Problem«): daraus ergibt sich, daß sich vorzugsweise offene Themen für das gebundene Unterrichtsgespräch eignen, als Lerninhalte Fragen aus dem religiösen, dem weltanschaulichen, politischen oder sonstigem sozialen Leben. Lernziele aus dem mathematisch-naturwissenschaftlichen Fächerbereich scheinen wohl eher für das Lehrgespräch methodisch gerechtfertigt zu sein.
Bevor ein Beispiel aus einem Unterrichtsgespräch berichtet wird und einige Hinweise für die Gesprächsschulung gegeben werden, soll der methodische Aufbau einer Unterrichtsstunde mit gebundenem Unterrichtsgespräch dargestellt werden. Dieser Aufbau ist nicht als Schema einer Unterrichtsstunde zu interpretieren, sondern als Anregung für eigene Versuche.
Auch eine Unterrichtsstunde mit gebundenem Unterrichtsgespräch beginnt mit einigen *organisatorischen Vorbereitungen.* Es ist zu überlegen, welches die angemessene Sitzordnung für das Gespräch ist, in den meisten Fällen wird es die kreisförmige Sitzordnung sein. Hier wird oft der Ausdruck »Kreisgespräch« verwandt, womit ein Unterrichtsgespräch gemeint ist, bei dem die Sitzordnung im Kreis jedem Teilnehmer des Gesprächs erlaubt, alle anderen Teilnehmer zu sehen und damit stets Blickkontakt zu haben. Bei größeren Klassen und bei bestimmten Themen kann es vorteilhafter sein, nicht alle Schüler am Unterrichtsgespräch zu beteiligen. In solchen Fällen ist zu überlegen, wieviel Schüler und auch welche Schüler Teilnehmer des Gesprächs sein sollen. Unter Umständen kann die Auswahl auch gemeinsam mit der Klasse getroffen werden. Diese Sonderform des Gesprächs ähnelt den sogenannten Podiumsdiskussionen. Nach Beendigung des Unterrichtsgesprächs kann über das Gespräch im Plenum diskutiert werden. Im weiteren ist – vor allem bei den ersten Versuchen – zu regeln, wie Wortmeldungen berücksichtigt werden sollen, sei es, daß es jedem Teilnehmer freigestellt wird, wann er sprechen möchte, sei es, daß ein Schüler

das Gespräch lenkt, sei es, daß der gerade Sprechende seinen Nachfolger selbst aufruft. Wichtig ist auch die Zeitplanung für das Unterrichtsgespräch, um Möglichkeiten für eine Vertiefung des Themas oder für eine Plenumsdiskussion im letzten Teil der Stunde zu haben.

Zu Beginn der Unterrichtsstunde kann die *Problemstellung* durch den Lehrer erfolgen. In der Regel handelt es sich dabei um einen Impuls. Dieser Impuls kann eine Geschichte sein, die vom Lehrer oder von einem Schüler vorgelesen wird; ein Zitat aus einem Buch oder ein Sprichwort werden an die Tafel geschrieben, oder der Lehrer weist auf einen für die Klasse aktuellen Anlaß hin (Planung eines Wandertages). Dabei hat er sich möglichst jeden Kommentars zu enthalten, um nicht Voreingenommenheit zu erreichen oder wichtige Lernziele vorwegzunehmen, die von der Klasse im Gespräch weitgehend selbständig erarbeitet werden sollten. Es ist allenfalls Aufgabe des Lehrers, Informationsfragen und Verständnisfragen der Schüler zu beantworten, ansonsten hat er sich nach der Impulsgebung zurückzuhalten.

Wie bereits im Kapitel über die Sozialformen des Unterrichts in den schematischen Übersichten angedeutet wurde, kann ein *Unterrichtsgespräch* völlig ohne den Lehrer oder mit ihm als gleichberechtigtem Partner durchgeführt werden. Für welche Form der Lehrer sich entscheidet, hängt weitgehend von der vorausgegangenen Gesprächsschulung der Klasse und ihren Vorerfahrungen mit Unterrichtsgesprächen ab. Die beiden möglichen Schemata sollen noch einmal angeführt werden:

gebundenes Unterrichtsgespräch
ohne direkte Lehrerbeteiligung   mit Lehrerbeteiligung

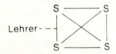 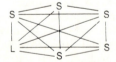

Nach den organisatorischen Vorbereitungen, der Impulsgebung durch den Lehrer und dem Zurückziehen des Lehrers folgt das *eigentliche Unterrichtsgespräch*. Während dieses Gesprächs hat der Lehrer lediglich die Funktion des Moderators: er lenkt gegebenenfalls das Gespräch, wenn zum Beispiel die Schüler vom Thema abkommen, oder er motiviert die Schüler, wenn sie anscheinend ermüden und das Gespräch versiegt. Wie dies im einzelnen geschieht, wird durch das Beispiel deutlich gemacht, das im letzten Teil dieses Kapitels gebracht wird. An dieser Stelle genügt allenfalls der Hinweis, daß – wenn er seiner Spontaneität mißtraut – der

Lehrer sich einige verbale Impulse in der Vorbereitung notieren kann, um sie – falls notwendig – für die Fortführung des Gesprächs bereitzuhalten.

Nach dem Unterrichtsgespräch sollte in irgendeiner Form eine *Sicherung des Geprächsergebnisses* versucht werden. Diese kann der Lehrer in eine weitergehende und vertiefende Plenumsdiskussion kleiden, er kann aber auch Merksätze formulieren und an die Tafel schreiben lassen, eine Zusammenfassung in einer schematischen Übersicht wäre ebenfalls möglich. Nur sollte er sich nicht verleiten lassen, eine Zusammenfassung oder gar eine Wiederholung anzuschließen, die allzusehr an den fragend-entwickelnden Unterricht erinnert. Die stereotype Wendung: »Jetzt wollen wir mal alles wiederholen, jeder einen Satz« oder »Faßt das Ergebnis in einem kurzen Aufsatz zu Hause zusammen« ist kein Indiz für die methodische Phantasie des Lehrers, diese ist Voraussetzung. Vielmehr sollte der Lehrer bedenken, daß Schüler um so intensiver den Rückfall in das Schulmeistern erleben, je anspruchsvoller die methodischen Maßnahmen des Lehrers waren. Und hierzu gehört vor allem bei älteren Schülern das Unterrichtsgespräch.

Der Aufbau einer Unterrichtsstunde mit einem gebundenen Unterrichtsgespräch kann sich also aus insgesamt fünf Schritten zusammensetzen:

1. organisatorische Vorbereitungen
2. Problemstellung durch Lehrer oder Schüler
3. Denkpause und Zurückziehen des Lehrers
4. Unterrichtsgespräch
5. Zusammenfassung und Sicherung des Gesprächsergebnisses.

In der schulpädagogischen Literatur zum Thema Unterrichtsgespräch finden sich selten und dann sehr unsystematisch und verstreut Hinweise auf die Gesprächsschulung. Doch zeigt gerade die Erfahrung der Lehranfänger, daß die Gesprächsschulung die wichtigste Voraussetzung für das Gelingen eines Unterrichtsgespräches ist. Es kann angenommen werden, daß Lehrerstudenten und junge Lehrer gerade deshalb relativ große methodische Schwierigkeiten haben, weil sie auf keine eigenen Erfahrungen aus ihrer Schulzeit zurückgreifen können. Es soll deshalb versucht werden, dem Lehranfänger einige *Hinweise* für die Gesprächsschulung zu geben.

1. Der junge Lehrer sollte daran denken, daß *Gesprächsschulung* bereits vor dem Unterrichtsgespräch einsetzt. Diese Feststellung klingt scheinbar banal, wird aber durch einen oft beobachteten Anfängerfehler gerechtfertigt. Da zumeist die methodische Schulung fehlt, unterschätzt der Lehranfänger leicht die methodischen

Voraussetzungen, die für das Unterrichtsgespräch notwendig sind. Dazu gehört vor allem das Gewöhnen der Schüler an Impulse verschiedenster Art, dabei ist die übliche Lehrerfrage – weil unecht und autoritätsbezogen – am ungünstigsten. Verbale Impulse als Denkanstöße sind methodisch effektiver. Andere Voraussetzungen, die vor einem Unterrichtsgespräch erfüllt sein sollten, sind zum Beispiel der eher demokratische Führungsstil des Lehrers, ständige Hinweise an die Schüler, auf andere Schülerbeiträge auch im Frontalunterricht einzugehen, auf andere Schülerbeiträge zu hören und auch die Forderung, Kritik in angemessener Form zu äußern.

2. Es sollten solche *Gesprächsthemen* ausgewählt werden, die für die Schüler interessant sind, über die sie ein Gespräch führen möchten und über die sie wahrscheinlich ein Vorwissen haben, sei es auch in Form von Vorurteilen oder vagen Vorstellungen und Meinungen. Einige Themen sollen als mögliche Beispiele angeführt werden: Die Fabel von der Grille und der Ameise (5./6. Schuljahr, Deutsch), Das Märchen von den Sterntalern (2. Schuljahr, Deutsch), Das Gleichnis von den Arbeitern im Weinberg (religiöse Unterweisung), Rauchen oder Nichtrauchen? (9.–13. Schuljahr, Biologie), Kohle und andere Energiequellen (8.–10. Schuljahr, Erdkunde/Arbeitslehre), Landtagswahlen: Parteien und ihre Programme (9.–13. Schuljahr, Gesellschaftslehre/Gemeinschaftskunde), Schülermitverwaltung: Notwendigkeit oder Scheindemokratie? (ab 9. Schuljahr). Die Reihe ließe sich beliebig verlängern, ohne daß es möglich wäre, einen verbindlichen Kanon von Themen zu nennen. Die Auswahl kann nur nach sorgfältiger didaktischer Analyse getroffen werden, wobei vor allem – mit einem schulpädagogischen Schlagwort – die Individuallage der Klasse zu berücksichtigen ist.

3. Die Schüler sollten an die kreisförmige *Sitzordnung* gewöhnt werden. Bereits im ersten Schuljahr kann der Lehrer die Klasse zum sogenannten Morgenkreis setzen lassen, wobei er eine Geschichte liest oder erzählt, die Kinder eigene kleine Erlebnisse erzählen läßt und erste Vorformen des Miteinandersprechens ungezwungen und als Selbstverständlichkeit lernen läßt. In einem früheren Abschnitt war die Rede vom Kreisgespräch, das als Lehrgespräch beginnen kann und zum gebundenen Unterrichtsgespräch ohne Lehrereingreifen und -beteiligung in der Oberstufe führt. Dort allerdings ist oft die Sitzordnung – etwa in der Form eines Hufeisens – so, daß Unterrichtsgespräche geführt werden können, ohne daß eine neue Sitzordnung gefunden werden muß. Leider bedeutet die Abkehr von der frontalen Sitzordnung in vielen Klassen

nicht unbedingt auch die Abkehr vom Frontalunterricht, sei es als Lehrervortrag oder als fragend-entwickelnder Unterricht.

4. Wie bereits erwähnt wurde, sollte die *Motivation* zu Beginn des Unterrichtsgesprächs besonders sorgfältig bedacht werden. Der Lehrer kann in den seltensten Unterrichtssituationen davon ausgehen, daß der sogenannte Fragetrieb seiner Schüler nur danach dränge, befriedigt zu werden, wie dies in einem Vers aus einer früheren Unterrichtslehre zum Ausdruck kommt: »Du sitzt vergnügt auf meinem Schoß, dein Fragetrieb ist grenzlos.« Vielmehr kommt auch im Unterrichtsgespräch der Lernmotivierung durch den Lehrer größte Bedeutung zu. Er hat es allerdings insofern leichter als etwa im Lehrgespräch, weil er stärker Interessen und aktuelle Bezüge bei der Auswahl der Gesprächsthemen berücksichtigen kann. Motivation ist dabei sowohl Gegenstand der didaktischen Überlegungen (»Ist der Unterrichtsinhalt dem Schüler fragwürdig?«) als auch der methodischen Vorbereitungen (»Welche Art von Impuls eignet sich für dieses Gesprächsthema am besten?«)

5. Das *Schülerverhalten* ist für den Erfolg eines Unterrichtsgesprächs eine wichtigere Voraussetzung als in anderen Unterrichtsmethoden. Hier kann durchaus durch direkte verbale Belehrung versucht werden, gesprächsangemessene Verhaltensweisen der Schüler zu erzielen: durch ständige Hinweise, auf die Beiträge anderer Schüler einzugehen, persönliche Kritik wie auch affektive Äußerungen zu vermeiden, abzuwarten, bis dem Schüler das Wort erteilt wird, sich offen in angemessenen Umgangsformen zu äußern, kritisch zu sein, ohne den anderen Schüler zu verletzen, den Mitschüler ausreden lassen, ihn ernst nehmen und ihm zuhören können. So selbstverständlich diese Forderungen klingen die Erfahrungen vor allem in vielen Hauptschulklassen mögen lehren, daß viele Schüler solche Umgangsformen weder vom Elternhaus noch von früherem Unterricht her gewöhnt sind.

6. Für das *Lehrerverhalten* gilt, daß autoritärer Unterrichtsstil vermieden wird, vor allem dann, wenn auch die Gesprächsthemen es so verlangen. Zum Beispiel ist es methodisch nicht korrekt, als Gesprächsthema die Frage der Zensurengebung in einem neunten Schuljahr zu wählen, von den Schülern kritische Beiträge zu erwarten, selbst aber autoritär das Gespräch so zu steuern, daß als Ergebnis bestimmte Lehrererwartungen erfüllt werden: der Lehrer hat allein die notwendige fachliche Kompetenz, um Zensuren geben zu können. Ein Kreisgespräch, in dem der Lehrer selbst die Hälfte der Beiträge bringt, die Schülerbeiträge kommentiert und fragend entwickelt, hat wenig mit einem gebundenen Unterrichtsgespräch zu tun.

7. Allerdings sollte der Lehrer gezielt *eingreifen*, wenn der Gesprächsverlauf es erfordert. Dies ist der Fall, wenn die Schüler vom Thema abkommen, nur dahinreden, um das Gespräch dem Lehrer zuliebe fortzuführen, wenn über Unwichtiges zu lange gesprochen wird, wenn kein Fortschritt mehr festzustellen ist, wenn bestimmte Umgangsformen nicht mehr beachtet werden oder wenn das Gespräch nur von wenigen Schülern geführt wird. Doch braucht eine Denkpause der Schüler oder eine affektive Äußerung noch kein Anlaß zu sein, um in das Gespräch einzugreifen. Das optimale Maß – eingreifen, wenn notwendig, zurückhalten, soweit wie möglich – erfordert vom Lehrer Einfühlungsvermögen in die jeweilige Gesprächssituation und kann nicht durch starre Verhaltensregeln vorgeschrieben werden.

8. Die *Unterrichtsimpulse* während des Gesprächs sollten – soweit notwendig – möglichst weit und offen sein, um das Gespräch nicht allzusehr einzuengen. Vor allem Denkanstöße sollten sowohl inhalts- als auch verlaufsgestaltend sein. Das heißt, der Denkanstoß erhält eine Doppelfunktion: einmal dem Gespräch die gewünschte Richtung auf das Lernziel hin zu geben, zum andern Gesprächsform und -verlauf zu steuern.

9. Ohne sich auf bestimmte Floskeln festzulegen, kann sich der Lehranfänger bestimmte *Redewendungen* merken, die ihm die Lenkung des Gesprächs erleichtern: »Hier muß ich leider widersprechen«, »Da bin ich anderer Meinung«, »Vielleicht sollten wir einmal etwas anderes bedenken«, »Sind wir uns eigentlich darüber im klaren...« oder »Vorhin hatte... gesagt, daß...« Diese und ähnliche Redewendungen können die Gesprächsführung sehr erleichtern, und es kann angenommen werden, daß Schüler sie um so eher übernehmen, je ernster sie vom Lehrer gemeint sind.

10. Das *Gesprächstempo* sollte weitgehend der Gruppe überlassen bleiben. Gerade der Lehranfänger versucht, sich bestimmte Zeitmarken innerhalb der Stunde zu setzen. Diese können nicht immer im Unterrichtsgespräch eingehalten werden, weil es eben nicht so genau planbar ist wie etwa das Lehrgespräch. Hinzu kommt, daß Pausen während des Gesprächs oft als eine unerwünschte Unterbrechung interpretiert werden. Dies trifft nur dann zu, wenn das Gesprächsthema erschöpft ist oder wenn Schwierigkeiten auftreten. Hier gilt es, zwischen einer »Denkpause« und dem »Nichtweiter-Können« zu unterscheiden. Zumindest sollte der Lehrer etwas warten, bis er eingreift, um das Gespräch fortzuführen.

Die Hinweise sollen nun anhand eines *Beispiels* veranschaulicht und vertieft werden. Das Gesprächsthema ist fächerübergreifend für Deutsch, Sozialkunde und Biologie; Lerninhalt ist: Der Kampf gegen die Tollwut – Füchse werden vergiftet. Lernziel ist unter anderem, die Fähigkeit zur sachkritischen Bewertung von Vorgängen in der Umwelt des Menschen zu fördern. Im Unterrichtsprotokoll liest sich der *Verlauf der Stunde* wie folgt:

(Die Schüler des 8. Schuljahres sitzen im Kreis, der Lehrer sitzt mit ihnen; er verteilt vervielfältigte Zeitungsausschnitte aus der hiesigen Zeitung mit der Überschrift »Gast aus Afrika tötet tollwütigen Fuchs«. Die Schüler lesen für sich den Ausschnitt, anschließend wird er von einem Schüler laut vorgelesen, als immanente Wiederholung. Danach ist für eine halbe Minute Schweigen.)
Klaus: Das ja fast ein Witz, kommt einer aus Afrika hierher und wird von einem wilden Tier angegriffen, und in Afrika hat er sie jeden Tag gehabt.
Karin: Wilde Tiere gibt es bei uns auch nicht mehr; der Fuchs war ja krank, der hatte die Tollwut.
Klaus: Das ist ja egal, Hauptsache, daß der den Mann angegriffen hat.
Elke: Das liest man oft in der Zeitung, daß Füchse tollwütig werden und dann Menschen angreifen. Deshalb werden sie auch getötet.
Lehrer: Aber nicht mit dem Spazierstock? (Klasse lacht)
Klaus: Nein, da wird Gas in den Fuchsbau gepustet, das Gas ist giftig, daran geht gleich die ganze Fuchsfamilie kaputt.
Katrin: Das finde ich nicht richtig. Nur die kranken Füchse sollten die Leute töten. Die gesunden Füchse tun keinem Menschen etwas zuleide.
Klaus: Du Schlaumeier! Aber die Füchse sind eine Gefahr, die können alle die Tollwut kriegen, dann lieber ›peng‹ und weg damit.
Katrin: Das finde ich trotzdem nicht richtig. Andere Tiere kriegen auch die Tollwut, und die werden auch nicht alle umgebracht.
Klaus: Du spinnst ja. Willst du vielleicht die Tollwut haben? So mit Schaum vor dem Mund und uns alle beißen? (Klasse lacht)
Lehrer: Ich bin der Meinung, wir sollten Katrin ernster nehmen. Was sie sagt, ist schon richtig: fast alle Tiere können die Tollwut haben und sie auf den Menschen übertragen, Katzen, Hunde, auch Rehe, Rinder und Schafe.
(Klasse schweigt)
(Lehrer nimmt zusammengerolltes Bild mit Füchsen vor dem Bau und hängt es ausgerollt an die Tafel, viele Schüler zeigen spontan Freude über die ›niedlichen‹ Fuchskinder)
Marion: Das sind aber schöne Tiere, ich könnte keinen Fuchs töten.
Manfred: Und die haben so schöne Felle, da machen sich die Frauen Felljacken, dafür wollen sie die Füchse dann gern umbringen, haha!
Klaus: Die kann man auch züchten. Zu dem Bild wollte ich noch etwas sagen. Irgendwie kriegt man eine andere Meinung, wenn man das Bild sieht.
Katrin: Wie meinst du das?
Klaus: Na ja, die da auf dem Bild möchte ich auch nicht töten. Aber was sollen die Menschen sonst machen? Die Füchse sind doch eine Gefahr für uns.
Klaus-Dieter: Ich finde, daß Füchse genau solche Tiere sind wie alle anderen auch. Die haben auch ein Recht darauf zu leben. Und wenn man sie alle umbringt, dann gibt es die nur noch im Zoo.
. . .
. . .
Lehrer: Vergleicht doch einmal Bild und Zeitungsausschnitt!
Katrin: Wenn man erst den Bericht in der Zeitung gelesen hat und wenn

man dann das Bild sieht, dann weiß man gar nicht mehr, was für eine Meinung man haben soll.
Klaus-Dieter: Das stimmt. Man kann nicht einfach sagen, wir bringen alle Füchse um, dann haben wir unsere Ruhe vor der Tollwut. Ich bin dafür, daß nur tollwütige Tiere getötet werden. Das reicht aus. So eine große Gefahr sind die Füchse vielleicht gar nicht.
Manfred: Die Füchse sind sehr menschenscheu, die sieht man überhaupt nicht. Nur den Bau, den kann man sehen.
Klaus: Das sind auch die Bau ... die Höhlen anderer Tiere. Das weiß man nicht genau, wenn man davorsteht.
Manfred: Wir wohnen am Wald, und ich habe noch nie einen Fuchs gesehen.
Lehrer: In der Natur ist alles voneinander abhängig: im vorigen Jahr gab es beispielsweise eine große Mäuseplage. Die wird darauf zurückgeführt, daß der Winter vorher sehr milde war, aber auch, weil es weniger Füchse gab, die ja vor allem von Mäusen leben. Die vielen Mäuse fressen wieder mehr Hummeln, die am Boden ihre Nester haben, die Hummeln aber bestäuben den Klee. Und wenn es weniger Hummeln gibt, dann gibt es auch weniger Klee ...
Elke: Und die Tiere haben weniger zu fressen.
Hans-Dieter: Alles hängt in der Natur zusammen, und wenn der Mensch etwas ändert, dann macht er die Natur kaputt.
Katrin: Ich bin dafür, daß man die Füchse leben läßt.
(Lehrer bringt den Begriff des ökologischen Gleichgewichtes, faßt mit einigen Sätzen zusammen und stellt die Hausaufgabe, ein Beispiel für das ökologische Gleichgewicht zu konstruieren).

Das obige Beispiel für ein gebundenes Unterrichtsgespräch läßt sich unter verschiedenen Aspekten *analysieren.*

Hat sich der Lehrer genügend zurückgehalten? Hat er an den notwendigen Stellen Impulse gegeben?

Haben sich möglichst viele Schüler beteiligt? Wie sind unterschiedliche Meinungen zu deuten?

Wurde das Lernziel des Unterrichtsgesprächs erreicht?

Wurden möglichst viele und auch gegensätzliche Aspekte des Lerninhaltes erwähnt oder diskutiert?

Wurde Unverstandenes vom Lehrer oder von einem Schüler erklärt?

Die Überlegungen zum Unterrichtsgespräch haben ergeben, daß es eine wichtige Sozialform des Unterrichts ist und eine ebenso wichtige Ergänzung zum Frontalunterricht bedeutet. Freilich stellt es höhere Anforderungen an Lehrer und vor allem Schüler.

5.2.2. Innere Differenzierung des Unterrichts

Die Differenzierung des Unterrichts ist einer der immer noch und immer wieder aktuellen unterrichtsmethodischen Grundbegriffe. Die Differenzierung ist als Gegenbegriff zum Klassenunterricht zu verstehen, wie er in den vorangegangenen Kapiteln beschrieben

wurde. Dazu zählt also der Frontalunterricht ebenso wie das Unterrichtsgespräch. Welche unterrichtsmethodischen Vorzüge werden in der Differenzierung gesehen?
Ausgangspunkt ist die *Kritik am traditionellen Klassenunterricht*, wobei zumeist der Frontalunterricht gemeint ist und das Unterrichtsgespräch ausgenommen wird, manchmal sogar als Differenzierung uminterpretiert wird. So weit sollte jedoch die Begriffsverwirrung nicht gehen, sie ist besonders im Begriffsfeld der Differenzierung groß genug. Die Sättigung mit den terminologischen, methodischen und intentionalen Auseinandersetzungen um die Differenzierung führt eher anscheinend in die Sackgasse als zur so notwendigen Klärung, wie die Polemik des folgenden Zitats belegt: »Das Übelste an der ›Differenzierung‹ liegt aber wohl darin, daß diese Vokabeln und diese angebliche ›Theorie‹ und diese Praxis uns suggerieren, hier sei eine Antwort gefunden auf die Problematik des Gleichmachens durch Erziehung. Eben hierin liegt auch die Umdrehung unseres Denkens: wir denken eben nicht mehr (über das Problem nach). Alles scheint gelöst, indem man dem ›empirisch Festgestellten‹ (das wir im wesentlichen schon seit einer halben Ewigkeit kannten) nachgibt« (H. Kronen, Differenzierung – ein anti-pädagogisches Prinzip, in Die Deutsche Schule, 1972, 64, 316–319). Wenn der Leser die Vielfalt an Buchliteratur zum Thema Differenzierung durchblättert, wird er wohl zuerst versucht sein, sich dem Standpunkt von Kronen anzuschließen. Doch zeigt ein sorgfältigeres Studium der speziellen Literatur, daß durchaus Ansätze zu einer zusammenfassenden und systematischen Darstellung zu finden sind. Auf diese soll des weiteren auch vorwiegend eingegangen werden.
Es wurde bereits darauf hingewiesen, daß die Differenzierung des Unterrichts als methodische Maßnahme und als Sozialform des Unterrichts auf dem Hintergrund des traditionellen Klassenunterrichts zu sehen ist. Dabei sollten wir vom Bild der üblichen Jahrgangsklasse ausgehen: in der Regel werden dort solche Schüler unterrichtet, die das gleiche biologisch-chronologische Alter haben, im ersten Schuljahr die Sechs- bis Siebenjährigen, im zweiten Schuljahr die Sieben- bis Achtjährigen, im dritten Schuljahr die Acht- bis Neunjährigen und so fort. Dabei ging und geht die Schulpädagogik von der Annahme aus, daß gleichaltrige Schüler auch ähnlich leistungsfähig sind und den gleichen Entwicklungsstand haben. Dies trifft – darauf hat der Verfasser früher im Kapitel Klassenunterricht hingewiesen – jedoch nur sehr bedingt zu. Die individuellen Unterschiede sind zum Teil recht groß. So kann ein Lehrer in der Grundschulklasse Schüler mit einem Intelligenzquo-

tient von 70 haben, leicht schwachsinnige Kinder, aber auch Schüler mit einem Intelligenzquotienten von mehr als 130, also Schüler mit Höchstbegabung. Das lernbehinderte Kind wird voraussichtlich in die Sonderschule überwiesen, das hochbegabte Kind besucht die weiterführende Schule, zum Beispiel das Gymnasium. Dies ist bereits ein Aspekt dessen, was unter anderem als Differenzierung beschrieben wird, hier als sogenannte äußere Differenzierung im weitesten Sinne. Man versucht also, von der »pädagogischen Gleichmacherei« abzukommen und der Individuallage des Schülers oder bestimmter Gruppen eher als im nivellierenden Jahrgangsklassenunterricht gerecht zu werden. In diesem Zusammenhang wird auch vielfach der Begriff der Individualisierung gebraucht, manchmal auch der Begriff der Gruppierung. Wir wollen als Oberbegriff die Differenzierung beibehalten.

Allgemein und vorläufig kann also festgehalten werden, daß die *Differenzierung* als Sozialform versucht, die nivellierenden Nachteile des Klassenunterrichts zu überwinden, indem in ihr organisatorische und methodische Maßnahmen ergriffen werden, die eher als der Klassenunterricht der Individualität des Schülers gerecht werden können. Alle weiteren Gründe, die genannt werden, sind zusätzliche Annahmen. Dies gilt für Schlagwörter wie »Chancengleichheit«, für »kompensatorischen Unterricht« oder »Durchlässigkeit des Schulsystems« wie auch für die Angriffe gegen die »technokratische Schulreform« in der Bundesrepublik.

In Anlehnung an den Systematisierungsversuch von R. Winkel unter dem Thema »Gruppierung in der Schule« (Die Deutsche Schule, 1973, 65, 249—254) soll versucht werden, einen Überblick über das derzeitige Begriffsfeld »Differenzierung« zu geben. Anschließend soll es auf die Fragestellung dieser Einführungsschrift eingegrenzt werden.

Erstens kann Differenzierung *innerhalb und außerhalb* des Unterrichts unterschieden werden. Man spricht dann auch von der inneren und der äußeren Differenzierung. In der inneren Differenzierung besteht zwar normalerweise die übliche Jahrgangsklasse als organisatorische Form, wird jedoch vom Lehrer gelegentlich, wenn er es aus methodischen und intentionalen Gründen für wichtig hält, aufgelöst. Zum Beispiel läßt der Lehrer jeweils zwei Schüler zusammenarbeiten, man spricht dann von Partnerarbeit, oder jeder Schüler lernt für sich allein, dann wird von Einzelarbeit gesprochen, oder eine Gruppe leistungsschwacher Schüler wird in einem Nebenraum von einem Schüler – der als Helfer den Lehrer unterstützt – betreut, während der Lehrer mit dem Rest der Klasse Klassenunterricht durchführt. Diese, die innere Differenzierung, wird Gegenstand des Kapitels Differenzierung im Unterricht sein. Im Unterschied zur inneren Differenzierung wird in der äußeren Differenzierung die Jahrgangsklasse über eine längere Zeit teilweise oder ganz aufgelöst und durch andere Organisationsformen ersetzt. Sie ist seit langem Gegenstand schulreformerischer Auseinandersetzungen, ohne daß sie sich in unserem traditionellen Schulsystem durchgesetzt hätte. Einige Beispiele äußerer Differenzierung sollen genannt werden. So werden Schüler nach Leistungsklassen zusammengefaßt, indem zu Beginn des Schuljahres ihre Leistungen in den Versetzungsfächern zu einer Schulleistungszahl zusammengefaßt und die besten Schüler in die Klasse A, die schwächeren Schüler in die C- oder D-Klasse kommen. Eine andere Möglichkeit der äußeren Differenzierung ist durch die Dreigliederung des derzeitigen Schulsystems gegeben: Volks-, Real- und höhere Schule, wobei die Sonderschulen eine Ausnahmestellung einnehmen. Ein anderes System der äußeren Differenzierung ist das Kern-Kurs-System. Hier wird nur in einigen, den sogenannten Leistungsfächern nach der jeweiligen Leistungsfähigkeit in diesem Fach differenziert, in den restlichen Fächern wird nach Jahrgangssystem unterrichtet.

Zu erwähnen sind in diesem Zusammenhang die organisatorischen und methodischen Probleme, die sich hinsichtlich der Differenzierung in der integrierten *Gesamtschule* stellen. Einerseits gehört es zum bildungspolitischen Konzept der Gesamtschule, alle Schüler nach dem Prinzip der Einheitlichkeit zu unterrichten, andererseits zeigen die Schulerfahrungen, daß die Lerngruppen in der Gesamtschule noch heterogener als in dem dreigegliederten traditionellen Schulsystem sind. So wurde die Differenzierung zu einem schwerwiegenden Problem für die Gesamtschule. Die verschiedenen Formen der äußeren Differenzierung nach Leistung oder Interessen führten letzten Endes wieder zu einer »Reproduktion« der bestehenden schichtspezifischen Unterschiede in den Lerngruppen. Deshalb wird neuerdings die Forderung nach verstärkter innerer Differenzierung auch in der Gesamtschule erhoben. Dabei läßt sich eine banale Erkenntnis nicht leugnen: je heterogener eine Lerngruppe zusammengesetzt ist, um so notwendiger wird Differenzierung. Die jährlich erscheinende Fülle von Publikationen zu diesem Thema zeigt, wie ungelöst dieses Problem ist.

Zweitens kann Differenzierung nach den *Kriterien* systematisiert werden, die für sie gelten. Hier sind unter anderem zu nennen: Begabungsgruppierungen (das sog. ability grouping), Schulleistungsgruppierungen und Fachleistungsgruppierungen (das sog. school or subject achievement grouping), die Interessengruppierungen (das sog. interest grouping) sowie die im deutschen Schulsystem übliche Altersgruppierung (das sog. age grouping) oder die früher gebräuchliche Form der Geschlechtsgruppierungen (das sog. sex grouping). Für die beiden zuletztgenannten Gruppierungen gelten auch die Ausdrücke »Jahrgangsklasse« und »eingeschlechtliche Klassen«. Die Gruppierungskriterien können sowohl für die innere wie für die äußere Differenzierung gelten und werden auch in den späteren Abschnitten dieses Kapitels noch von Bedeutung sein.

Drittens kann Differenzierung nach der *Art der Zusammensetzung* erfolgen. Winkel unterscheidet hierbei drei sogenannte Gruppierungsverfahren: a) die heterogene Gruppierung, in der die Gruppenmitglieder etwa im Gruppenunterricht sich hinsichtlich ihrer Leistungsfähigkeit, ihrer Interessen oder ihres Alters unterscheiden, b) die homogene Gruppierung, in der sich die Schüler nach Leistung, Begabung, Alter oder Geschlecht nicht oder nur kaum unterscheiden, und c) die individuelle Gruppierung, in der es um die besondere Betreuung einzelner Schüler geht; hierbei gilt allein das Kriterium der Auswahl nach dem Gesichtspunkt: Lernhilfe für den einzelnen Schüler zu geben.

Viertens spielt das Kriterium der *zeitlichen Dauer* für die Differenzierung eine Rolle. Hier kann einmal von der relativ stabilen, dann von der relativ temporären Gruppierung gesprochen werden. Zeitlich stabile Lerngruppen sind zum Beispiel die Gruppierungsformen der äußeren Differenzierung, während in vielen inneren Differenzierungsversuchen eine eher temporäre Gruppierung Geltung hat. Das braucht jedoch nicht uneingeschränkt gelten. So kann auch innerhalb der Binnendifferenzierung – wie man die innere Differenzierung manchmal nennt – eine stabile Lerngruppe von Legasthenikern bestehen bleiben. In diesem Förderunterricht, der zusätzlich zum üblichen Klassenunterricht erteilt wird, werden solche Schüler im Rechtschreiben und Lesen gefördert, die hier eine partielle Leistungsschwäche zeigen. Oder der Lehrer bildet – mit präzisen sozialerzieherischen Zielsetzungen – bestimmte Tischgruppen, die über längere Zeit zusammenbleiben, auch im Gruppenunterricht gemeinsame Aufgaben bearbeiten, ohne daß ständig neue Arbeitsgruppen gebildet werden müßten.

Fünftens kann – über Winkel hinausgehend – die *Sozialform des Unterrichts* als Kriterium für eine Einteilung von Gruppierungsversuchen genommen werden. Hierbei will sich der Verfasser eng an die Systematisierungsversuche der traditionellen Schulpädagogik halten und auf ihrer Basis eine weitere Systematisierung versuchen. Ausgang ist wieder die früher erwähnte Einteilung der Sozialformen von Schulz und Klafki. Sie soll auch die Grundlage für die weitere Gliederung dieser Einführungsschrift im Aspekt »Differenzierung im Unterricht« sein. Dabei sollen Reformversuche, wie sie zur Zeit für die Gesamtschule oder andere Schulversuche

gelten und deshalb nicht genügend erprobt und untersucht werden konnten, unberücksichtigt bleiben. So gesehen, ergibt sich folgende weitere *Gliederung der Sozialformen* unter dem Aspekt Differenzierung im Unterricht:
1. Gruppenunterricht
2. Partnerarbeit
3. Einzelarbeit
   3.1. Sonderform: Programmierter Unterricht

Das Auswahlkriterium ist 1. die Lerngruppe und 2. das Lernindividuum. Das heißt, im ersten Fall geht es um Lernen mit anderen, im zweiten Fall um Individualisierung als eine konsequente Weiterführung der Differenzierung. Der Programmierte Unterricht gehört unter systematischem Gesichtspunkt zum Einzelunterricht, soll jedoch wegen seiner schulpraktischen Bedeutung und wegen seiner besonderen Funktion im Unterricht als besondere Form der Differenzierung angeführt und erläutert werden. Sieht man die weiteren Abschnitte dieses Kapitels unter den genannten Kriterien, so kann wie folgt eingeschränkt werden: es werden Formen der inneren Differenzierung dargestellt; dabei sollen vor allem die Auswahlkriterien der Leistungs-, der Begabungs- sowie der Interessengruppierung Beachtung finden; drittens sollen sowohl Möglichkeiten der heterogenen als auch der homogenen Gruppierung gesehen werden, die sogenannte individuelle Gruppierung wird im Einzelunterricht berücksichtigt; viertens soll vorwiegend die temporäre Gruppierung behandelt werden; das schulpädagogische Kriterium, das als fünftes genannt worden war, gibt die Einteilungsgrundlage für die weiteren Kapitel der Einführung.

Bevor nun Gruppenunterricht, Partnerarbeit, Einzelunterricht und Programmierter Unterricht als Sonderform des Einzelunterrichts ausführlicher dargestellt werden, soll noch eine Übersicht über einige der zahlreichen empirischen Untersuchungen zum Thema »Differenzierung« gegeben werden. Im Unterschied zu zahlreichen anderen schulorganisatorischen und unterrichtsmethodischen Fragen kann die empirische Forschung – zumindest für den angelsächsischen Sprachraum – eine Reihe von Ergebnissen vorlegen. In den meisten Untersuchungen geht es um Fragestellungen zum Thema »äußere Differenzierung in homogenen oder heterogenen Leistungsgruppen«, Probleme der inneren Differenzierung werden selten bearbeitet. Vergleicht man die wenigen Untersuchungen zur inneren Differenzierung mit homogenen Leistungsgruppen mit denen zur äußeren Differenzierung, so zeigen sich allerdings in beiden Gruppierungen ähnliche Tendenzen:
Zumindest bei kognitiven Lernzielen konnte festgestellt werden,

daß homogene Gruppen methodisch vorteilhafter zu sein scheinen; der Vorteil trifft allerdings wohl vorwiegend für die Extremgruppen zu: Besonders leistungsstarke wie auch leistungsschwache Gruppen profitieren stärker von dem homogenen Leistungsniveau als durchschnittlich leistungsfähige Gruppen; die Überlegenheit der homogenen Leistungsgruppe ist anscheinend auch altersabhängig, da jüngere Schüler nicht in dem Maße wie ältere in der homogenen Leistungsgruppe lernen; in der fachspezifischen Differenzierung (»setting«), in der noch stärker Interessen- und Begabungsschwerpunkte berücksichtigt werden können, ist die homogene Leistungsgruppe der heterogenen eher überlegen als in der allgemeinen Differenzierung in den Versetzungsfächern (»streaming«); das Vorurteil, homogene Leistungsgruppen begünstigten soziale Isolierung, Egoismus, Cliquenbildung und einseitiges Leistungsstreben, konnte nicht bestätigt werden.

In einer älteren Studie von A. S. Briedenstine zum Thema »Schulerfolg in differenzierten und undifferenzierten Klassen« sollte geklärt werden, ob die Schulleistungen von Schülern in Klassen mit Differenzierung besser seien als in Klassen ohne Differenzierung. Briedenstine ging dabei von der Annahme aus, daß sich die Schülerleistung aus spezifisch individuellen Voraussetzungen aufbaue und daß folgerichtig durch Gruppenunterricht differenziert oder sogar durch Einzelunterricht individualisiert werden müsse. Es wurden insgesamt mehr als zweitausend Schüler der Klassen 2 bis 9 in elf Schulen eines Schulbezirks untersucht. Etwa die Hälfte wurde konventionell ohne, die andere Hälfte mit differenzierenden Maßnahmen unterrichtet. Um vergleichbare Ergebnisse zu erhalten, wurden zwei Stichproben mit etwa gleichem Intelligenzniveau und Alter zusammengestellt. Das Gesamtergebnis für alle Klassenstufen konnte die Hypothese, daß Differenzierungsmaßnahmen dem konventionellen Klassenunterricht überlegen sind, nicht bestätigen. Allerdings muß dieses Ergebnis altersspezifisch ausgewertet werden. Hierbei ergab sich eine leichte Überlegenheit für die Differenzierung in den höheren Klassen wie auch für die Höhe der Intelligenzleistung. Neuere Untersuchungen haben diese Tendenzen bestätigt: die Abhängigkeit der einzelnen Schülerleistung besonders bei jüngeren Schülern von der Differenzierung im Unterricht scheint nicht so nennenswert groß zu sein, wie von den Befürwortern der Differenzierung angenommen und propagiert wird. Sie wird wahrscheinlich erst im Zusammenhang mit anderen Faktoren wirksam; einer der wichtigsten scheint in der Persönlichkeit des Lehrers zu liegen, besonders in seiner Einstellung zu bestimmten unterrichtsmethodischen Maßnahmen. Dies konnte jedenfalls in einer breitangelegten Studie an englischen Grundschulen beobachtet werden. So wird im Abschlußbericht unter anderem zusammengefaßt, »daß die Einstellungen und Methoden der Lehrer auf die Einstellungen der Schüler zu sich selbst und zu ihrer Arbeit erheblichen Einfluß haben« – und an früherer Stelle, »daß die Einstellung zum ›streaming‹ (allg. Differenzierung) eng mit der vom Lehrer bevorzugten Art der Unterrichtsgestaltung zusammenhängt . . .« (in Teschner, S. 92).

Abschließend soll von einer Untersuchung berichtet werden, der von D. M. Jones zum Thema »Versuche einer Anpassung an individuelle Unterschiede«. Die Autorin der Studie ging von der Überlegung aus, daß es in den meisten Klassen eine breite Spanne von Begabungen und Leistungsniveaus gibt und daß der übliche Stoffplan nicht ausreicht, um jedem Schüler in seiner Individualität gerecht zu werden. Hinzu kommt die Notwendigkeit, Schüler aus sozial schwächerem Milieu angemessen zu fördern. In ihrer Untersuchung versuchte die Autorin nun, Vorteile des individualisierenden Unterrichts herauszufinden. In zwei Gruppen – einer experimentellen Gruppe mit Individualisierung und einer Kontrollgruppe ohne diese differenzierenden Maßnahmen – wurde der absolute Lernfortschritt festgestellt. Bei gleichem Lebensalter, Intelligenzalter und ähnlichen Anfangsleistungen erreichte die experimentelle Gruppe von Schülern im Untersuchungszeitraum von einem Schuljahr einen Lernvorsprung von 2,5 Monaten gegenüber der Kontrollgruppe ohne Individualisierung. Bei geringer begabten Schülern war der Lernfortschritt noch größer, die individualisierenden Maßnahmen also noch effektiver; den leistungs- und begabungsschwachen Kindern konnte also am besten geholfen werden. Als zusätzliche Ergebnisse konnte festgehalten werden:

1. Schüler machen bessere Lernfortschritte, wenn sie sich ihrer Motivationen und Leistungsfähigkeit bewußt werden.
2. Leistungsfähige Schüler sind von individualisierender Förderung durch den Lehrer weniger abhängig als leistungsschwächere Schüler.
3. Individualisierende Maßnahmen des Lehrers sind eher vom Organisationsgeschick des Lehrers und von vorhandenen Lehr- und Lernmitteln abhängig als von der Klassengröße und von verwaltungstechnischen Voraussetzungen.
4. Wer versucht, Schüler in ihrer individuellen Leistungsfähigkeit zu fördern, sollte nicht von dem Ziel ausgehen, die interindividuellen Unterschiede zu nivellieren. Vielmehr zeigt die Untersuchung, daß Individualisierung im Unterricht diese Unterschiede sogar vergrößert (siehe A. Yates, S. 267).

Die eben vorgestellte Auswahl von empirischen Untersuchungen zum breiten Problemfeld Differenzierung hat einen kleinen Eindruck von der Komplexität unterrichtlichen Geschehens vermittelt. Sie sollte den Leser nicht verwirren, vielmehr aufzeigen, wie sorgfältig und bewußt Unterricht zu planen und zu gestalten ist. Die Ebene der Unterrichtsmethodik ist ein wichtiger Aspekt dabei, dessen weitere Erforschung Untersuchungen für Jahrzehnte füllen wird. Bis dahin haben unterrichtsmethodische Fragen meist vorläufige Antworten zur Folge. Dies gilt auch für den Gruppenunterricht, der als erster methodischer Gesichtspunkt im nächsten Kapitel zu behandeln ist.

5.2.2.1. Gruppenunterricht

Der Gruppenunterricht ist neben dem Unterrichtsgespräch die wohl am höchsten bewertete Unterrichtsmethode. In kaum einem Fachbuch oder einer kleineren Veröffentlichung zu dieser Methode findet sich ein kritischer Einwand. Läßt sich diese eindeutig positive Beurteilung des Gruppenunterrichts auch sachlich und empirisch belegen? Diese Frage muß gestellt werden, denn in der Schulwirklichkeit ist der Gruppenunterricht eine Ausnahme.

Um die Bedeutung des Gruppenunterrichts angemessen begründen zu können, wird er mit dem traditionellen Frontalunterricht verglichen. Dabei werden vor allem zwei *Vorteile* genannt, die für den Gruppenunterricht sprechen:
1. die Möglichkeit des Schülers, aktiv und selbsttätig zu lernen, und
2. die Erziehung zur Zusammenarbeit und Partnerschaft mit anderen.

Diese Begründungen sind vor allem an intentionalen und sozialerzieherischen Überlegungen orientiert, als dritter Vorteil ist – unter unterrichtsmethodischem Aspekt – die Überlegenheit des Lernens in der Gruppe gegenüber dem Lernen im Klassenverband oder einzeln zu nennen. Uns hat der dritte Aspekt, weil unterrichtsmethodisch, zu interessieren. Zu der Frage, ob Frontal- oder Gruppenunterricht effektiver sei, wurde von Dietrich eine *Untersuchung* durchgeführt. Probanden der Untersuchung waren Schüler aus achten Volksschulklassen: drei Klassen, die Kontrollgruppen, hatten Frontalunterricht, eine Klasse, die Versuchsgruppe, hatte Gruppenunterricht. Dietrich formulierte zwei Hypothesen:
1. Die Schülerleistung ist um so besser, je stärker der Schüler aktiv lernen kann, und
2. die Leistungspersönlichkeit des Schülers wird um so stärker gefördert, je mehr er die Möglichkeit zur Selbstgestaltung hat.

Die beiden Hypothesen konnten bestätigt werden. Die erste Hypothese wurde an Hand von Wissens- und Fertigkeitstests überprüft. Die durchschnittlichen Leistungspunkte betrugen in der Versuchsgruppe $\bar{X} = 75$ bei Mittelwerten in den Kontrollgruppen von $\bar{X} = 47$, $\bar{X} = 42$ und $\bar{X} = 29$. Gleiche Überlegenheit der Schüler mit Gruppenunterricht konnte auch im Stellen und Lösen von Problemen festgestellt werden. Die Leistungspersönlichkeit der Schüler wurde mit den Variablen Mitarbeit, Produktivität und Konzentrationsleistung gemessen: »Während die gruppenunterrichtlich geführte Versuchsgruppe in allen untersuchten Persönlichkeitsbereichen eine signifikante Veränderung in Richtung des pädagogisch wünschenswerten höheren Niveaus zeigt, bleiben die frontalunterrichtlich geführten Kontrollgruppen in allen Bereichen völlig gleich oder zeigen nur eine geringfügige Verbesserung« (Dietrich, nach Weiß, S. 145).

Wie werden diese Ergebnisse von Dietrich *interpretiert*?

1. Es ist nach Dietrich nicht anzunehmen, daß in der Versuchsgruppe eine bloße Persönlichkeitsreifung stattfand. Vielmehr ist es naheliegender, daß »bei einer ganzen Reihe von Kindern der gruppenunterrichtlich geführten Experimentalgruppe in einer der betreffenden Altersstufe angemessenen Weise eine tätige Mitverantwortung für die Gruppenkameraden und für das Gelingen des Ganzen feststellbar« ist, »die zwar von außen her angeregt, darüber hinaus aber schon zum eigenen Bedürfnis und zur persönlich akzeptierten Verpflichtung geworden ist.«
2. Die Wirkungen des Sozialisations- und Personalisationsprozesses scheinen in den verschiedenen Unterrichtsmethoden von unterschiedlicher Qualität und Intensität zu sein. Der Gruppenunterricht wird anscheinend eher als eine Herausforderung von den Schülern erlebt, die man gern annimmt und der man sich eher als im Frontalunterricht zu stellen bereit ist.
3. Die kleine Lerngruppe im Gruppenunterricht kann nicht als sozial isolierte Gruppe gesehen werden. Für ihre Überlegenheit müssen weitere Faktoren als Bedingungen bedacht werden, unter anderem die Tatsache, daß diese Lerngruppe in eine Klasse integriert ist, die bereits optimal geführt wird und deren soziale Struktur schon den Kriterien einer pädagogischen Gruppe genügt. Oder anders: das Lernen in der Gruppe ist anscheinend nur dann dem Lernen im Frontalunterricht überlegen, wenn die Schulklasse selbst Gemeinschaft ist.

Da anzunehmen ist, daß viele Leser niemals selbst Gruppenunterricht – sei es als Schüler oder als Lehrer – erfahren haben, ist es an der Zeit, den Gruppenunterricht als eine Unterrichtsmethode vorzustellen. *Gruppenunterricht* kann als eine Sozialform des Unterrichts verstanden werden, die den Zielsetzungen der Differenzierung entspricht (Sozial- und Sachlernen) und in der das Einzellernen durch Lernen in und mit der Gruppe ersetzt wird. Die pädagogische Gruppe kann in Anlehnung an das Wirtschaftsleben auch als Arbeitsgruppe, Team oder Kollektiv bezeichnet werden.

Es werden zwei Formen des Gruppenunterrichts unterschieden: der *arbeits- oder themengleiche* und der *arbeits- oder thementeilige*. Im arbeitsgleichen Gruppenunterricht wird derselbe Lerninhalt von allen Gruppen bearbeitet, im arbeitsteiligen Gruppenunterricht arbeitet jede Gruppe an einem Teilthema eines größeren Lerninhaltes. Ein *Beispiel* für arbeitsteiligen Gruppenunterricht:
Als Gesamtthema wird der Klasse im Biologieunterricht der Lerninhalt »Vom Naturschutz« gegeben. Teilthemen – oder Teilinhalte – können für einzelne Gruppen sein: »Pflanzen und Tiere, die unter Naturschutz stehen«, »Schutz unserer Haustiere«, »Schutz und Pflege von Vögeln im Winter«, »Schutz und Pflege des Wildes«, »Große Naturforscher als Freunde der Tiere« und »Erklärung des Sprichwortes ›Quäle nie ein Tier zum Scherz, denn es fühlt wie du den Schmerz‹« (nach Schröter, S. 140–142).
Für den arbeitsgleichen Gruppenunterricht soll ein ausführlicheres Beispiel gebracht werden. Hierbei beschäftigen sich also alle Gruppen mit demselben Thema. Vorzüge dieser Form sind der Anreiz zur Rivalität, die gegenseitigen Ergänzungsmöglichkeiten beim Gruppenbericht und die bessere Vergleichbarkeit der Ergebnisse. Eine weitergehende sozialerzieherische Begründung erhält der arbeitsgleiche Gruppenunterricht durch die Möglichkeit, die einzelnen Arbeitsergebnisse – etwa im Kunst- oder Werkunterricht – zu einer Gemeinschaftsaufgabe zusammenzufassen. Hier ist allerdings schon der Übergang zur arbeitsteiligen Form des Gruppenunterrichts gegeben. In ihr arbeiten – wie bereits erwähnt wurde – die Gruppen an verschiedenen Themen oder Teilinhalten eines größeren Themas. Der sozialerzieherische Wert dieser Form des Gruppenunterrichts liegt darin, daß die einzelnen Gruppen selbständig und in eigener Verantwortung ihre Aufgabe zu lösen versuchen. Gefahren durch übermäßiges Rivalisieren zwischen den Gruppen oder die Furcht vor schlechter Benotung im Klassenvergleich entfallen weitgehend. Schwierigkeiten ergeben sich beim Berichten der Gruppen, da hier ein höheres Maß an Verständlichkeit von den Berichterstattern gefordert wird, als dies im arbeitsgleichen Gruppenunterricht nötig ist. Welche der beiden Formen der Lehrer auswählt, hängt einmal von der didaktischen Analyse (Aufgliederung des Stundenziels in Teilthemen möglich?) und von der Vertrautheit der Schüler mit den Arbeitstechniken im Gruppenunterricht ab.
Nun jedoch zu dem angekündigten Beispiel aus dem arbeitsgleichen Gruppenunterricht.

Der Lehrer entrollt zu Beginn der Deutschstunde (6. Schuljahr, Gymnasium) ein Plakat, auf dem für Zahnpasta geworben wird. Die Schüler äußern sich frei für etwa fünf Minuten zu dem Plakat. Darauf engt der Lehrer das Gespräch auf die Frage ein, nach welchen Gesichtspunkten ein solches Plakat analysiert werden könne. Die Vorschläge der Schüler werden in einem etwa zwanzigminütigen Lehrgespräch gesammelt, kritisch bewertet und – wenn brauchbar – als Hinweis an die Tafel geschrieben: Verhältnis von Schrift zu Bild, Wirkung des Plakats auf Leser, Informationsgehalt des Textes, Farbgebung des Bildteils und ähnliches. Nach dem Lehrgespräch werden die Schüler aufgefordert, in den Vierergruppen, wie sie bereits an Tischen sitzen, das Plakat zu analysieren. Die Hinweise, die im Lehrgespräch gesammelt worden sind, werden als Arbeitsanweisungen verwandt. Die eigentliche Gruppenarbeit der insgesamt acht Arbeitsgruppen dauert etwa weitere zwanzig Minuten. Anschließend geben die Gruppen ihre Berichte vor der Klasse, sie werden gesammelt, den einzelnen Hinweisen an der Tafel zugeordnet und kritisiert. Nach dem ersten Gruppenbericht werden die anderen Gruppen aufgefordert, nur noch Ergänzungen oder Abweichungen in ihren Ergebnissen zu bringen. Die Berichte und das Anschreiben der Ergebnisse einschließlich Kritik und Ergänzungen dauern nochmals etwa eine halbe Stunde. Die letzte Viertelstunde der Doppelstunde gilt dem Abschreiben der Tafeltexte. Als Hausaufgabe wird eine schriftliche Analyse des Plakats an Hand der nun als Stichworte dienenden Zusammenfassung gewählt.

Die eigentliche Gruppenarbeit macht nur einen zeitlich geringen Teil der Doppelstunde aus, nämlich etwa zwanzig Minuten. Das heißt, auch für diese Unterrichtsmethode gilt, daß sie nur im Zusammenhang mit anderen Aktionsformen des Lehrers, Lernakten der Schüler oder Sozialformen des Unterrichts ihren unterrichtlichen Standort erhält.

Aus dem obigen Beispiel läßt sich nun der Ablauf des Gruppenunterrichts übersichtlich in einem *Schema* zusammenfassen.

Der Begriff des offenen Schemas soll bedeuten, daß Abweichungen, Ergänzungen oder Zusammenfassungen einzelner Schritte dem Lehrer – eventuell in Zusammenarbeit mit seiner Klasse – überlassen bleiben. Der besonderen Unterrichtssituation kann man nicht völlig mit einem Schema gerecht werden, wenn es auch Anregungen für die Gestaltung des eigenen Gruppenunterrichts zu geben vermag. Es lassen sich zehn Einzelschritte unterscheiden, die den methodischen Ablauf des Gruppenunterrichts bestimmen können:

1. Lernmotivation
2. Ankündigung des Themas
3. gebundenes Unterrichts- oder Lehrgespräch
4. gemeinsamer Entwurf des Arbeitsplanes
5. Bereitstellen der notwendigen Medien
6. Bildung von Arbeitsgruppen
7. interne Planung in den Gruppen
8. Gruppenarbeit
9. Vortrag der Gruppenberichte
10. Zusammenfassung und weitere Verarbeitung der Ergebnisse

An diesem Schema wird deutlich, daß die eigentliche Gruppenarbeit (8. Schritt) nur ein einzelner Schritt innerhalb des Gruppenunterrichts ist. Was aus dem Schema nicht ohne weiteres ersichtlich wird, ist die Erfahrung, daß sie in der zeitlichen Planung stärker als andere Schritte berücksichtigt werden muß. Um die methodische Bedeutung der eigentlichen Gruppenarbeit hervorzuheben, sollen die zehn Schritte auf drei Hauptschritte verkürzt werden. Dabei kann man zu folgender Neugliederung gelangen:

I. Vorbereitung der Gruppenarbeit (1.—7. Schritt)

II. Gruppenarbeit (8. Schritt)

III. Auswertung der Arbeitsergebnisse (9.—10. Schritt).

Zu bedenken ist, ob nicht der 7. Schritt, die interne Planung innerhalb der Gruppen, bereits der Gruppenarbeit zugerechnet werden kann. Tatsächlich ist hier das Charakteristikum der Zusammenarbeit gegeben, allerdings geht es um formale Fragen, etwa um die Arbeitsteilung in der Gruppe, und noch nicht um die inhaltliche Klärung des Lerninhaltes.

Der Gruppenunterricht kann als eine besonders anspruchsvolle Unterrichtsmethode bewertet werden, die von sozialpsychologischen Voraussetzungen und pädagogischen Vorarbeiten abhängig ist. Auf diese Voraussetzungen und Vorarbeiten ist im folgenden noch einzugehen, um dem Lehranfänger bessere Hilfen zu geben. In der reichlich vorhandenen Fachliteratur zum Gruppenunterricht wird er allerdings häufig Hinweise erhalten, die stark an den Zielsetzungen dieser Unterrichtsmethode orientiert sind. So ist etwa bei Fuhrich die Rede von der »Bedeutung des Gruppenunterrichts für die Lenkung der seelischen Entwicklung in der Vorpubertät und in der Pubertät«, vom Gruppenunterricht als »kulturpolitischem Anliegen« oder von der »Gruppenarbeit als Grundlage für die Persönlichkeitsbildung«. Auf Ausführungen dieser Art soll in diesem Zusammenhang verzichtet werden, da sie nach Überzeugung des Verfassers kaum einen sachlich berechtigten Erkenntnisgewinn bringen können. Weiterhin soll davon abgesehen werden, sich unkritischen Begründungen des Gruppenunterrichts anzuschließen, wie sie sich bei Schröter finden lassen: »Es wurde von uns ein Problemkreis gewählt, bei dem zuverlässige Aussagen der normativen und der diagnostischen Forschung vorliegen. Die normative Forschung legte in sehr einleuchtender Weise klar: Gruppenunterricht sollte sein! In vielen Büchern kann man dies nachlesen« (G. Schröter, Schon morgen mit der Gruppenarbeit beginnen, Worms 1967). Eine distanziertere und damit sachlichere Betrachtungsweise erscheint nicht nur fruchtbarer, sie ist auch glaubwürdiger. Dies gilt vor allem, wenn Schröter normative Forschung als

»begriffliche, spekulative« Forschung bezeichnet mit Ausrufen wie: »So sollte es sein! So ist es im Reich der Ideen!« Doch zurück zur anspruchsvolleren Sichtweise heutiger Schulpädagogik.
Vorhin war von den *sozialpsychologischen Voraussetzungen* die Rede, von denen Gruppenunterricht in stärkerem Maße abhängig zu sein scheint als andere Unterrichtsmethoden. Hinweise dafür lassen sich aus der sogenannten Gruppendynamik gewinnen, einer Disziplin der Sozialpsychologie und Soziologie. In ihr geht es nämlich um die Erforschung von sogenannten Kleingruppen. Zu ihnen gehören nach Homans solche überschaubaren Anzahlen von Personen, die in einem gegebenen Zeitraum häufiger zueinander Kontakt haben und deren Kontakte unmittelbar sind. Als Kleingruppe kann also sowohl die Familie als auch die Spielgruppe von Kindern auf der Straße oder eben die Schulklasse und in ihr die Dreier- oder Vierergruppe bezeichnet werden. Uns interessiert die Schulklasse mit ihren Arbeitsgruppen als Gegenstand der gruppendynamischen Forschung. Aus der Vielzahl von Untersuchungen soll eine herausgegriffen werden, die besonders geeignet ist, um schulpädagogische Konsequenzen für den Gruppenunterricht aufzuzeigen. Es geht um ein sozialpsychologisches Experiment über Grundformen sozialen Verhaltens, das von Beck veröffentlicht wurde (R. Beck, Grundformen sozialen Verhaltens, Stuttgart 1954). Als Probanden hatte Beck Schüler und Schülerinnen im Alter von 6 bis 13 Jahren ausgewählt. Die Untersuchung wurde mit homogenen und heterogenen Gruppen durchgeführt, deren Größe von zwei bis neun Mitgliedern zählte. Als Aufgabe erhielten die Kinder Stäbchen verschiedener Länge, die zu bestimmten Figuren umgruppiert werden sollten. Da die Aufgaben den Kindern als leicht erschienen, waren sie anfangs sehr motiviert. Ihr Verhalten zueinander und ihr Lösungsverhalten wurden protokolliert, einige Szenen gefilmt. Als wichtigste *Ergebnisse* dieses Experimentes seien genannt:

1. Die vom Versuchsleiter willkürlich zusammengesetzten Gruppen waren im sozialpsychologischen Sinne anfangs noch nicht als solche zu bezeichnen. Ihnen fehlten wichtige Kriterien, um sie als Gruppe zu kennzeichnen: Rollenverteilung, Ranghierarchien, ein Minimum an Binnenkontakt und Solidarität innerhalb der Gruppe wie auch Gruppenziele. Vielmehr versuchte jeder Schüler, eigene Lösungen durchzusetzen, ohne sich in irgendeiner Weise um Zusammenarbeit oder weitere Kontakte zu anderen Gruppenmitgliedern zu bemühen.
2. Auf Grund seiner Befunde ließen sich nach Beck drei Stadien in der Entwicklung zu einer sozialpsychologischen Gruppe bei den untersuchten Kindern beobachten:
a) das Dominanzstadium; dem einzelnen geht es vorwiegend darum, sich

gegenüber den anderen durchzusetzen, eigene Lösungsversuche werden akzeptiert, Lösungen anderer negiert,
b) das Beruhigungsstadium; das Dominanzstreben läßt nach, andere Gruppenmitglieder werden in die Lösungsversuche einbezogen, das Verhalten ist jetzt leistungs- und nicht mehr bloß sozialorientiert,
c) das Regelstadium; das Rivalisieren zwischen den Schülern klingt weiter ab, Lösungsversuche werden durch bestimmte Normen geregelt, auf die sich die Gruppe geeinigt hat, bestimmte Rollenfunktionen werden verteilt, Lösungen kommen durch Zusammenarbeit zustande.
Die drei genannten Stadien können als sozialer Reifeprozeß interpretiert werden, der zur Gruppenbildung führt. Für den Gruppenunterricht ergeben sich zwei Konsequenzen: erstens hat der Lehrer vor Beginn der Gruppenunterrichtsversuche die Struktur seiner Schulklasse zu kennen und daraus für die Bildung von Arbeitsgruppen entsprechende Konsequenzen zu ziehen, zweitens kann er nicht davon ausgehen, daß seine Schüler bereits ohne vorangegangenes sozialerzieherisches Bemühen seinerseits die notwendige soziale Reife für den Gruppenunterricht haben.
3. Beck konnte darüber hinaus drei Verhaltenstendenzen bei seinen Probanden beobachten, die besonders im ersten Stadium der Gruppenbildung, im Dominanzstadium, auftraten:
a) neben der Gemeinschaftslösung – also der Lösung durch die gemeinsame Arbeit in der Gruppe – gab es besonders bei leichten Aufgaben sehr oft die Einzellösung. Dabei war diese vor allem Ausdruck für das Bedürfnis der Schüler, sich gegenüber den anderen durchzusetzen, aber auch, um sich Geltung in der Gruppe und gegenüber dem Versuchsleiter zu verschaffen. Die individuellen Bezüge der Leistungen überwogen also;
b) daneben konnte Beck Verhaltensformen beobachten, die als sachbezogen und leistungsbezogen zu werten waren. Dies galt vor allem für Schüler, denen es weniger um Rivalisieren mit anderen als um Geltung durch die Leistung oder um sachbezogene Motivation ging. Für sie war deshalb eine falsche Lösung keine Rangverminderung oder kein Prestigeverlust, wie bei sozial dominanteren Schülern zu beobachten war;
c) der Konformitätsdruck der Gruppe war besonders im dritten Stadium, dem Regelstadium, am größten. Leistungsstreben und Lösungsverhalten wurden hier weitgehend durch die Gruppe bestimmt, und wollte der Schüler nicht als Außenseiter gelten, mußte er sich dem Zwang der Gruppennormen fügen. Diese waren aber den Schülern meist nicht bewußt und können durch Aussagen wie »Man tut sein Bestes, damit die Gruppe es schafft« allenfalls umschrieben werden.

Aus den Experimenten von Beck lassen sich weitere Konsequenzen für den Gruppenunterricht ziehen; diese sollen jedoch im Zusammenhang mit Hinweisen gebracht werden, wie sie anderen und zum Teil neueren Untersuchungen entnommen werden können. Diese Hinweise können gleichzeitig als Antwort auf die Frage gelten, die oft von Lehranfängern gestellt und von ihnen zu Recht als wichtig für die Unterrichtspraxis angesehen wird: »Welche organisatorische und sozialerzieherische Vorarbeit ist zu leisten, um den Gruppenunterricht in der anspruchsvollen Weise durchführen zu können, wie sie verlangt wird?«

Hinweise für den Gruppenunterricht:

1. Die *soziometrische Untersuchung* sollte besonders für den Lehrer, der den Gruppenunterricht als Methode in seinem Unterricht einsetzen will, Ausgangspunkt jeder weiteren methodischen Bemühung sein. Die Soziometrie ist – in der gebotenen Kürze erläutert – eine Methode, um die Struktur von Kleingruppen zu erfassen. Die soziometrische Untersuchung verläuft in der Regel in drei Schritten.
Erstens: Das zu untersuchende Merkmal – meistens der Binnenkontakt oder die Rangordnung in der Schulklasse – wird durch die soziometrische Frage erfaßt: Wen möchtest du in deiner Klasse am liebsten zum Freund oder zur Freundin haben? Wen auf keinen Fall? Mit wem möchtest du am liebsten sitzen? Mit wem auf keinen Fall? Die Schüler schreiben den Namen der gewählten oder abgelehnten Schüler auf einen Zettel und geben ihn mit ihrem Namen zusammen beim Lehrer ab.
Zweitens: Die Ergebnisse der soziometrischen Befragung werden in einer soziometrischen Tabelle zusammengefaßt. Dazu werden zeilenweise in alphabetischer Reihenfolge die Namen der Schüler mit ihren Wahlen (als Pluszeichen eingetragen) und mit ihren Ablehnungen (als Minuszeichen) aufgeschrieben. In den Spalten ergeben sich dann – die Namensfolge wieder alphabetisch – die Wahlen und Ablehnungen, die jeder Schüler erhalten hat.
Drittens: Im Soziogramm wird abschließend versucht, die Ergebnisse der soziometrischen Befragung zu veranschaulichen. Dabei wird jeder Schüler durch ein Viereck oder Dreieck, jede Schülerin in der Regel durch einen Kreis symbolisiert. Ein durchgezogener Pfeil kennzeichnet, daß dieser Schüler den anderen Schüler gewählt hat, ein durchstrichener Pfeil, daß er ihn abgelehnt hat. Die soziometrische Untersuchung sollte in jedem Unterricht, in dem es auch um sozialerzieherische Zielsetzungen geht, Grundlage sein.
2. Darüber hinaus ist die soziometrische Untersuchung Ausgangspunkt für die Bildung der Gruppen im Gruppenunterricht. Zur *Gruppengröße* liegen keine eindeutigen Untersuchungsergebnisse vor, doch kann als Faustregel von einer optimalen Größe ausgegangen werden, die bei drei bis vier Schülern liegt. In jüngeren Klassen sind es weniger, beginnend mit der Partnerarbeit zu zweit, in älteren Klassen können es auch fünf bis maximal sechs sein. Bei größeren Gruppen besteht oft die Gefahr, daß sie wieder in Paare oder in zwei Dreiergruppen zerfallen.
Odenbach unterscheidet verschiedene *Gruppenarten:* die spontane und die konstante, die freie und die angeordnete sowie Interessen-,

Sympathie-, Zweck-, Übungs-, Leistungs- und Begabtengruppen. Er vertritt die Ansicht, daß jede Gruppenbildung »je nach dem besonderen Unterrichtsanliegen berechtigt« sei. Doch kann angenommen werden, daß der Sympathiegruppe wohl der Vorzug in vielen Unterrichtssituationen zu geben ist. Sie ist als weitgehend konstante und freie Form anzusehen, ihre Grundlage ist die meistens emotionale Bindung ihrer Mitglieder aneinander. Die Forschungsergebnisse der Gruppendynamik legen nahe, von ihr am ehesten effektive Gruppenarbeit zu erwarten. Pädagogisch wünschenswerte Versuche, Außenseiter zum Beispiel über den Gruppenunterricht in die Klasse zu integrieren, scheitern oft, weil sich die Ablehnung der integrierten Schüler nach Versuchen der Zusammenarbeit mit Außenseitern eher noch verstärkt.

Bei der Bildung von Arbeitsgruppen ist weiterhin zu beachten, daß es zu einer optimalen *Rollenverteilung* in ihnen kommt. Die Untersuchung von Beck, die in einem der vorigen Abschnitte referiert und interpretiert wurde, zeigte recht deutlich, daß die Übernahme von Rollenfunktionen neben der Sympathie für die Leistungsfähigkeit der Gruppe am wichtigsten war. So wird der sozial inaktive, aber leistungsstarke Schüler akzeptiert, der sozial inaktive und auch leistungsschwache Schüler hat Schwierigkeiten. Er wird oft zum Mitläufer oder gar Außenseiter, der kaum einen Beitrag zur Gruppenarbeit liefert. Er könnte unter Umständen die Rolle des Protokollanten oder des Referenten für den Gruppenbericht übernehmen.

3. Wie schon im vorigen Abschnitt anklang, sollte die Arbeitsgruppe möglichst viele der *Kriterien* erfüllen, die eine Anzahl von vier oder mehr zusammenarbeitenden Schülern zu einer Arbeitsgruppe macht. Sympathie und die Übernahme von bestimmten Rollenfunktionen waren genannt worden. Hinzu kommt das Betonen von gemeinsamen Motiven, Normen und Zielen der Gruppe. Das wichtigste Ziel ist in einer Arbeitsgruppe die Sicherung des Gruppenerfolges. Im arbeitsgleichen Gruppenunterricht ist diese Erfolgssicherung eher zu verwirklichen, da in den anderen Arbeitsgruppen Rivalität anzunehmen ist. Andererseits ist besonders im arbeitsteiligen Gruppenunterricht die Motivation durch den Lehrer oft notwendig, wenn sie weder durch Rivalität noch durch sachbezogenes Interesse am Lerninhalt in der erwünschten Weise gegeben ist.

4. Die *Individualität der Gruppenmitglieder* ist trotz aller sozialer Komponenten im Gruppenunterricht oft wichtiger Motor für die Gruppenarbeit, oft aber auch Störfaktor. Gelegentliche Konflikte zwischen Gruppenmitgliedern brauchen nicht überbewertet zu

werden, können andererseits aber ein Symptom für sachliche oder persönliche Probleme sein, die vom Lehrer als Vermittler gelöst werden sollten. So fand Carter in einer empirischen Studie drei Faktoren, die er als »interaktionsrelevante individuelle Merkmalsdimensionen« umschrieb. Hier ging es um die Frage nach den individuellen Voraussetzungen für Gruppenarbeit, wobei die Bezüge zur eigenen Person überwogen. Der erste Faktor läßt sich nämlich umschreiben als »Tendenz zur Demonstration der eigenen Leistung« (individual prominence and achievement). Erst der zweite und dritte Faktor können als sozialbezogen interpretiert werden. Es sind: die Bereitschaft, einen Beitrag zur Gruppenarbeit zu leisten (aiding attainment by the group), sowie die Fähigkeit, mit anderen ohne größere Konflikte zusammenzuarbeiten (sociability). Es ist also durchaus denkbar, daß ein egoistischer Schüler gut in der Gruppe mitarbeitet und sich mit den anderen Gruppenmitgliedern solidarisiert, solange er sich Vorteile davon versprechen kann (Launor F. Carter, Recording and Evaluating the Performance of Individuals as Members of Small Groups, Personnell Psychology, 1954, 7, 477–484).

Als Ergänzung sei in diesem Zusammenhang eine Untersuchung zur Binnendifferenzierung, also zur inneren Differenzierung, von Petty erwähnt. Sie fand vor allem heraus, daß Maßnahmen der inneren Differenzierung, also auch die Gruppenarbeit, wesentlich zur Befriedigung persönlicher Bedürfnisse der Schüler beitragen. Ob und inwieweit diese Bedürfnisse jedoch befriedigt werden können, hängt nach Petty von der Begabung, der Leistung, der Zusammenarbeit mit anderen Schülern, den Kontakten und Konflikten, der Aufhebung von Konfliktquellen wie Geschlechts-, Schicht- oder Minderheitenzugehörigkeit sowie von den speziellen sozialen und sonstigen psychischen Bedürfnissen des Schülers ab (Mary C. Petty, Intraclass grouping in the elementary school, Austin, The University Press, 1953).

5. Da die Rollenverteilung in den Arbeitsgruppen von den Lerninhalten abhängt und deshalb nicht immer gleich ist und da zu Beginn die Schüler kaum in der Lage sind, die Organisation der Gruppenarbeit zu überschauen, ist es notwendig, ein *organisatorisches Schema* für die Gruppenarbeit vorzugeben oder es vorher einmal gemeinsam zu erarbeiten. Dieses Schema kann unter anderem enthalten: Hinweise auf die Bereitstellung von Arbeitsmitteln, Verteilen von Rollen wie Organisator, Protokollant, Berichterstatter, Diskussionsleiter, Zeichner von Tafelbildern oder Textgestalter des Berichtes, zeitliche Planung der Gruppenarbeitszeit sowie die Gliederung des Arbeitsthemas.

6. Die Frage, welche Themen bzw. *Lerninhalte* für den Gruppenunterricht geeignet sind, ist in der Unterrichtsplanung mit Sorgfalt zu bedenken. Nach der Untersuchung von Beck zu Anfang dieses Kapitels ist allgemein zu verlangen, daß die Themen für die Gruppen mittlere Schwierigkeit haben. Es scheint, als ob leichte Lerninhalte nicht genügend motivieren und schwere Lerninhalte zu leicht zum schematischen Zusammentragen von Einzelheiten und kritikloser Vorstellung im Gruppenbericht führen. Fuhrich und Gick bringen in ihrem Standardwerk vorwiegend Unterrichtsbeispiele aus den Fächern Deutsch, Erdkunde, Geschichte und Naturkunde (Biologie), unter anderem werden dort Themen behandelt wie: »Ein Germanengehöft um Christi Geburt«, »Ein Arbeitstag auf der Kaiserpfalz zu Aachen«, »Glasindustrie im Bayrischen Wald«. »Heiligabend im Böhmerwald« oder »Die Schreibung von ›daß‹, ›das‹ und ›das‹!« Die intentionale Frage, welche Lernziele und -inhalte für den Gruppenunterricht als geeignet anzusehen sind, kann zur Zeit nicht zufriedenstellend beantwortet werden. So führt Odenbach zwar eine Reihe von sogenannten Gegenbeispielen, also ungeeigneten Beispielen aus dem Gruppenunterricht an, analysiert sie auch, ohne jedoch zu allgemein brauchbaren Kriterien zu kommen. Es kann allerdings angenommen werden, daß sich sehr viel mehr Lerninhalte für den Gruppenunterricht eignen, als oft angenommen wird. Eine wichtige Voraussetzung scheint dabei zu sein, daß bei allen Schülern ein Minimum an Vorwissen gegeben ist oder sie zumindest in der Lage sind, an Hand vorhandener Arbeitsmittel sich dieses Wissen anzueignen. So könnte es überlegenswert sein, das Beispiel aus dem Kapitel »Das Unterrichtsgespräch«, in dem es um den schulfreien Samstag ging, gruppenunterrichtlich zu erarbeiten. Es könnte sich sogar an das bereits geführte Unterrichtsgespräch ein arbeitsgleicher Gruppenunterricht anschließen. Das Thema für die Gruppen wäre »Vorurteile und Nachteile des schulfreien Samstags für Lehrer, Eltern und Schüler«.

7. In unterrichtsmethodischen Diskussionen wird stets nach der *Funktion des Lehrers* im Gruppenunterricht gefragt. Generell können die gleichen Hinweise gegeben werden, wie sie für das Unterrichtsgespräch galten. Für die Phase der eigentlichen Gruppenarbeit ist hinzuzufügen, daß der Lehrer sich in dieser Zeit als Betreuer der Arbeitsgruppen bemüht, sachliche Informationen in den Gruppen zu geben, beim Zusammentragen von Arbeitsmitteln zu helfen, organisatorische Schwierigkeiten mit den Gruppen zu klären, Konflikte in den Gruppen zu diskutieren und zu lösen, also partnerschaftlich zu führen. Es wird auch hier bewußt auf das anspruchsvolle Pathos der älteren Schulpädagogik verzichtet, wie

bei Fuhrich und Gick in diesem Zusammenhang nachgelesen werden kann. Dort wird von den »Grenzen unserer Arbeitsweise, die in der Persönlichkeit des Lehrers liegen« gesprochen und unter anderem ausgeführt, daß der Lehrer für den Gruppenunterricht haben müsse: »ein sicherer Blick für Bildungswerte, ein klares Erkennen der Bildungsmöglichkeiten, ein Vorausschauen zu erwartender Schülerinitiative und eine innere Freiheit gegenüber Stoff und Methode« (S. 81). Dieses Zitat läßt sich auf die banale Feststellung reduzieren, daß ein guter Lehrer eben auch guten Gruppenunterricht machen könne. Was aber ist ein guter Lehrer? Zumindest kann angenommen werden, wie auch einige Untersuchungen zum Problem der Differenzierung nahelegen, daß die positive Einstellung des Lehrers zum Gruppenunterricht sowie die Bereitschaft, ein Mehr an Vorbereitungsarbeit auf sich nehmen, also das Engagement im Beruf, konkretere Voraussetzungen sind.

8. Da innerhalb der Gruppenarbeit das Gespräch zwischen den Mitgliedern der Arbeitsgruppen wichtigste Methode ist, geht dem Gruppenunterricht die *Gesprächsschulung* voraus. Sie kann – wie auch das gebundene Unterrichtsgespräch Teil des Gruppenunterrichts ist – im Zusammenhang mit der Schulung für das Unterrichtsgespräch erfolgen. Darüber hinaus kann die Gesprächsschulung in der Vorform des Gruppenunterrichts geübt werden, nämlich in der sogenannten Partnerarbeit. Auf diese Vorform wird unter Punkt 10 etwas ausführlicher eingegangen.

9. Unerläßlich für effektive Gruppenarbeit ist die Beherrschung grundlegender *Arbeitstechniken*. Dazu gehören – so banal manches Beispiel auch klingen mag, so kann es nicht immer etwa in einem vierten Schuljahr vorausgesetzt werden – die Beherrschung des Alphabets, das Lesen und Zeichnen von graphischen Darstellungen und Tabellen, das Lesen und Verstehen von Sonderkarten oder Symbolen, die sachangemessene Interpretation von Texten, das Umgehen mit Büchern einschließlich Inhaltsverzeichnis, Index und Literaturhinweisen sowie das Anfertigen eines Berichtes. Diese Arbeitstechniken sollten bereits im Grundschulunterricht Lerninhalt sein; wie jedoch die Unterrichtswirklichkeit zeigt, werden solche scheinbar unwichtigen Fertigkeiten vernachlässigt oder aber als selbstverständlich vorausgesetzt.

Auch beim Gruppenunterricht stellt sich die Frage nach der *Effektivität* dieser differenzierenden Sozialform. Im Anschluß an Bödiker läßt sich zusammenfassend festhalten:
was das *Soziallernen* angeht, so ist man sich weitgehend über die Vorzüge einig. Indem der Gruppenunterricht Lernen mit sozialer Wechselwirkung begünstigt,

- wird das Einüben sozialer Verhaltensregeln geübt,
- wird soziales Fehlverhalten abgebaut,
- werden Beziehungen zwischen den Schülern sachorientierter,
- werden Kooperationsfähigkeit und -bereitschaft gefördert,
- ebenso Verantwortungsgefühl, Rücksichtnahme und Hilfsbereitschaft gegenüber Schwächeren,
- individualistisches Denken zugunsten des Gruppendenkens abgebaut,
- die autoritäre Abhängigkeit vom Lehrer vermindert und
- eventuelle Problemschüler besser gefördert.

Zum sogenannten *Sachlernen* (Lernen mit kognitiven Lernzielen) liegen bislang keine eindeutig interpretierbaren Ergebnisse vor. Zwar ließen sich gegenüber dem Frontalunterricht bessere Leistungen in Rechtschreibung, Grammatik und auch Physik, gekoppelt mit dem besseren Beherrschen von Arbeitstechniken und dem längerfristigen Behalten von Wissen, nachweisen (Komleitner; Dietrich), nicht jedoch im Vergleich von Einzelarbeit und Gruppenunterricht. Wichtig scheint auch die Zusammensetzung der Gruppen zu sein. Bödiker kommt in ihrem Sammelreferat zu dem Schluß, daß manchmal alle Schüler unabhängig von ihrer Leistungsfähigkeit, manchmal vor allem die Leistungsschwächeren von der Gruppenarbeit profitieren. Und in leistungsheterogenen versus leistungshomogenen Gruppen scheint die Effektivität in starkem Maße von den Lernzielen abzuhängen, um die es geht. Ähnliches gilt für Sympathiegruppierungen versus Leistungsgruppierungen: erstere scheinen eher effektiv zu sein. Die heterogene Geschlechtsgruppierung führt des weiteren anscheinend bei Jungen stärker als bei Mädchen zur Leistungssteigerung. Nicht zuletzt scheint auch die Gruppengröße ein wichtiger Faktor bei der Steigerung der Lerneffektivität durch Gruppenarbeit zu sein (optimale Größe zwischen 3 und 5 Mitgliedern).

An dieser Stelle ist in Erinnerung zu rufen, daß unter den Sozialformen des Unterrichts Gruppenarbeit und Partnerarbeit am beliebtesten bei den meisten Schülern – unabhängig von Geschlecht, Alter und Leistungsfähigkeit – sind. Das heißt, daß vor allem soziale Motive und erst in zweiter Linie Sachmotivation (siehe dazu Bürger) von Bedeutung sind. Dies ist eine Begründung dafür, Partnerarbeit nicht nur als Vorform der »Hochform« Gruppenunterricht einzuschätzen, sondern sie auch als eine eigenständige Sozialform zu behandeln. Dies soll im folgenden Kapitel versucht werden.

5.2.2.2. Partnerarbeit

Wie vom Wort her zu schließen ist, geht es um die Zusammenarbeit zweier Schüler, also um die zahlenmäßig kleinste Form der Gruppe. Wie die Veröffentlichungen von Simons, Schell und Coppes nahelegen, ist Partnerarbeit sowohl wichtige Vorform für jeden Gruppenunterricht als auch eine eigenständige Unterrichtsmethode. Zum besseren Verständnis sei ein Beispiel von Simon zitiert, in dem es um die Beantwortung von Fragen zu einem Lesestück mit dem Thema »Goldreichtum in Südafrika« ging. Unter anderem hatten sich die Schüler mit einem Satz aus dem Lesestück zu beschäftigen, er hieß: »Das Land war für den Ackerbau und sogar als Weideland von so geringem Wert, daß bis vor etwa 80 Jahren eine Farm dort nicht mehr als ein paar Ochsen kostete«, die entsprechenden Fragen dazu lauteten:

»1. Was meinst du, wieviel Geld man zum Kauf einer Farm vor 80 Jahren gebraucht hat? Unterstreiche eine der nachstehenden Zahlen: 550 DM – 2400 DM – 8300 DM – 14000 DM.
2. Wieviel kostet ein Ochse?«
Das Gespräch im Anschluß an die beiden Fragen wurde protokolliert:
Schüler A: »So eine Farm hat gar nix gekostet. Die Ochsen hat man sich ja bloß einfangen brauchen.«
Schüler B: »Dann aber stünd da nicht 550 DM, 2400 DM . . .«
Schüler A: »Nun, da schreiben wir gar nichts hin oder wir streichen alles durch und schreiben hin: ein paar Ochsen«.
Schüler B: »Nein, das stimmt sicher nicht. Da schau doch her, wir sollen da eine Zahl unterstreichen.«
Schüler A: »Ach so, weißt es denn nicht mehr, wie wir im Gutshof gewesen sind. Da hat solch ein Stier doch ein paar tausend Mark gekostet.«
Schüler B: »Du bist nicht gescheit. Das war doch ein Zuchtstier. Soviel kostet ein Ochse sicher nicht und dann auch noch vor 80 Jahren.«
Schüler A: »Ach so, vor 80 Jahren. Dann schreiben wir eben hin: 2400 DM.«
Schüler B: »Und ein Ochse kostet dann 800 DM, wenn es drei waren.«
Schüler A: »Gut.«

Inwieweit es didaktisch zu rechtfertigen ist, eine solche Aufgabe im Erdkundeunterricht des achten Schuljahres zu stellen, soll nicht weiter diskutiert werden. Wichtig ist vielmehr die Frage, welche sozialpsychologischen Deutungen dieses Gespräch ermöglicht. Das voreilige und unkritische Vorgehen des Schülers A wird durch die sachliche Kritik des Schülers B korrigiert. Wichtig ist, daß Schüler A sich diese Kritik mit anschließender Korrektur ohne Widerspruch bieten läßt; in einer größeren Gruppe mit mehr Publikum wäre es ihm aus Prestigegründen vielleicht schwergefallen. Die gemeinsame Lösung wird im Zwiegespräch gefunden, in dem jeder Schüler wechselweise aktiv am Gespräch beteiligt ist, ein weiterer

Vorteil gegenüber größeren Gruppen. Was nicht unmittelbar aus diesem Gespräch der beiden Schüler geschlossen werden kann, wurde in empirischen *Untersuchungen* gefunden:
Von den drei erwähnten Studien ist die Untersuchung von Schell die neuere, in der auch die Ergebnisse von Simon und Coppes verarbeitet werden. Die wichtigsten Ergebnisse sollen kurz referiert und interpretiert werden. Die Überlegenheit der *Partnerarbeit* gegenüber der Einzelarbeit konnte auch von Schell bestätigt werden, soweit es sich um größeren Lernerfolg handelte. Dies gilt besonders dann, wenn die Partnerarbeit alternierend, also wechselnd, mit der Individualarbeit durchgeführt wird. Hinsichtlich der soziopsychischen Voraussetzungen konnte auch Schell ermitteln, daß höhere soziale Reife des einen Partners oder beider sich positiv auf die Lernleistung des Paares auswirkt. Was die Aufgabenschwierigkeit betraf, so konnte die Überlegenheit der Partnerarbeit nicht für leichte Aufgaben nachgewiesen werden. Dieses Ergebnis stimmt gut mit Untersuchungen zum Gruppenunterricht überein; der Anreiz bei mittelschweren oder schwierigeren Aufgaben scheint, was die Partnerarbeit oder Gruppenarbeit betrifft, größer als in der Einzelarbeit zu sein.
In Zusammenfassung der bisherigen Forschung zur Partnerarbeit kann sie als eine sehr empfehlenswerte Unterrichtsmethode bewertet werden. Dies gilt aus der Sicht des Lehrers ebenso wie aus der Sicht des Schülers. Für den Lehrer ist sie eine Unterrichtsmethode, die ihn sozialpsychologisch und methodisch nicht überfordert, und aus der Sicht des Schülers ist sie ebenfalls sozialpsychologisch konfliktärmer, erlaubt ihm größere Aktivität und wird auch vom älteren Schüler noch als altersgemäße Methode akzeptiert. Als Vorform des Gruppenunterrichts kann sie helfen, diese anspruchsvollere Unterrichtsmethode einzuüben.
Wie effektiv, wie eindrucksvoll und wie besonders in der Grundschule Partnerarbeit verwirklicht werden kann, zeigt das folgende *Beispiel* von Hagemeier. In einem zweiten Schuljahr werden in Spielform psychomotorische Lernziele (Lerninhalte: Turmbauen, Zeichnen oder Zuordnungsaufgaben) angestrebt, darüber hinaus soll die Kooperationsfähigkeit (soziales Lernziel) gefördert werden. Dieses Lernziel wird in die drei Ziele Ich-Kompetenz-, Sozialkompetenz- und Sachkompetenzerweiterung untergliedert. Die Effektivität wird anhand eines Vor- und eines Endtests mit einer soziometrischen Untersuchung überprüft. Sowohl die Kooperationsbeliebtheit (Kriteriumsumfrage: Wie gern möchtest du mit dieser Schülerin oder diesem Schüler zusammenarbeiten?) als auch die Kooperationsbereitschaft (dieselbe Kriteriumsfrage, nur andere

Auswertung) verbessern sich hochsignifikant: die Beliebtheit wie Bereitschaft von einem durchschnittlichen Skalenwert von 2,6 auf 3,2, was aufgrund der unterschiedlichen Streuung der Einzelwerte bei der Beliebtheit einer varianzabhängigen Verbesserung von 51% und einer Verbesserung von 42% gleichkommt. So gesehen, scheint die Grundschule wohl die Schulform zu sein, die nach ihren Voraussetzungen wie ihren Zielsetzungen die Schule der Wahl für die Partnerarbeit ist.

Will man die Partnerarbeit als eigenständige Sozialform bestimmen, so muß nach den Unterschieden zur Gruppenarbeit gefragt werden, um dem Lehrer die Entscheidung bei seiner Unterrichtsplanung zu erleichtern. Diese Hilfeleistung kann die folgende Tabelle anbieten:

Unterschiede zwischen Partner- und Gruppenarbeit

Kriterium	*Partnerarbeit*	*Gruppenarbeit*
Zeitdauer	auch kurzfristig	stabiler
Gruppendynamik	problemloser	komplexer
Arten	–	arbeitsgleich, -teilig
Zusammensetzung	beliebig, primär als Sympathiegruppe	nach Leistung, Interesse und Sympathie
Kontrolle	durch Lehrer	im Gruppenbericht
Funktion	1. eigenständig 2. Ersatz für Einzelarbeit 3. Vorform für Gruppenarbeit	eigenständig
Verlauf	wie Stillarbeit einzuschieben	sorgfältige Planung als 3. Phase im Gruppenunterricht

5.2.2.3. Einzelarbeit und Einzelunterricht

Einzelunterricht und Einzelarbeit sind die konsequenteste Verwirklichung der Forderung nach Individualisierung des Unterrichts. Mit den beiden Schlagwörtern Individualität und Individualisierung versucht die Schulpädagogik, sowohl curriculare als auch methodische Maßnahmen zu begründen. Dabei wird Individualität in zweifacher Hinsicht interpretiert: einmal unter weltanschaulich-philosophischem, zum andern unter psychologischem Gesichtspunkt.

In der Geschichte der Pädagogik und Philosophie können grob vier Phasen verschiedener Betrachtungsweisen dessen unterschieden werden, was *Individualität* meint. In der Antike galt das Individuum als Träger der Individualität zuerst nur für das unteilbare Einzelne schlechthin, das Atom, in der Folgezeit wurde es auf den Menschen als Einzelwesen übertragen. In der zweiten Phase – erst in der Neuzeit – erfolgte die »Entdeckung des Individuums«. Es ging nun um das Problem der Entwicklung zur Persönlichkeit, zum vollkommenen Individuum mit ausgeprägter Individualität. »Individuum est ineffabile« (Goethe), das Individuum wird in seiner »rationalen Unausschöpfbarkeit« gedeutet. Diese zweite Phase wird oft auch als die Phase des bürgerlichen Individualismus bezeichnet, weil der Umweltbezug vernachlässigt werde, in dem das Individuum stehe. Die beiden weiteren Phasen sind Entwicklungstendenzen, wie sie im Marxismus gesehen werden. Danach kommt es in der dritten Phase nach der Durchsetzung des kapitalistischen Privateigentums an den Produktionsmitteln, »der vollen Entfaltung des kapitalistischen Profitstrebens, der Ausbeutung und Unterdrückung der Arbeiterklasse sowie der Entwicklung des Klassenkampfes« (Klaus und Buhr) zur Isolierung der Individuen und zu verschärften Widersprüchen zwischen dem Einzelnen und der kapitalistischen Gesellschaftsordnung. Individuum und Gesellschaft werden im Gegensatz gesehen. Erst in der vierten Phase, in der marxistisch-leninistischen Philosophie und Soziologie, erfolgt eine Aufhebung dieses Widerspruches. Der Einzelne entwickelt sich als Mitglied der gesellschaftlichen Verhältnisse zur sozialistischen Persönlichkeit. Die dialektische Einheit von Individuum und Gesellschaft wird erst im Sozialismus realisiert. – Sowohl in der sogenannten idealistischen bürgerlichen Pädagogik wie auch in der sozialistischen Pädagogik finden sich meist weltanschaulich orientierte Begründungen für das Prinzip der Individualität, die sowohl als Begründung für den Klassen- wie auch für den Einzelunterricht herangezogen werden können. Damit ist einer Schulpädagogik, die sich als praxisbezogene Wissenschaft versteht, keine zureichende Grundlage gegeben. Eine weniger metaphysische und daher einsichtigere Begründung gibt eine tschechoslowakische Pädagogin. »Die Berechtigung des Prinzips der Individualisierung des Unterrichts liegt darin, daß es die Wege zur optimalen Entwicklung jedes einzelnen Schülers innerhalb der Möglichkeiten seiner Persönlichkeit und seiner individuellen Fähigkeiten öffnet« (J. Skalková, Gruppen- und individualisierter Unterricht in der tschechoslowakischen pädagogischen Theorie und Praxis, in Didaktische Studien, hrsg. von Ernst Meyer, Stuttgart 1969). Das Problem braucht nicht

weiter theoretisch verfolgt zu werden, da sich aus der Lernpsychologie und empirischen Erziehungswissenschaft wirklichkeitsnähere Begründungen finden lassen. Dabei soll nicht darauf verzichtet werden, auf die *Vorzüge des Klassen- und Gruppenunterrichts* im Unterschied zum Einzelunterricht hinzuweisen. Es sind dies:
1. die Möglichkeiten besserer sozialerzieherischer Einflüsse in der Klassengruppe,
2. die leistungsmäßige Überlegenheit der Gruppe bei vielen Lerninhalten,
3. weitaus größere Ökonomie sowohl zeitlich wie finanziell.

Diese Vorteile des Klassen- und Gruppenunterrichts gegenüber dem Einzelunterricht werden von Befürwortern des letzteren oft übergangen, weil sie Vorstellungen anhängen, die zur einseitigen Überbewertung einer methodischen Einstellung und damit wiederum zu einer neuen Spielart des Methodenmonismus führen. Dafür seien zwei Beispiele genannt: Der Dalton-Plan und der Winnetka-Plan.

Der *Dalton-Plan* geht auf die amerikanische Pädagogin Helen Parkhurst zurück, die die Abschaffung des Unterrichtszwanges und die »Befreiung des Lehrers und Kindes« fordert. Der Klassenverband wird deshalb aufgelöst, die Kinder arbeiten einzeln, selbständig und selbstverantwortlich. »Die wahre Aufgabe der Schule besteht nicht darin, den Schüler an vorgefaßte Ideen zu ketten, sondern ihn frei zu machen, daß er seine eigenen Gedanken entwickelt, und ihm zu helfen, daß er seine ganze Kraft an die Aufgabe des Lernens setzt« (Parkhurst). Diese Voraussetzung führt zu folgenden Konsequenzen im Unterricht:

1. Der direkte Unterricht wird durch den indirekten Unterricht ersetzt, das heißt, der Lehrer stellt allenfalls die Unterrichtsmittel (assignments) für die Einzelarbeit (free work) zusammen und berät die Schüler.
2. Über Lerntempo und Stoffauswahl entscheiden die Schüler, dies wird unter anderem damit begründet, daß es dem einzelnen Schüler nicht zumutbar sei, auf langsamere und leistungsschwächere Schüler Rücksicht nehmen zu müssen oder zu versagen, weil schnellere und leistungsstärkere Schüler sein Versagen im Klassenunterricht verursachen.

Die *»Winnetka Technique of Individual Instruction«* wurde von dem amerikanischen Pädagogen Washburne als Weiterentwicklung des Dalton-Planes verwirklicht. In dieser Spielart des Einzelunterrichts geht es um zwei Ziele:
1. stärker als im konventionellen Unterricht interindividuelle Unterschiede zwischen den Schülern zu berücksichtigen und
2. trotzdem den sozialen Aspekt im Unterricht nicht zu vernachlässigen.

So unterscheidet Washburne zwei Arten von »activities«:
1. die Einzelarbeit als »individual work«, in der es um die notwendigen Grundkenntnisse und -fertigkeiten gehe, die »common essentials«, und
2. die tägliche Gruppenarbeit mit schöpferischem Tun als »group and creative activities«.

Wie ist nun Einzelunterricht im traditionellen Schulsystem zu verwirklichen? Lernpsychologische Befunde legen nahe, Individualisierung nicht so sehr unter weltanschaulich-ideologischen oder reformerischen Gesichtspunkten zu sehen, sondern eher sind zwei pragmatischere *Forderungen* zu stellen:
1. bereits innerhalb des Klassen- oder Gruppenunterrichts zu individualisieren und
2. über die innere Differenzierung zum Einzelunterricht zu gelangen.

Was ist mit diesen Forderungen im einzelnen gemeint? Die erste verlangt vor jedem Unterricht eigentlich, daß der Lehrer sich bemüht, über jeden seiner Schüler so viele diagnostische Informationen zu erhalten, wie dies nur irgend möglich ist. Doch muß bereits hierzu einschränkend vermerkt werden, daß *pädagogische Diagnostik* zumeist in der Anhäufung von populärem Psychologiewissen, aus Vorurteilen, subjektivem Erfahrungswissen, Oberflächlichkeit und affektiv gefärbten Urteilen besteht. Dieser Hinweis ist beileibe keine Polemik des Verfassers, sondern eine Zusammenfassung von empirischen Untersuchungen zum Problem »Lehrerurteil und Schülerdiagnostik«. Setzt man einmal voraus, daß ein Lehrer sich durch intensive Unterrichtsbeobachtung und nach dem Einsatz objektiver, meßgenauer und zutreffender Tests Zugang zu einigen diagnostischen Hypothesen verschafft hat, so bleibt noch die wichtigere Forderung nach Individualisierung im Klassen- und Gruppenunterricht. Hierbei geht es nicht um große und historisch bedeutsame unterrichtsmethodische Reformen, sondern um die tägliche Kleinarbeit des Lehrers: das Versagen eines leistungsängstlichen Schülers in einer Mathematikarbeit mindern, indem man ihm Hilfe bei der Vorbereitung der nächsten Arbeit verspricht und das Versagen banalisiert; dem konzentrationsschwachen Schüler bei Beginn der Arbeit einen Augenblick mehr Zeit zum »Sichsammeln« geben als anderen; die Leseleistung des gehemmten Schülers – viele Fehler und häufiges Stocken – nicht weiter tadeln, eher Ermunterung geben. Aber wie kann der Lehrer individualisierend helfen, wenn er gar nicht erkennt, daß dieser Schüler sehr ängstlich, jener konzentrationsschwach und der dritte gehemmt ist? Zumeist

wird das »objektive« Leistungsversagen festgestellt und auf »Faulheit« oder »Dummheit« oder beides zurückgeführt. In der zweiten Forderung geht es im eigentlichen Sinne um innere Differenzierung in der Form des Einzelunterrichts. Es können hierzu drei *Sonderformen des Einzelunterrichtes* aufgeführt werden:
1. der direkte Einzelunterricht,
2. die Einzelarbeit als indirekter Einzelunterricht und
3. der Nachhilfeunterricht.

1. Der direkte Einzelunterricht

Die historisch bekannteste Form des direkten Einzelunterrichts wiederum ist der »Hauslehrer«, also der Privatlehrer, der nur die Kinder einer Familie oder ein einzelnes Kind zu unterrichten hatte. Manche wissenschaftliche pädagogische Abhandlung oder Theorie fußte auf den Erfahrungen des Autors als Hauslehrer, so etwa bei Kant oder Schleiermacher. So ist verständlich, daß das »idealtypische« Bild eines Unterrichts stark am Individualunterricht orientiert ist. Das derzeitige Schulrecht läßt zwar grundsätzlich die Form des Einzelunterrichts durch Hauslehrer zu, doch verbietet in der Regel die finanzielle Belastung diesen Einzelunterricht. In der Schule läßt er sich innerhalb anderer differenzierender Maßnahmen am ehesten verwirklichen. Dies gilt vor allem während aller Unterrichtszeiten, in denen die Schulklasse mit Stillarbeit (auch Stillbeschäftigung oder Einzelarbeit genannt) unterrichtet wird. Das heißt, immer dann sollte der Lehrer Gelegenheit nehmen, einzelnen Schülern zu helfen, wenn er innerhalb des konventionellen Unterrichts Zeit dazu findet. Das Durchsehen von Hausaufgaben oder Klassenarbeiten wie auch das Beschäftigen mit außerunterrichtlichen Angelegenheiten während der Stillarbeit ist zwar üblich und wird als berechtigt angesehen. Doch sollte bedacht werden, daß es kaum bessere Möglichkeiten während des Unterrichts zur individuellen Hilfe und Beratung gibt als eben dann, wenn der Lehrer glaubt, nur Aufsichtsfunktionen ausüben zu brauchen. Der Lehrer kann sich zum Schüler setzen, um mit ihm an dessen Arbeitsplatz gemeinsam eine schwierige Sachaufgabe zu lösen; er kann mit ihm an die Tafel gehen, um einige englische Vokabeln oder Wendungen zu üben; er kann ihn zu sich an seinen Tisch holen, um mit ihm über seinen derzeitigen Leistungsstand zu sprechen und ihn stärker zu motivieren. Der Leser möge erkennen, daß die Alltagsarbeit des Lehrers aus vielen scheinbar geringfügigen Tätigkeiten besteht. Es ist – obwohl diese Art der Individualisierung selbst in der theoretischen Diskussion vernachlässigt wird – anzunehmen, daß es gerade dieses Engagement des Lehrers bis in methodische Einzelheiten hinein ist, das effektiven Unterricht zur Folge hat.

2. Die Einzelarbeit als indirekter Einzelunterricht

Im vorigen Abschnitt wurde bereits angedeutet, daß es sich beim Einzelunterricht dieser Art um eine Sozialform des Unterrichts handelt, die als indirekt zu bezeichnen ist: der Lehrer gibt Anweisungen, jeder Schüler arbeitet weitgehend für sich allein, und anschließend werden die Ergebnisse zusammengefaßt und ausgewertet. Die schulpädagogische Literatur hat sich mit dieser Form der Individualisierung stärker als mit dem direkten Einzelunterricht beschäftigt. Allerdings war nicht so sehr die Methodik der Einzelarbeit Ausgang der Überlegungen als vielmehr die methodisch richtige Verwendung von sogenannten Arbeitsmitteln. Der Ausdruck Arbeitsmittel entspricht weitgehend dem des Unterrichtsmittels, hat hier in der Einzelarbeit eine besondere methodische Funktion. Vor allem für die Grundschule wurde eine Reihe von Arbeitsmitteln entwickelt: Lesekärtchen, Lottospiele, Rechenkarten, heimatkundliche Übungsbogen und so fort. Diese – im weiteren Sinne als Medien zu bezeichnen – Lernhilfen sollen Lehrfunktionen übernehmen, die sonst der Lehrer hat, und die Schüler zu selbsttätiger Arbeit anregen. Hier kommt ein für die traditionelle Schulpädagogik grundlegender Begriff der Reformpädagogik hinzu: die Arbeit als pädagogischer Grundbegriff. Mit ihm kann das charakterisiert werden, was in der Einzelarbeit als indirekter Einzelunterricht erreicht werden soll. Vor allem vom körperlichen Tun erwartet der bekannteste Vertreter der Arbeitsschule, Kerschensteiner, die moralische Förderung des Schülers. Arbeit wird pädagogisch wertvoll und erhält Bildungswert, wenn Spontaneität, Selbstkontrolle und Gestaltungsfreiheit gegeben sind. Die Vollendung eines Werkes, also einer manuellen Lernaufgabe, wird als Schritt zur Vervollkommnung des Individuums interpretiert. Inzwischen hat sich die Diskussion vom pädagogischen Arbeitsbegriff und dem des Arbeitsmittels auf den der Unterrichtsmittel und der Medien verlagert. Von diesen wird im Kapitel über Mediendidaktik einiges gesagt.

3. Nachhilfeunterricht

Abschließend soll auf eine weitverbreitete Form des Einzelunterrichts eingegangen werden, die jedoch weder als ausgesprochen pädagogisch legitim gilt noch in ihrem unterrichtlichen Stellenwert untersucht worden ist. Der Nachhilfeunterricht hat die einzige Funktion, partielles oder totales Schulversagen des Kindes durch gezielte Einzelförderung auszugleichen – oft mit Unterstützung durch die Schule, ebensooft gegen Vorurteile der Schule. In seiner Untersuchung zum »Nachhilfeunterricht als pädagogischer und soziologischer Index« (Die Sammlung, 1960, 15, 266–272) kommt Adam bei den von ihm befragten Gymnasialschülern zu folgenden Ergebnissen:

keinen Nachhilfeunterricht	55% der Schüler
jemals Nachhilfeunterricht	45% der Schüler

Fast jeder zweite Oberschüler erhielt zur Zeit der Befragung oder hatte vorher Nachhilfeunterricht erhalten. Der Anteil des Nachhilfeunterrichts stieg in der Unterstufe des befragten Gymnasiums von 27% auf 50% in der Mittelstufe und blieb in der Oberstufe auf 48% stehen. Wahrscheinlich wirkte sich hier der vorzeitige Abgang von Schülern mit der Mittleren Reife aus. Der Anteil der Fächer war verständlicherweise unterschiedlich: Nachhilfeunterricht wurde fast ausschließlich in den sogenannten Versetzungsfächern Deutsch, Mathematik und Fremdsprachen erteilt. Bedeutsam war die schichtspezifische Auswertung der Befragung: der Anteil der Kinder aus der sogenannten Unterschicht (zum Beispiel Arbeiterkinder) war nicht nur insgesamt mit 8% gering, sie erhielten auch – wahrscheinlich aus finanziellen Gründen – weniger Nachhilfeunterricht als Kinder von Angestellten und Beamten. »Die Schüler aus Arbeiterfamilien, die in ihrer Begabungsentfaltung ohnehin durch ihre Herkunft, durch vielfach fehlende Anregungen von seiten ihrer Eltern – was gemeinhin mit dem fehlenden Bücherschrank sehr zutreffend bezeichnet wird – grob gesagt, durch die schwächere kultivierende Arbeit des Familienmilieus, gegenüber ihren Mitschülern aus Familien mit höherem sozialen Status beträchtlich benachteiligt sind, Kinder, bei denen Nachhilfeunterricht folglich noch am ehesten gerechtfertigt wäre, gerade diesen Schülern ist es in ihrer Mehrzahl versagt, an den zusätzlichen Bildungsmöglichkeiten der anderen teilzuhaben« (Adam, S. 270). So 1960. Weder schulreformerische Euphorien noch revolutionäre Ideologien scheinen geeignet zu sein, das Versagen der Schule als Institution und ihrer Lehrer als Pädagogen ausgleichen zu können und Nachhilfeunterricht als wenig legitime Individualisierung des Unterrichts überflüssig zu machen. Auch die pädagogisch gar nicht erwünschte Mithilfe der Eltern bei den Hausaufgaben kann als Nachhilfeunterricht interpretiert werden, dann nämlich, wenn die Eltern weitergehende Lernhilfen geben, wie Eigler und Krumm in ihrer Befragung ermittelten (siehe Kapitel Hausaufgaben). Immerhin gilt für die überwiegende Mehrheit der Eltern, daß sie den Stoff noch einmal erklären, den Lösungsweg erläutern, zusätzlich üben und so fort.

Krüger führte eine Folgeuntersuchung an zwei Gymnasien und zwei Realschulen durch, deren Ergebnisse er 1977 veröffentlichte. Bemerkenswert ist für die ansonsten höchst aufschlußreiche *Befragung von Eltern über Nachhilfeunterricht*, daß von den fast 2400 Fragebogen fast 92%(!) ausgefüllt zurückkamen. Dieses überraschende Ergebnis mag ein Indiz dafür sein, wie wichtig Nachhilfeunterricht aus der Sicht der Eltern ist – und wie symptomatisch wohl für vielfache Mängel in der Alltagspraxis unserer Schulen. Die wichtigsten *Befunde* sollen zusammenfassend referiert werden:

1. Immerhin 18% der befragten Eltern gaben an, daß ihre Kinder einmal Nachhilfeunterricht in den Klassen 4 bis 9 hatten.
2. In den Gymnasien waren mit 35% gegenüber 20% die Sitzenbleiber überrepräsentiert, das heißt, diese Schüler standen unter dauerndem schulischen Mißerfolg.
3. Kinder aus der sogenannten Oberschicht waren ebenfalls beim Nachhilfeunterricht überrepräsentiert, nach Krüger dient Nachhilfeunterricht »in starkem Maße dazu, Kinder aus der Oberschicht auf dem Gymnasium zu halten« (S. 549).
4. Die typischen Nachhilfefächer sind Mathematik und Englisch.
5. Der Anteil der jeweiligen Nachhilfefächer schwankt zwischen einzelnen Schulen stark, wozu Krüger meint, »daß mit der Inanspruchnahme von N (= Nachhilfe) auch die Lehrer etwas zu tun haben« (S. 549).
6. Die Fächer Englisch, Deutsch und Mathematik beginnen gleichgewichtig als Nachhilfefächer in Klasse 5, später wird Deutsch immer seltener, dafür nimmt der Anteil von Mathematik deutlich zu.
7. Auslösefaktoren für Nachhilfe sind für die befragten Eltern: Mißerfolg bei Klassenarbeiten (40%), schlechtes Zeugnis und gefährdete Versetzung (30%), allgemeine Stützung des Unterrichts (12%), längere Krankheit (7%) und Umzug oder Umschulung (7%).
8. Als Initiatoren für den Nachhilfeunterricht kamen in Frage zu 71% die Eltern, was naheliegend ist, aber auch zu 18% der Schüler selbst und zu 19%(!) der zuständige Lehrer (»Ich empfehle Nachhilfeunterricht« als Standardempfehlung und Eingeständnis der pädagogischen Hilflosigkeit?)
9. Wöchentlich werden von 46% eine Stunde, von 37% zwei Wochenstunden und von 5% immerhin noch drei Wochenstunden Nachhilfe genommen.
10. Die Gesamtdauer der Nachhilfe beträgt bei 41% zwischen drei und sechs Monaten, nur bei 5% ist sie kürzer als ein Monat, und bei 19% wird Nachhilfe während des ganzen Schuljahres gegeben.
11. Als Nachhilfelehrer stehen ältere Schüler (38%) zur Verfügung, Studenten zu 20%, aber 35% der Nachhilfelehrer sind Berufspädagogen, also Lehrer an allen allgemeinbildenden Schulen. Kommerzielle Nachhilfeunternehmen waren am Befragungsort noch nicht gegründet.
12. Die Kosten des Nachhilfeunterrichts schwanken beträchtlich; sie sind von der ›Qualifikation‹ des Privatlehrers abhängig: bei 42% der Schüler

kostete eine Stunde 5 bis 10 DM, bei 20% weniger als 5 DM, bei 16% zwischen 10 und 15 DM, bei 7% zwischen 15 und 20 DM, bei 2% sogar über 20 DM.
13. Wie hat sich nach Meinung der Eltern der Nachhilfeunterricht ausgewirkt? 91%, also die große Mehrheit, hält ihn für effektiv und zwar hinsichtlich allgemeiner Hilfe (27%), Hilfe bei Klassenarbeiten (20%), Verbesserung der Zeugniszensur (19%) und Hilfe bei der Versetzung (12%).
14. Als Alternativen zum Nachhilfeunterricht, der auch für sie eine ultima ratio ist, schlagen die Eltern als die unmittelbar Betroffenen unter anderem vor: kleinere Klassen, schulische Förderkurse, mehr häuslicher Fleiß der eigenen Kinder (Selbstkritik?), bessere Beratung der Schüler in der Schule, generell besserer Unterricht, mehr Fleiß des eigenen Kindes in der Schule und bessere Schulbücher und Lernmittel.
15. In freien Antworten hatten die Eltern Gelegenheit, weitergehende Vorschläge zu machen. Sie betrafen: mehr Engagement der Lehrer, mehr fachlich gut befähigte Lehrer mit didaktischem Geschick, individuellere Zuwendung des Lehrers zum Schüler, mehr Ermutigung im Unterricht, bessere Veranschaulichung, bessere Methoden, weniger Monotonie, nicht so häufiger Lehrerwechsel und so fort.
Mit seiner Untersuchung konnte Krüger bestätigen, daß der Nachhilfeunterricht auch weiterhin ein schulisches Problem ist, das den Eltern belastet, die Schüler durchaus fördert, jedoch für die Lehrer ein Tabu geblieben ist.

5.2.2.4. Sonderform: Programmierter Unterricht

Was ist Programmierter Unterricht? Welche Funktion hat er in der Unterrichtsmethodik? Kann er als Sozialform und vor allem als Sonderform der Einzelarbeit interpretiert werden? Bevor eine Antwort auf diese Fragen versucht wird, soll ein Ausschnitt aus dem Entwurf für ein *Lehrprogramm* vorgestellt werden, das zum Lerninhalt das Rechnen mit binären Zahlen und zum Lernziel das Verstehen und Anwenden der Prinzipien des Dualsystems hat.

frame 1: Außer dem Zehnersystem, das heute allgemein benutzt wird, gibt es noch andere Zahlensysteme. Zu ihnen gehört das Zweiersystem. Andere Zahlensysteme haben heutzutage ... Bedeutung mehr. (Setzen Sie das richtige Wort in die Lücke ein und schlagen Sie die Lösung auf Seite 2 nach)
frame 2: Richtig, das Wort »keine« war die Lösung. Denn nur das Dualsystem, auch Zweiersystem genannt, hat außer dem Zehnersystem, auch dekadisches System genannt, heute noch Bedeutung. Das Zehnersystem hat zehn Grundziffern, das Dualsystem nur die 1 (auch L geschrieben) und die Null, also insgesamt ... Ziffern.
(Setzen Sie ...)
frame 3: Richtig, die »Zwei« (2) war die Lösung. Denn moderne Rechenanlagen können nur diese beiden Ziffern benutzen, um Zahlen darzustellen. So wird die Eins (auch L) angezeigt, wenn ein elektrischer Impuls gegeben wird, und eine ..., wenn er ausbleibt. (Wenn Sie die gefragte Ziffer in die Lücke geschrieben haben, ... frame 4: Richtig, die Lösung war die »Null« (0), weil bei Eins ja ein Impuls gegeben wird. Da nur die beiden Ziffern Eins und Null zur Verfügung stehen, müssen die Zahlen anders als im Zehnersy-

stem gebildet werden. Wie geschieht das? Man zerlegt dazu eine beliebige Zahlenmenge in ihre nächstkleinere Zweierpotenz, zum Beispiel zerlegt man 11 in 8 plus 2 plus 1. Das ist 2^3 plus nullmal 2^2 plus einmal 2^1 plus einmal 2^0. Wenn sie das Gleiche für die Zahl 13 tun, dann erhalten Sie 13 = ... mal 2^3 + ... mal 2^2 + ... mal 2^1 + ... mal 2^0. (Schlagen Sie die Lösung ...)
Zwischen frame 3 und 4 war der Lernschritt zu groß; es traten bei den Probanden (Studenten für das Lehramt) Verständnisschwierigkeiten auf. Soweit zu diesem Beispiel aus dem Versuch, ein Lehrprogramm zu entwerfen.

In diesem kurzen Ausschnitt eines sogenannten Buchprogramms (scrambled book) können sowohl formale als auch inhaltliche Gesichtspunkte des Programmierten Unterrichts verdeutlicht werden.
Ein *Unterrichtsprogramm* besteht aus einer großen Anzahl von Einzelfragen, den sogenannten *»frames«*, siehe das obige Beispiel. Ist ein Programm zu lang, um innerhalb einer Zeit von 20 bis 30 Minuten vollständig bearbeitet zu werden, so wird es in *Sequenzen* aufgeteilt, das heißt Teilprogrammen, die möglichst ein Teilziel des Programms umfassen sollen. Zwischen die Teilprogramme, also die Sequenzen, wird als Überleitung eine sogenannte *Zäsur* eingeschoben, und ein Teilprogramm wird mit einer oder mehreren *Prüfungsfragen* abgeschlossen. Soviel zum formalen Aufbau eines Programmes, das in der Fachsprache als *»linear«* bezeichnet wird. Diese Art der Programmierung geht auf den amerikanischen Lernpsychologen Skinner zurück. Es ist zu verstehen als ein Programm, bei dem die »frames« eine lineare, logische Folge ohne Umwege bilden. Ziel eines linearen Programmes ist es, das Lernziel so schnell und ökonomisch wie möglich zu erreichen. Vorausgesetzt wird, daß der Schüler, hier als Adressat bezeichnet, ein bestimmtes Vorwissen und ein Minimum an Aufgabenverständnis bereits besitzt. Für den Programmierten Unterricht etwa in der Sonderschule ist es anscheinend nicht so gut brauchbar. Neben dem linearen Programm wird noch das *»verzweigte« Programm* unterschieden (branched system), das auf Crowder zurückgeht. Hier wählt der Adressat unter mehreren Möglichkeiten die Antwort aus, die er für die richtige hält. Greift der Adressat eine falsche Antwort heraus, so wird er auf Hilfen verwiesen, die sogenannten *»Schleifen«*. Dabei wird er durch entsprechende Erklärungen seines Fehlers wieder auf den richtigen Lösungsweg zurückgeführt. Ein guter Schüler arbeitet also ein solches Programm mit einem Minimum an Fehlern wie ein lineares Programm durch, der leistungsschwächere Schüler erhält in den Schleifen zusätzliche Lernhilfen. Zwischen den Vertretern der linearen und der verzweigten Pro-

grammierung hat es zeitweise heftige Auseinandersetzungen gegeben, die nach Meinung des Verfassers nicht immer dem sachlichen Erfordernis einer solchen Frage entgegenkamen. Sie sollen und können nicht grundsätzlich entschieden werden, sie sind vielmehr von Lernziel und Adressat abhängig.

Im folgenden Abschnitt soll die Frage aufgegriffen werden: *Warum Programmiertes Lernen?* Hierzu mag es ganz instruktiv sein, auf die Zeit zurückzugehen, in der Programmiertes Lernen einer breiteren Öffentlichkeit bekannt wurde. Dies geschah durch eine Veröffentlichung von Skinner zum Thema »The Science of Learning and the Art of Teaching« (Die Wissenschaft vom Lernen und die Kunst des Lehrens, Harvard Educational Review, 1954, 25, 86—97). Diese Veröffentlichung hatte zwar eine lange Reihe von Vorgängern, deren Arbeiten bereits in den 30er Jahren begannen; erst Skinners Veröffentlichungen erhielten jene Publizität, die bis in die Gegenwart anhält. In seiner Veröffentlichung aus dem Jahre 1954 ging es Skinner nicht so sehr – wie später immer wieder mißverstanden wurde – um eine wissenschaftliche Begründung des Programmierten Unterrichts, vielmehr um notwendige unterrichtsmethodische Reformen der amerikanischen Schule, und diese waren orientiert an höherer Effektivität des Unterrichts. »Even our best schools are under criticism for their inefficiency in the teaching of drill subjects such as mathematics« (Selbst unsere besten Schulen sind der Kritik ausgesetzt, weil sogar in Paukfächern wie der Mathematik Lehren ineffektiv ist). Skinner begründet die Verwendung von Programmen unter zwei Gesichtspunkten: der erste ist lernpsychologisch, betrifft nämlich die »Bekräftigung« (reinforcement) des Schülers, der zweite – so in der gegenwärtigen Terminologie – bezieht sich auf die genaue Lernzielanalyse mit anschließender Planung des Lernprozesses. Die Programmierte Instruktion kann nach Skinner diese beiden Gesichtspunkte am optimalsten erfüllen: der Schüler wird – weil die Antworten leicht sind – durch jede richtige Antwort belohnt, und das Programm ist streng rational geplant und führt besser als der traditionelle Unterricht zum Lernziel. Spätere Veröffentlichungen haben stets, auch Skinner selbst, versucht, die Skinnersche lerntheoretische Schule als wissenschaftliche Begründung heranzuziehen. Dies führte, da die Skinnersche Lernpsychologie kaum lerntheoretische Bezüge enthält, zu massiver Kritik am Programmierten Unterricht, der nicht diesem, sondern der besonderen psychologischen Schule galt, die Skinner vertrat. Es handelt sich hier um eine Version des sogenannten Neo-Behaviorismus. Dieser wird von Foppa allenfalls als eine deskriptive Lerntheorie charakterisiert. Eine Theorie des Programmierten

Unterrichts kann auf Bezüge etwa zur tierischen Lernpsychologie verzichten und als *theoretische Grundlagen* auf drei Überlegungen zurückgehen:

1. Jeder Lernstoff wird um so besser eingeprägt, a) je folgerichtiger die Einzelschritte (bei logisch »vertikal« gegliederten Stoffen) angeordnet sind; und b) je besser die Größe der Lernschritte der Verarbeitungskapazität des Individuums angepaßt ist.
2. Jeder Lernstoff wird um so besser eingeprägt, je unmittelbarer das Individuum darüber informiert wird, ob es einen Einzelschritt verstanden hat oder nicht.
3. Die dauerhafte Verarbeitung und Einprägung eines Lernstoffes ist nur dann gewährleistet, wenn der Proband die Geschwindigkeit der Darbietung der einzelnen Lernschritte selbst steuern kann« (K. Foppa, Lernen, Gedächtnis, Verhalten, Köln 1966^2, S. 166).

Nun wird auch die Zuordnung des Programmierten Unterrichts a) zur Differenzierung und b) zur Individualisierung als Sozialform des Unterrichts verständlich. In der Regel wird nämlich der Programmierte Unterricht der Mediendidaktik zugeordnet. Wie wir jedoch gesehen haben, ist er mehr als Informationsträger, nämlich darüber hinaus auch indirekter Unterricht und vor allem Individualunterricht. Der Lehrer hat die Verantwortung für die Auswahl und den richtigen methodischen Einsatz von Unterrichtsprogrammen, auch bleibt ihm die Aufgabe der Effektivitätskontrolle; doch arbeitet der Schüler weitgehend selbständig und nach eigenem Arbeitstempo mit dem Programm. So gesehen, wird der Programmierte Unterricht in seiner Funktion als Methode zu einer interessanten Sonderform des Einzelunterrichts.

Trotz aller Euphorie bei vielen Vertretern des Programmierten Unterrichts, aber auch trotz aller Skepsis seiner Gegner hat eine empirisch orientierte Schulpädagogik nach der Effektivität dieser weitbekannten, aber in den Schulen wenig verbreiteten methodischen Form zu fragen. Dabei betrifft die Frage nach der *Effektivität* sowohl die Lernzeit, in der ein Lernziel erreicht wird, wie auch das Ausmaß an langfristig behaltenen Lerninhalten.

Ältere amerikanische Untersuchungen zur Frage der Effektivität des Programmierten Unterrichts haben keine eindeutige Überlegenheit des Programmierten oder des traditionellen Unterrichts ergeben. »Research on PI (Programmierte Instruktion, d. Verf.) leaves no doubt that students who use it learn« (Stolurow). Zu ähnlichen Ergebnissen führten auch neuere, zum Teil aufwendige Forschungen im deutschsprachigen Bereich. So konnten Gottschaldt und Mitarbeiter in Längsschnittuntersuchungen an hannoverschen Schülern feststellen, daß a) in kognitiver Hinsicht der Programmierte Unterricht zu gleichen Lernerfolgen führte wie der

Unterricht durch den Lehrer, und zwar über einen Zeitraum bis zu einundeinhalb Jahren, daß b) Schüler mit Programmiertem Unterricht anderen mit traditionellem Unterricht überlegen waren und daß c) der Programmierte Unterricht die Schüler stärker motivierte als der konventionelle Unterricht. Die oft geäußerte Hypothese, der Pogrammierte Unterricht führe zu einem Absinken der produktiven Fähigkeiten, konnte nicht bestätigt werden. Gleiches galt auch für Transferleistungen, das heißt für die Fähigkeit, Gelerntes auf zum Teil neue Lerninhalte zu übertragen.

In einem Sammelreferat, in dem die Autorin mehrere andere Sammeldarstellungen referiert und Dutzende von empirischen Untersuchungen anführt, kommt Köbberling zu dem Schluß, daß der direkte Unterricht (DU) im Vergleich zum Programmierten Unterricht (PU) »nur in seltenen Fällen zu besseren Resultaten führte als der PU. Nach diesen Arbeiten ist vor allem die Zeitersparnis des PU ein häufiges Resultat, und auch die Behaltensleistungen liegen zumeist über denen des DU« (S. 75). Hierzu kann mit Köbberling zusammenfassend festgestellt werden, daß die Frage der Effektivität des Programmierten Unterrichts nur dann zureichend beantwortet werden kann, wenn alle sogenannten intermediären Variablen (= zwischen PU und Adressat befindliche Größen) wie Geschlecht, Alter, Intelligenz, soziale Schicht, Unterrichtsstil der Lehrer oder Struktur der Lerninhalte beachtet werden, von den Besonderheiten der jeweiligen Lernziele ganz abgesehen.

Abschließend soll auf eine der genannten intermediären Variablen eingegangen werden, die anscheinend von größter Bedeutung für den effektiven Einsatz des Programmierten Unterrichts ist. Gemeint ist die *Rolle des Lehrers,* vor allem sein Unterrichtsstil. In der bereits erwähnten Untersuchung von Gottschaldt und Mitarbeitern wurde unter anderem auch das Lehrerverhalten während einer längeren Beobachtungszeit registriert. Beobachtungsdimensionen waren beispielsweise die Kontaktbereitschaft, der Führungsstil, die Steuerung der Disziplin sowie die Einstellung des Lehrers zum PU. Es konnte festgestellt werden, daß das Führungsverhalten – also der Unterrichtsstil – sich nicht eindeutig auf den PU auswirkte. Vielmehr, meint Gottschaldt, sei dieser auf dem Hintergrund und im Zusammenhang mit anderen Variablen nur bedeutsam. Allein die Extremform eines despotischen Unterrichtsstils scheint sich eher negativ auszuwirken, Gleiches ist für die Einstellung des Lehrers zum PU zu vermuten. Andere Untersuchungen begnügen sich in beinahe fataler Weise damit, auf die Funktion des Lehrers im PU hinzuweisen, ohne ihn weiter als wichtige intermediäre Variable zu beachten.

Eine kritische *Zusammenfassung* des Forschungsstandes zum PU legt nahe, die gleichen Einwände auch heute noch zu wiederholen, die Thelen 1963 äußerte (H. A. Thelen, Programmed Materials Today: Critique and Proposal, Elementary School Journal, 1963, 64, 189−197):
1. Skinners Behauptung, daß der Adressat im PU bei jedem Lernschritt belohnt werden müsse (durch die richtige Antwort) ist nicht bewiesen.
2. Daß die geringe Schwierigkeit der einzelnen Lernschritte nicht nur zur »Bekräftigung«, sondern auch − wegen des ständigen Erfolgs − zur Langeweile führen kann, legen Untersuchungen der Motivationspsychologie nahe.
3. Die Annahme, ein Programm müsse möglichst frei von Fehlern sein, ist nicht zwingend und damit überzeugend.
4. Auch die Annahme, in linearen Programmen müßten die einzelnen Lernschritte zwingend logisch sein, ist nicht einsichtig. Es ist denkbar, daß auch eine Zufallsfolge von Lernschritten zum gleichen Lernerfolg führt.
5. Bisher ist vernachlässigt worden − wie bereits erwähnt −, welche Funktion der Lehrer im Programmierten Unterricht hat, außer als Programmgeber und Leistungskontrolleur.
6. Die Rede von der Individualisierung des Unterrichts durch den PU sollte eingeschränkt werden auf das Lerntempo und die Zahl der »frames«, die ein Schüler in einer bestimmten Zeit schafft, nicht jedoch auf andere Aspekte seiner »Individualität«, etwa Interesse am Lerninhalt.
7. Auch die Begründung, im PU sei der Schüler aktiv, gilt nur eingeschränkt, vor allem bei solchen Programmen, in denen er die frames nur zu lesen braucht.
8. Es wird nicht bedacht, ob Schüler überhaupt leistungsmotiviert sind. Dies gilt vornehmlich für Programme, deren Lernziele dem Schüler nicht bekanntgegeben werden.
9. Außer vielleicht im computerunterstützten PU enthalten die bisherigen Programme wenig Möglichkeit für den Schüler, Affekte, abweichende Vorstellungen oder eigene Umwege zu äußern. Selbst wenn mehrere Antworten möglich sind, so bedeuten sie für den Schüler unter Umständen eine Einengung.

Die *neuere Entwicklung* in der Erforschung des Programmierten Unterrichts ist durch zwei Tendenzen charakterisiert: durch den Versuch, ihn mit der Sozialform der Gruppen- und Partnerarbeit zu kombinieren, und durch den Versuch, den Programmierten Unterricht terminologisch auszuweiten.
Der Versuch, Programmierten Unterricht nicht mehr als Einzelar-

beit, sondern in Zweier- oder Dreiergruppen durchzuführen, geht auf die Kritik zurück, die allenthalben am mangelnden Soziallernen im Programmierten Unterricht geäußert wurde. Ansätze zu einer Änderung des Konzepts finden sich bereits bei Hirzel, sie wurden insbesondere verstärkt, seitdem Soziallernen ein besonderes Gewicht in der Diskussion um die Aufgaben moderner Schulen erhielt. Mit der Hereinnahme des kooperativen Lernens wurden allerdings einige wichtige Vorteile – wie man meinte – aufgegeben. Dies gilt vor allem für die Bestimmung des Arbeitstempos (individuelles Lerntempo) und die individuelle Lernkontrolle als Selbstbekräftigung.

Der Versuch, Programmierten Unterricht begrifflich auszuweiten, führte dazu, daß neuerdings alle Formen des Lehrens und Lernens dann als Programmierter Unterricht bezeichnet werden, wenn in ihnen Lernziele mit Hilfe von Medien erreicht werden sollen. Doch muß festgehalten werden, daß in der Praxis das Lehrprogramm auch weiterhin das wichtigste Medium bleibt, mit dem gelernt wird, gleichgültig, in welcher Form es entwickelt und angeboten wird. Für das Lehrprogramm gelten – das sei abschließend zusammenfassend bemerkt – die gleichen Schritte wie vordem:

1. Aufstellung und Analyse der Lernziele
2. Analyse der anthropogenen und sozialkulturellen Voraussetzungen
3. sachlogische Aufarbeitung des Lerninhaltes und der Lernziele
4. Zerlegen des Unterrichtsgegenstandes in Sequenzen und Frames
5. Erprobung des Entwurfs an einer Schülergruppe
6. Korrektur des Entwurfs und Abfassen des Lehrprogramms.

6. Anhang: Mediendidaktik

Mit Heimann, Otto und Schulz sind in ihrer Didaktiktheorie Unterrichtsmethoden im engeren Sinne von Unterrichtsmethodik im weiteren Sinne zu unterscheiden. Zur letzteren rechnet die Mediendidaktik als ein methodischer Aspekt zu den Entscheidungsfelder ihrer Theorie vom Unterricht. So gesehen, gehört ein Überblick über ihre Thematik zu Recht in eine Einführung in die Unterrichtsmethodik.

Für das folgende Kapitel die treffende Überschrift zu finden, war insofern schwierig, da terminologisch zwischen der traditionellen Schulpädagogik und der heutigen Pädagogik der Schule eine Lücke ist. Es wäre zum Beispiel ebenso berechtigt gewesen, dem Kapitel Überschriften wie »Unterrichtsmittel«, »Anschauungsmittel« oder »Unterrichtstechnologie« zu geben. Um diese Diskrepanz besser verstehen zu können, erscheint es als notwendig, einen kurzen historischen Rückblick voranzustellen.

Es lassen sich vier Phasen in der Entwicklung der Mediendidaktik bis heute herausstellen:

1. Die Phase der traditionellen Unterrichtsmittel

Die methodische Verwendung von Unterrichtsmitteln – oft auch als Lehr-, Lern- und Arbeitsmittel bezeichnet – wurde durch das Prinzip der Anschauung begründet. Unterrichtsmittel hatten die Funktion, Lerninhalte zu veranschaulichen, sie waren zusätzliche Informationsträger, an denen der Schüler zu Lernfortschritten kam. Es ging hierbei, wie bei jeder unterrichtsmethodischen Maßnahme, um die Erhöhung der Lerneffektivität durch Steuerung des Lernprozesses. Unterrichtsmittel waren das Lesebuch, das Rechenbuch, Bilder, Landkarten, Nachbildungen, der reale Gegenstand und anderes mehr. »Unter Unterrichtsmitteln versteht man alle Hilfsmittel, die Lehrer oder Schüler für einen ordentlichen Unterricht benötigen oder fruchtbringend verwenden können« (F. Gärtner, Planung und Gestaltung des Unterrichts, München 1969), wobei zu fragen ist, was Gärtner unter »ordentlichem Unterricht« und »fruchtbringend« versteht. Wahrscheinlich meint er damit einen didaktisch und methodisch gut geplanten Unterricht mit hoher Lerneffektivität.

2. Die Phase der Massenmedien

Als in den Jahren nach 1950 in verstärktem Maße die sogenannten Massenmedien oder Massenkommunikationsmittel Rundfunk und Fernsehen das öffentliche und private Leben zu beeinflussen begannen, distanzierte sich die Pädagogik zuerst kritisch, vor allem wurde kaum eine Möglichkeit gesehen, diese und andere technische Neuheiten wirksam im Unterricht einzusetzen. So entstanden Vorurteile, daß leistungsschwache Schüler länger als andere fernsähen und daß ihre Leistungsschwächen vor allem auf abnorme Fernsehgewohnheiten zurückzuführen seien. Seit der Einführung des Fernsehens beispielsweise zählt »das Thema (Kind und Fernsehen) zu jenen Modeproblemen, die von Kulturkritikern, Soziologen, Psychologen, Ärzten und nicht zuletzt auch von Eltern und Berufserziehern zeitweise leidenschaftlich diskutiert werden. Dabei gehen die Meinungen und kritischen Ansichten über die mutmaßlichen Wirkungen des Fernsehens auf das Kind weit auseinander. Vorurteile und Gemeinplätze bezeugen eine fast beunruhigende Aktualität, ...« (A. Weber, Freizeit und Fernsehen, Schule und Psychologie, 1964, 11, S. 236).

3. Die Phase der Medienpädagogik

Ab 1965 tritt eine Wende in der kritischen Sichtweite gegenüber den Massenmedien, vor allem gegenüber dem Fernsehen, ein. Nunmehr wird die Frage von Pädagogen gestellt, ob und inwieweit nicht die Schule die Aufgabe habe, ihre Schüler zum richtigen Gebrauch und Umgang mit Massenmedien zu erziehen. Aufgabe der Medienpädagogik wird es in jenen Jahren, »daß die Jugend einen rechten Umgang mit den Massenmedien lernt« (Kerstiens). Die Medienpädagogik als Disziplin der Erziehungswissenschaft übernimmt die Aufgabe, die vielseitige Rolle der Medien im Erziehungsfeld zu erforschen. Es wird also nicht so sehr mehr die methodische Funktion als vielmehr die erzieherische Bedeutung in dieser Phase gesehen.

4. Die Phase des pädagogischen Pluralismus

Was bedeutet im Zusammenhang mit Medienpädagogik pädagogischer Pluralismus? Mit fortschreitender Diskussion kam es auch zu einer differenzierten Sichtweise im Bereich der Medien, so daß heute gleichwertig anerkannt werden: Medienpädagogik als Disziplin, die sich mit Fragen der Erziehung zum Umgang mit Medien beschäftigt, und die Mediendidaktik, die als Teilgebiet der Unterrichtsmethodik zu verstehen ist und sowohl Fragen der traditionellen Schulpädagogik im Begriff der Unterrichtsmittel (= Lehr-, Lern- und Arbeitsmittel) wie der neueren, der sogenannten audiovisuellen Medien (Tonband, Diaprojektion, Fernsehen, Unterrichtsmitschau usf.) umfaßt. In der Mediendidaktik geht es somit vorwiegend um unterrichtsmethodische Fragen, also um Förderung und Optimierung des Lernprozesses.

Der Leser sollte sich nicht durch Schlagwörter wie »Elementfilm«, »audiovisuelle Bildungsmittel«, »schulinternes Fernsehen«, »Bildungsfernsehen«, »EVR-Systeme«, »Episkop«, »Sprachstudienrecorder«, »Telebeobachtung« oder »Telekolleg« verwirren lassen. Es werden ständig neue, zum Teil sehr aufwendige und damit teure technische Medien entwickelt, deren Einsatz – im Gegensatz zu den Planungen der Medienindustrie – wohl aus finanziellen und organisatorischen Gründen meistens zum Scheitern verurteilt ist. Die *Unterrichtstechnologie*, wieder ein neuer Begriff, hat die Aufgabe, eine systematische Analyse der didaktisch und methodisch brauchbaren Medien durchzuführen. Ihre Grundlage können nur neue empirische Untersuchungen zur Frage der Effektivität von Medien für den Unterricht sein. Um hervorzuheben, daß die folgenden Abschnitte unter diesem Aspekt zu verstehen sind, soll von nun an von audiovisuellen Medien oder Unterrichtsmitteln die Rede sein.

Dabei seien *audiovisuelle Unterrichtsmittel* Informationsträger und auf optische und akustische Wahrnehmung bezogene Anschauungsmittel für den Unterricht. Ihre Funktion ist es, den Lernprozeß des Schülers zu steuern und zu ökonomisieren sowie den Schüler zusätzlich zu motivieren. Als Unterrichtsmittel wird beispielsweise kein Bericht aus dem Erdkundebuch gewählt, sondern ein Film über das Leben der Marschbauern an der deutschen Nordseeküste gezeigt. Die Motivation kann durch die bloße Ankündigung des Films erfolgen, die Steuerung durch den Film ist gegeben, da er die wesentlichen Aspekte des Arbeitstages eines Marschbauern bringt, und der Film erleichtert und verkürzt durch seine größere Anschaulichkeit den Lernprozeß.

Eine vollständige *Systematik* der audiovisuellen Unterrichtsmittel vorzulegen, ist kaum möglich; es fehlen vor allem methodisch brauchbare Kriterien für eine Einteilung. Döring legt eine Vierteilung der audiovisuellen Unterrichtsmittel vor, allerdings spricht er noch von Lehr- und Lernmitteln im Sinne der traditionellen Schulpädagogik:

a) Bücher, Schulbücher, Zeitungen (also unter anderem Lexika,

Ganzschriften, Schulbücher, Arbeitshefte, Buchprogramme oder Schulzeitungen)
b) Lehr- und Lernmaterial (Bilder, Landkarten, Spiele?)
c) reale Gegenstände (Lebewesen, Sammlungen, alle original gegebenen Gegenstände)
d) technische Medien (Laborgeräte, optische Geräte, Fernsehen, Radio, audiovisuelle Medien i. e. S.).

Eine lerntheoretisch eher brauchbare Einteilung könnte nach dem Grad der *Anschauung* und des *Abstraktionsniveaus* erfolgen. Dabei würde die Realbegegnung etwa ein Maximum an Anschauung enthalten, aber ein Minimum an Abstraktion, die Sprache hingegen wäre ein Medium mit einem Minimum an Anschauung und einem Maximum an Abstraktion. Dazwischen könnten unter anderem Modell und Bild angeordnet werden. Das folgende Schema soll diesen Zusammenhang verdeutlichen.

Anschauungsgehalt und Abstraktionsniveau von Medien

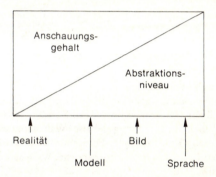

Je geringer das Abstraktionsniveau eines Unterrichtsmittels ist – und damit ein großer Anschauungsgehalt gegeben ist –, um so mehr Information ist möglich, um so größer ist in der Regel die Motivation und um so schwieriger wird es für den Schüler, den Abstraktionsprozeß im Lernen zu vollziehen. Es ist ja nicht Aufgabe des Unterrichts, Anschauung um ihrer selbst zu betreiben; vielmehr geht es um kognitive Verarbeitung des angebotenen Anschauungsmaterials. Dieses ist nur Ausgang und hat nur methodische Funktionen. Wird das Abstraktionsniveau hoch, der Anschauungsgehalt des Unterrichtsmittels jedoch gering, so ist eher eine erkennbare Übersicht über den Lerninhalt möglich, diese kann auch besser systematisiert werden, jedoch führt die Anschauungsferne zu einem Verlust des Wahrnehmbaren und Vorstellbaren und kann den Lernerfolg verschlechtern.

Im Anschluß an Huber soll eine logisch-psychologische *Übersicht* der audiovisuellen Unterrichtsmittel gegeben werden, die zumindest eine Reihe von Anregungen für die Unterrichtspraxis enthält.

Hierarchie der Unterrichtsmittel

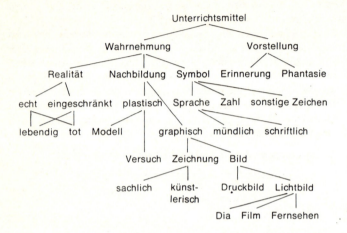

Die obige Hierarchie soll mit einigen Beispielen aus dem Unterricht veranschaulicht werden: Unterrichtsgang zum Bäcker im dritten Schuljahr (Wahrnehmung, Realität, echt, lebendig), Fernsehsendung über eine Bundestagsdebatte (Wahrnehmung, Nachbildung, graphisch, Bild, Lichtbild, Fernsehen) oder Vorstellen eines ausgestopften Raben im Biologieunterricht (Wahrnehmung, Realität, eingeschränkt, tot).

Nun sagt diese Hierarchie noch nichts über die *Wirksamkeit* von Unterrichtsmitteln aus. Die wenigen Untersuchungen, die bisher vorliegen, beweisen jedoch recht eindrucksvoll die Überlegenheit eines Unterrichts mit Medien gegenüber einem Unterricht, in dem auf Anschauung weitgehend verzichtet wird. Bevor einige weitere schulpädagogische Konsequenzen zu ziehen sind, sollen zwei Untersuchungen referiert werden, die unsere eben gemachte Behauptung belegen.

In der ersten Untersuchung, einem Unterrichtsexperiment, ging es um die Frage, ob die *Veranschaulichung von Lerninhalten* durch bestimmte Unterrichtsmittel zu einer größeren Lerneffektivität führt. Dazu wurden die folgenden zwei Fragen formuliert, die als Hypothesen zu interpretieren sind:

»1. Wird das Auffassen und Behalten von Unterrichtsstoffen durch

gleichzeitige Darbietung von Anschauungsmitteln günstig beeinflußt und, falls dies zutrifft, in welchem Ausmaß?
2. Wirken sich verschiedene Grundformen der Veranschaulichung, und zwar die Darbietung der bildlichen Darstellung des Gegenstandes, des naturgetreuen Modells und des realen Gegenstandes unterschiedlich auf das Auffassen und Behalten aus?« (H. Düker und R. Tausch, Über die Wirkung der Veranschaulichung von Unterrichtsstoffen auf das Behalten, Zeitschrift für experimentelle und angewandte Psychologie, 1957, 4, 384–400). Der Titel und die Grundbegriffe der Untersuchung ließen sich durch neuere Termini der Mediendidaktik ersetzen, so daß dann gesprochen würde von der »Wirkung der Veranschaulichung durch bestimmte Unterrichtsmedien auf das Behalten von Lerninhalten«. Der theoretische Bezug bleibt bestehen: es wird davon ausgegangen, daß Veranschaulichung, in welcher Form und durch welches Medium auch immer, zu größerer Lerneffektivität bei kognitiven Lernzielen führe.

Das Experiment wurde in 5. Schuljahren zweier Volksschulen durchgeführt, also mit Kindern von zehn bis zwölf Jahren. Als Unterrichtsfach wurde Biologie ausgewählt, und zwar ein Lerninhalt, bei dem angenommen werden konnte, daß alle Schüler etwa das gleiche Vorwissen mitbrachten: körperliche Beschaffenheit, Lebensweise und Verhaltensgewohnheiten der Küchenschabe und der Wasserwanze, also zweier Insekten. Um für alle Schüler gleiche Bedingungen zu schaffen, wurden der Bericht und die Beschreibung der Tiere auf Tonband gesprochen und allen Gruppen vorgespielt. Den Schülern in der Kontrollgruppe wurde lediglich die Tonbandaufnahme geboten. Den Kindern der Versuchsgruppe wurde zusätzlich je eines der beiden Insekten auf einer Holzunterlage vorgelegt, die sie sich während der Lautsprechervorträge ansehen konnten. Anschließend wurde allen Gruppen ein informeller Test gegeben, in dem Fragen zu den angebotenen Lerninhalten gestellt wurden; zum Beispiel über Länge und Farbe der Insekten, Körperbau, Lebensgewohnheiten, Fortpflanzung und Ernährung. Die richtigen Antworten wurden zusammengezählt und eine Punktzahl für jedes Kind ermittelt. Die Mittelwerte für die beiden Gruppen waren:

	arithmetische Mittel $\overline{X}$
Kontrollgruppe	5,8
Anschauungsgruppe	7,7

Die Versuchsgruppe (oben als Anschauungsgruppe bezeichnet) erzielte also einen um 1,9 Punkte höheren Mittelwert. Dieser Unterschied zwischen Kontroll- und Versuchsgruppe ist auch unter statistischen Gesichtspunkten bedeutsam. Die Verbesserung beträgt also 33%; mit einer anderen statistischen Methode berechnet, ergibt sich, daß ca. 28% der Verbesserung auf Kosten des Unterrichtsmittels »biologisches Präparat eines Insekts« geht. Dieses kann – auf die vorhin gegebene Hierarchie der Unterrichtsmittel bezogen – als »tote, echte Realität im Bereich der Wahrnehmung« eingeordnet werden. Damit konnte von den Autoren Düker und Tausch ein überzeugender Beleg für die unterrichtsmethodische Effektivität eines bestimmten Unterrichtsmittels geliefert werden. Für Düker und Tausch war damit die erste Hypothese bestätigt: Das Auffassen und Behalten von Unterrichtsstoffen durch gleichzeitige Darbietung von Anschauungsmitteln ist dem Unterricht ohne solche Medien überlegen. Nun war jedoch noch die zweite Hypothese zu verifizieren (= bestätigen) oder zu falsifizieren (= widerlegen): Wirken sich verschiedene Unterrichtsmittel auch unterschiedlich hinsichtlich ihrer Lerneffektivität aus? Es ging also nun darum zu überprüfen, ob einige Unterrichtsmittel besser seien als andere. So wurde einer Kontrollgruppe wieder nur eine Tonbandaufnahme vorgespielt, die Versuchsgruppen erhielten zusätzliche Unterrichtsmittel, eine Gruppe ein Bild des Lerngegenstandes, eine andere ein Modell, eine dritte den realen Gegenstand. Ohne weiter auf untersuchungsmethodische Feinheiten einzugehen, sollen die Ergebnisse kurz gegeben werden; sie bezogen sich auf einen anderen Unterrichtsinhalt, nämlich auf eine naturkundliche Erzählung über das Meerschweinchen: eine Gruppe erhielt zusätzlich zum Vortrag das Bild eines Meerschweinchens, die nächste ein ausgestopftes Tier und die dritte Versuchsgruppe ein lebendes Meerschweinchen. Nach dem Experiment wurde wieder ein informeller Test durchgeführt, um das behaltene Wissen über das Tier zu prüfen. Hier die Mittelwerte für Kontroll- und Versuchsgruppen:

	arithmetisches Mittel $\bar{X}$
Kontrollgruppe	11,8
Anschauungsgruppe »Bild«	12,9
Anschauungsgruppe »Modell«	14,1
Anschauungsgruppe »lebendes Tier«	16,6

In den beiden Versuchsgruppen »Modell« und »lebendes Tier« kommt es zu einer statistisch bedeutsamen Steigerung im Vergleich zur Kontrollgruppe ohne Unterrichtsmittel, beim Modell um 20%, beim lebenden Tier um 41%! Die Verbesserung der Gruppe »Bild« ist mit 1,1 Punkten zu geringfügig, um weiter interpretiert zu werden. »Obwohl es sich bei dem Bild um eine technisch einwandfreie Aufnahme eines Meerschweinchens handelt, läß das Modell die körperliche Beschaffenheit noch deutlicher hervortreten. Außerdem regt es das Interesse stärker an. Doch war nicht zu erwarten, daß die Wirkung des realen Gegenstandes mehr als doppelt so groß sein würde als die des Modells. Als Begründung hierfür kann man nicht anführen, daß die beobachtbaren Eigenschaften beim lebendigen Tier viel deutlicher zu erkennen sind als beim Modell. Hinsichtlich der Erkennbarkeit dieser Eigenschaften besteht bei beiden sicherlich kein Unterschied. Wenn die Veranschaulichung durch den realen Gegenstand sich trotzdem als erheblich wirkungsvoller erwies, so ist dies in erster Linie dadurch bedingt, daß das Tier das Interesse der Vpn viel stärker erregte als das präparierte« (S. 211f.). Kurz: bei der Frage nach der Wirksamkeit von Unterrichtsmitteln ist zu berücksichtigen, daß a) der Lernprozeß erleichtert wird und b) die Schüler stärker motiviert werden. Dabei scheint der reale Gegenstand wie überhaupt die Realität – die die Schüler im Unterrichtsgang erleben – von größerer motivierender Wirkung zu sein als jedes Abbild oder jedes Modell.

Nun wird oft im Zusammenhang mit Lernexperimenten der Vorwurf erhoben, »Laborexperimente« seien »*künstlich*« und ihre Ergebnisse könnten deshalb nicht auf die Unterrichtswirklichkeit übertragen werden. Was die Künstlichkeit des Laborexperimentes eigentlich ausmachen soll, wird nicht erläutert. Gemeint ist wahrscheinlich, daß jede Unterrichtssituation durch viele andere Faktoren beeinflußt wird, auch von Faktoren, die eventuell die Wirksamkeit von unterrichtsmethodischen Maßnahmen aufheben. Dies müßte aber, um sachlich zu bleiben und wissenschaftlichen Ansprüchen zu genügen, durch weitere »unterrichtsnahe« Experimente überprüft werden. Da dies nicht von seinen Kritikern getan wurde, machte Düker diese Kontrolluntersuchung selbst. Die Untersuchung war so angelegt, daß der Unterricht im Experiment sich kaum vom üblichen Unterricht unterschied. Um jedoch den Einfluß verschiedener Lehrerpersönlichkeiten auszuschalten, wurden alle Gruppen von einem Lehrer unterrichtet. Außerdem fanden alle Unterrichtsstunden, die zum Experiment gehörten, fast ausnahmslos in der ersten Unterrichtsstunde statt. Als Unterrichtsfach wurde wieder Biologie ausgewählt, als Schuljahr siebente Klassen Marburger Volksschulen. Die Klassen hatten etwa das gleiche Leistungsniveau. In der Kontrollgruppe trug der Lehrer den Lerninhalt in der üblichen Form vor: Lehrervortrag und fragendentwickelnder Unterricht waren die Unterrichtsmethoden der Wahl. Die Schüler der Experimentalgruppen, also die Gruppen mit Unterrichtsmitteln, erhielten außerdem noch Anschauungsmaterial über die Fischotter, den Unterrichtsgegenstand. Nach Abschluß des Experimentes wurden die Schüler wieder getestet, die Ergebnisse zusammengefaßt und für Kontroll- und Experimentalgruppe die Mittelwerte errechnet:

	arithmetisches Mittel $\bar{X}$
Kontrollgruppe	12,9
Anschauungsgruppe	17,8

Die Mehrleistung der Anschauungsgruppe beträgt also 38%, eine Verbesserung, die vergleichsweise noch höher liegt als im Laborexperiment. Düker stellt dazu abschließend fest: »Der veranschaulichte Unterricht ist in hohem Maß erfolgreicher als der nicht veranschaulichte« (H. Düker, Veranschaulichung und Unterrichtserfolg, Heilpädagogische Forschung 1968, 3. Beiheft, 99–106).

Einen interessanten Beitrag, der eindrucksvoll belegt, wie sehr Unterrichtsmethodik und speziell Mediendidaktik noch von subjektivem Erfahrungswissen, Vorurteilen und naiver Fehleinschätzung bestimmt wird, lieferten Wucherpfennig und Rüster in einer Arbeit zum Einfluß fertiger und während des Unterrichts entwickelter graphischer Darstellungen auf den späteren Unterrichtserfolg. Es ging also darum: »Ist es zweckmäßiger, im Unterricht die *Tafelzeichnung* vor den Augen der Schüler entstehen zu lassen oder eine vorher angefertigte Zeichnung als Anschauungsmittel zu verwenden?« (H. Wucherpfennig und E. Rüster, Der Einfluß fertiger und im Unterricht entwickelter graphischer Darstellungen auf den Lernerfolg, Die Deutsche Berufs- und Fachschule 1970, 78, 35–45). Zuerst wurden Lehrer nach ihrer Meinung und nach ihren Erfahrungen zu dieser Problematik befragt. 77% der befragten Lehrer vertraten die Ansicht, daß die während des Unterrichtens entwickelte Zeichnung methodisch wirksamer sei als die fertige Zeichnung. 15% vertraten die gegenteilige Meinung, 8% konnten sich nicht entscheiden. Die Probanden waren Schüler einer Berufsfachschule, die beteiligten Schüler wurden in zwei gleich leistungsfähige Gruppen zu je 11 Schülern aufgeteilt. In insgesamt sechs Unterrichtsstunden wurden jeweils dreimal »statische« und »dynamische« Darstellungsformen (fertige versus entwickelte Zeichnungen) eingesetzt. Die Unterrichtsthemen waren unter anderem: der Kranträger, der frei aufliegende Balken auf zwei Stützen, die Fundamentplatte mit drei Einzellasten und so fort. Kriterium für den Lernerfolg war die Leistung in einer abschließenden schriftlichen Prüfung, einmal als Lerntest direkt im Anschluß an die sechs Unterrichtsstunden, zum andern als Behaltenstest eine Woche danach. Der höchstmögliche Punktwert wurde gleich 100% gesetzt und die Leistung der Schüler als Prozentsatz davon errechnet. Ohne weiter Zahlen angeben zu müssen, kann zusammengefaßt werden: die Arbeitshypothese der Autoren mußte verworfen werden. Die sogenannte dynamische Darstellungsform brachte keinen größeren Lernerfolg als die sogenannte statische. Die Unterschiede waren sehr gering und können deshalb als zufällige Abweichungen voneinander interpretiert werden. Fragt man nun auch noch nach dem Zeitaufwand, einem Faktor, der gerade in den berufsbildenden Schulen von großer Bedeutung ist, so zeigt sich, daß der Mehraufwand durchschnittlich um 54% größer bei der entwickelten Zeichnung war. Hinsichtlich der Zeitökonomie müßte – bei aller Vorläufigkeit dieses Experimentes – also sogar vom Einsatz dieser methodischen Variante abgesehen werden. Umgekehrt formuliert: auf die Unterrichtseinheit bezogen, ist der Einsatz statischer Zeichnungen sogar als effektiver anzusehen. Die subjektiven Meinungen von 77% der Lehrer konnten für die untersuchte Klasse widerlegt werden. Das Ergebnis steht auch im Widerspruch zu Unterrichtslehren. So meinen beispielsweise Jannasch und Joppich: »Ihre größte Ausdruckskraft erreicht die Skizze, wenn sie, von der sprachlichen Darstellung oder den Beiträgen der Kinder begleitet, vor den Augen der Kinder an der Tafel entsteht und dabei die Veränderungen augenfällig in Erscheinung treten läßt, die sich aus einer politischen, wirtschaftlichen, geologischen, biologischen, ja auch einer abstrakt-logischen Entwicklung in Grammatik oder Mathematik ergeben« (H.-W. Jannasch und G. Joppich, Unterrichtspraxis, Hannover 1964[5], S. 70). Auf eine empirische Überprüfung wird verzichtet; hingegen genügt den Autoren die subjektive Überzeugung.

Selbst wenn – wie wünschenswert wäre – die Reihe der Beispiele fortgesetzt werden könnte, so müßten die genannten genügen. Sie sollten zweierlei verdeutlichen: einmal, wie wichtig der Einsatz von Unterrichtsmitteln für den Unterricht zu sein scheint, zum andern, wie wenig die Schulpädagogik bisher über den richtigen, das heißt differenzierteren Einsatz von Unterrichtsmitteln aussagen kann. Diese Aussage steht nur im scheinbaren Widerspruch zur derzeitigen Fülle an Literatur zum Thema »Mediendidaktik«, »Medienkunde«, wie auch immer dieser breite, komplexe und wahrscheinlich so überaus wichtige Bereich der Unterrichtsmethodik genannt werden kann.

Das Kapitel soll mit einigen Hinweisen für den Lehranfänger beendet werden. Sie sind als unsystematische *Hilfen für den Lehranfänger* gedacht.

1. Es soll nur eine *optimale Zahl und Variation* von audiovisuellen Unterrichtsmitteln eingesetzt werden. So genügen im Erdkundeunterricht drei bis fünf »typische« Bilder (als Dias beispielsweise), um die verschiedenen Wüstenformen exemplarisch zu erfassen. Ob ergänzend etwa ein Reisebericht oder eine Beschreibung der Wüstenformen aus dem Erdkundebuch die Effektivität vergrößern könnte, ist kaum anzunehmen.

2. Der Lehrer sollte sich vergewissern, daß er selbst die *Technik* besonders solcher Apparaturen beherrscht, die ein Minimum an Vorbildung von ihm verlangen. Es genügt dabei nicht, einmal einem Kollegen über die Schulter zu sehen; man sollte den Projektor, das Episkop, den Videorecorder oder den Hoffmannschen Wasserzersetzungsapparat selbst einmal erproben.

3. Nicht nur das Erproben der komplizierteren Unterrichtsmittel, sondern auch sonstige *organisatorische Vorbereitungen* sollten vor Beginn der Unterrichtsstunde abgeschlossen sein, einmal, um Zeit während der Stunde zu gewinnen, zum andern, um die Schüler nicht durch unwesentliche Beschäftigungen abzulenken oder zu langweilen. Leider führt der zeitliche Aufwand der Vorbereitung oft dazu, daß Unterrichtsmittel nicht eingesetzt werden. Die vorhin beschriebenen Experimente mögen jedoch belegt haben, daß der Zeitverlust durch aufwendigere Vorbereitungen nur scheinbar ist.

4. Unterrichtsmittel sollten nicht nur methodisch durchdacht, sondern zuerst das Ergebnis einer *didaktischen Analyse* sein. Wie zu erinnern ist, gehen der methodischen Überlegung im Unterricht die didaktische Analyse und die Lernzielbestimmung voraus. Eine Unterrichtsstunde um eines »schönen« Bildes oder Filmes wegen ohne didaktischen Bezug wäre allenfalls Gelegenheitsunterricht, meist jedoch methodische Spielerei.

5. Die Schüler sollten an den Einsatz von audiovisuellen Unterrichtsmitteln *gewöhnt* sein, bevor sie optimale methodische Funktionen erlangen können. Dies gilt vor allem für solche Unterrichtsmittel, die die Schüler im außerschulischen Bereich unter anderen Gesichtspunkten kennengelernt haben: das Fernsehen, den Film oder Schulfunksendungen. Die Ankündigung eines Unterrichtsfilmes kann zum Beispiel bei den Schülern zu dem Mißverständnis führen, es handele sich um – wie sie es erleben – eine Kinovorstellung. Die Nachbereitung des Filmes würde sie enttäuschen, und die motivierende Wirkung wäre gering.

6. Wie im Kapitel über den Einzelunterricht noch näher ausgeführt wird, sollten Unterrichtsmittel eine *Individualisierung* oder den *Gruppenunterricht* als Sozialform ermöglichen. Für den Lehrer bedeutet dies, möglichst für jeden Schüler ein Unterrichtsmittel bereitzustellen, vorzubereiten oder von den Schülern anfertigen zu lassen. Hieraus wird gleichzeitig deutlich, daß Unterrichtsmittel stets im Zusammenhang mit anderen unterrichtsmethodischen Fragen zu sehen sind: als Aktionsformen des Lehrens, als Lernakte der Schüler oder als Sozialformen des Unterrichts, über die noch in den nächsten Kapiteln zu sprechen sein wird.

7. Wenn der Lehrer die Möglichkeit hat, zwischen verschiedenen Unterrichtsmitteln zu einem Lerninhalt zu wählen, so sollte er sich für die *Realbegegnung,* also den realen Gegenstand entscheiden. Wie die Untersuchungen von Düker und Tausch belegen, wird der Schüler stärker motiviert, ganz abgesehen von der positiven Steuerung des Lernprozesses. So kann der Lehrer beispielsweise im Verkehrsunterricht seiner vierten Grundschulklasse beim Thema »Das sichere Fahrrad« a) mit Fragen und Antworten das Thema behandeln, b) mit einem Bild zusätzliche Lernhilfe geben oder c) ein Fahrrad vom Schulhof – eines der Kinder – heraufholen lassen. Es ist anzunehmen, daß der reale Gegenstand, eben das Fahrrad vom Schulhof, den größten vergleichbaren Lerneffekt haben wird.

8. Die Wirksamkeit der Unterrichtsmittel scheint besonders dann groß zu sein, wenn den Schülern genügend *Zeit gegeben* wird, sich mit ihnen zu beschäftigen. Für die Planung der Unterrichtsstunde bedeutet dieser Hinweis, daß der Lehrer unmittelbar nach dem Einsatz des Unterrichtsfilms wartet und freie Schüleräußerungen zuläßt, bevor er zu den nächsten Phasen der Unterrichtsstunde überleitet.

9. In der Literatur zum Thema Mediendidaktik wird oft der Gesichtspunkt vernachlässigt, der einem Einsatz von Unterrichtsmitteln enge Grenzen setzt, dies gilt vor allem für moderne technische Medien, deren Anschaffung die *finanzielle Kapazität* der meisten Schulen überfordert. Bevor etwa ein Sprachlabor in einem Gymnasium eingerichtet wird, könnte überdacht werden, ob nicht etwa Geräte für Schülerversuche im Chemie- und Physikunterricht, Landkarten und Bilder, Videorecorder und vieles mehr sinnvoller wären, von Wandtafeln oder Projektoren und Dias für den Sachunterricht gar nicht erst zu sprechen. Für die gleichen Beträge könnte also ein Maximum an Unterrichtsmitteln angeschafft werden, die allen Schülern zur Verfügung stehen könnten. Das Sprachlabor könnte höchstens einmal wöchentlich Lernhilfe geben.

Literaturverzeichnis

Adam, H., Nachhilfeunterricht als pädagogischer und soziologischer Index, in Die Sammlung, 1960, 15, 266—272

Aschersleben, K., Motivationsprobleme in der Schule, Stuttgart (Kohlhammer) 1977

Bastine, R., u. a., Beiträge zur Konstrukt-Validierung des Fragebogens zur Direktiven Einstellung (FDE), in Zeitschrift für Entwicklungspsychologie und Pädagogische Psychologie, 1970, 2, 47—59

Baumann, U., u. a., Pädagogische Differenzierungsmodelle, Stuttgart (Klett) 1977

Beck, R., Grundformen sozialen Verhaltens, Stuttgart (Enke) 1954

Blankertz, H., Theorien und Modelle der Didaktik, München (Juventa) 1970[3]

Bloch, K.-H., Der Streit um die Lehrerfrage im Unterricht der Pädagogik der Neuzeit, Wuppertal (Henn) 1969

Bödiker, Marie-Luise, Gruppenunterricht in der Schule – Einige empirische Befunde der letzten Jahre, in Psychologie in Erziehung und Unterricht, 1975, 22, 172—180

Bönsch, M., Methodische Aspekte der Differenzierung im Unterricht, München (Ehrenwirth) 1972[2]

Brezinka, W., Erziehung als Lebenshilfe, Stuttgart (Klett) 1971[8]

Brezinka, W., Erziehung und Kulturrevolution, Stuttgart (Seewald) 1976[2]

Brezinka, W., Grundbegriffe der Erziehungswissenschaft, München (Reinhardt) 1977[3]

Brezinka, W., Metatheorie der Erziehung, München (Reinhardt) 1977

Briedenstine, A. S., The educational achievement of pupils in differentiated and undifferentiated groups, in Journal of Experimental Education, 1936, 5, 91—135

Bürger, W., Sachmotiviertes Lernen im Gruppenunterricht, in Bildung und Erziehung, 1976, 29, 140—150

Carter, L. F., Recording and Evaluating the Performance of Individuals as Members of Small Groups, in Personnel Psychology, 1954, 7, 477—484

Cloer, E., Überlegungen zur Lehrerrolle, in Die Deutsche Schule, 1978, 70, 303—310

Coppes, K.-H. Partnerarbeit im Unterrichtsgeschehen der Grund- und Hauptschule, Weinheim (Beltz) 1972[4]

Dietrich, G., Bildungswirkungen des Gruppenunterrichts, München (Ehrenwirth) 1974[3]

Dietz, B., und Kuhrt, W., Wirkungsanalyse verschiedenartiger Hausaufgaben, in Schule und Psychologie, 1960, 7, 264—275 und 310—320

Di Napoli, P., Homework in the New York City Elementary Schools, New York (Bureau of Publications, Teachers College Columbia University) 1937

Döring, K.W., Lehr- und Lernmittelforschung, Weinheim (Beltz) 1971

Düker, H., Veranschaulichung und Unterrichtserfolg, in Heilpädagogische Forschung, 1968, 3. Beiheft, 99—106

Düker, H. und Tausch, R., Über die Wirkung der Veranschaulichung von Unterrichtsstoffen auf das Behalten, in Zeitschrift für experimentelle und angewandte Psychologie, 1957, 4, 384—400

Edelhoff, C., Differenzierung im Englischunterricht der Sekundarstufe I: Ziele, Verfahren, Modelle und Erfahrungen, in Deutsche Schule, 1975, 67, 620–636

Eigler, G., und Krumm, V., Zur Problematik der Hausaufgaben, Weinheim (Beltz) 1972

Ferdinand, W., und Klüter, M., Hausaufgaben in der Diskussion. Ein empirischer Beitrag, in Schule und Psychologie, 1968, 15, 97–105

Fischer, Margret, u. a., Differenzierung im Schulunterricht, Weinheim (Beltz) 1973

Fischer Margret, Die innere Differenzierung des Unterrichts in der Volksschule, Weinheim (Beltz) 1975[11]

Fischler, H., Die Differenzierungsdiskussion – Opfer wissenschaftlichen Schlendrians?, Die Deutsche Schule, 1975, 67, 166–179

Foppa, K., Lernen, Gedächtnis, Verhalten, Köln (Kiepenheuer & Witsch) 1966[2]

Fuhrich, H., und Gick, G., Der Gruppenunterricht – Theorie – Praxis, Ansbach (Prögel) 1971[4]

Gärtner, F., Planung und Gestaltung des Unterrichts, München (Ehrenwirth) 1969

Geißler, G., Hrsg., Das Problem der Unterrichtsmethode, Weinheim (Beltz) 1967[7]

Geißler, E. E., und Plock, H., Hausaufgaben – Hausarbeiten, Bad Heilbronn (Klinkhardt) 1974[2]

Geyer, E., Hrsg., Differenzierung der Realschuloberstufe in Nordrhein-Westfalen, Hannover (Schroedel) 1977

Geissler, H., Modelle der Unterrichtsmethode, Stuttgart (Klett-Cotta) 1977

Gordon, C. W., The Social System of High School, Glencoe (Free Press) 1957

Gottschaldt, K., Psychologie des Programmierten Lernens, Hannover (Schroedel) 1972

Hagemeier, M., Förderung der Kooperationsfähigkeit durch die Einführung von Partnerarbeit in einem 2. Schuljahr, Minden (unveröffentl. Manuskript) 1978

Hartley, E. L., und Hartley, Ruth E., Die Grundlagen der Sozialpsychologie, Berlin (Rembrandt) 1969[2]

Heidt, E. U., Medien und Lernprozesse, Weinheim (Beltz) 1977[2]

Heimann, P., Didaktik als Unterrichtswissenschaft, hrsg. von Reich, K., und Thomas, H., Stuttgart (Klett-Cotta) 1978

Heimann, P., Otto, G., und Schulz, W., Unterricht – Analyse und Planung, Hannover (Schroedel) 1972[6]

Hirzel, M., Partnerarbeit im Programmierten Unterricht, Stuttgart (Klett) 1969

Höger, D., Einführung in die Pädagogische Psychologie, Stuttgart (Kohlhammer) 1974[2]

Höller, E., Theorie und Praxis des Schülergesprächs, Wien/München (Jugend und Volk) 1974

Homans, G. C., Theorie der sozialen Gruppe, Opladen (Westdeutscher Verlag) 1972[6]

Huber, F., Allgemeine Unterrichtslehre, Bad Heilbrunn (Klinkhardt) 1963[8]

Huber, G., Lernpsychologische Befunde bei programmierter Unterweisung, München (Ehrenwirth) 1966

Jannasch, H. W., und Joppich, G., Unterrichtspraxis, Hannover (Schroedel) 1964[5]

Käsler, H., Leibeserziehung: Rolle rückwärts mit rundem Rücken, Planungsbeispiel für eine Unterrichtseinheit in der 6. Klasse, in Heimann/Otto/Schulz

Keim, W., Lerntheoretische und sozialpsychologische Aspekte leistungsdifferenzierten Unterrichts, in Die Deutsche Schule, 1975, 67, 393−405

Klafki, W., u. a., Funk-Kolleg Erziehungswissenschaft, Band 1−3, Frankfurt/M. (Fischer) 1970

Klafki, W., Didaktische Analyse, hrsg. von Roth, H., und Blumenthal, A., Hannover (Schroedel) 1974[11]

Kledzik, U.-J., Unterrichtsplanung, Beispiel Hauptschule, Hannover (Schroedel) 1971[2]

Köbberling, Almut, Effektiveres Lernen durch Programmierten Unterricht? Weinheim (Beltz) 1971

Köck, P., Moderne Unterrichtsführung durch Impuls und Appell, Donauwörth (Auer) 1971

Köck, P., Didaktik der Medien, Donauwörth (Auer) 1974

Komleitner, R., Die Methode des Gruppenunterrichts und ihre Auswirkung auf die Schülerleistung, Wien (Diss. phil.) 1970

Kösel, E., Sozialformen des Unterrichts, Ravensburg (Maier) 1974[4]

Kretschmann, J., Was sagt Berthold Otto? Osterwieck (Zickfeld) 1929

Kretschmann, J., und Haase, O., Natürlicher Unterricht, Hannover (Schroedel) 1948[2]

Kronen, H., Differenzierung − ein anti-pädagogisches Prinzip, in Die Deutsche Schule, 1972, 64, 316−319

Krüger, R., Nachhilfe − Chance oder Skandal? in Die Deutsche Schule, 1977, 69, 545−558

Kuckuck, K., und Kuckuck, B., Reaktionen von Lehrern auf unerwartete Schüleräußerungen, in Pädagogische Welt, 1975, 29, 719−725

Lewin, K., Lippitt, R., and White, R. K., Patterns of aggressive behavior in experementally »social created climates«, in Journal of Social Psychology, 1939, 10, 271−299

Lindner, G. A., Encyklopädisches Handbuch der Erziehungskunde, Wien und Leipzig (Pichler) 1884[3]

Lukesch, H., Erziehungsstile. Pädagogische und psychologische Konzepte, Stuttgart (Kohlhammer) 1975

Matthes, H., Gruppenarbeit im Englischunterricht der Unterstufe, in Die neueren Sprachen, 1969, 68, 29−39

Menck, P., und Thoma, G., Hrsg., Unterrichtsmethode, München (Kösel) 1972

Merkle, S., Theorie und Praxis der inneren Differenzierung in der Hauptschule, Donauwörth (Auer) 1973

Merkle, S., Die innere Differenzierung des Unterrichts in der Grundschule, Donauwörth (Auer) 1975[2]

Meyer, E., Gruppenunterricht − Grundlegung, Oberursel (Finken) 1972

Meyer, E., Hrsg., Die Gruppe im Lehr- und Lernprozeß, Frankfurt/M. (Akad. Verlagsgesellschaft) 1974[2]

Neumann, Jutta, u. a., Lehrervortrag, Klassenfeiern, Lesefertigkeit in der Unterstufe, Berlin-O (VEV Volk und Wissen) 1958

Odenbach, K., Studien zur Didaktik der Gegenwart, Braunschweig (Westermann) 1970[4]

Oehlert, P., Aufstellung und erste empirische Überprüfung eines Konstruktes zur Methode der Steuerung von kognitiven Lernprozessen durch Unterrichtsimpulse, Bielefeld (unveröffentliches Manuskript) 1977

Otto, B., 1. pädagogische Flugschrift des Berthold-Otto-Vereins, Berlin 1913
Pöggeler, F., Methoden der Erwachsenenbildung, Freiburg (Herder) 1971
Petty, Mary C., Intraclass grouping in the Elementary School, Austin (The University Press) 1963
Prescott, D. A., The Child in the Educative Process, New York (Mc-Craw-Hill) 1957
Rieder, O., Die Entwicklung des kindlichen Fragens, München (Reinhardt) 1968
Rösner, M., Unterrichtstechnik, Hannover (Schrödel) 1955
Rössner, L., Gespräch, Diskussion, Debatte im Unterricht der Grund- und Hauptschule, Frankfurt/M. (Diesterweg) 1971
Roth, A., u.a. Neue Formen der Unterrichtsdifferenzierung, Stuttgart (Klett) 1970
Roth, L., Hrsg., Effektiver Unterricht, München (Ehrenwirth) 1972
Roth, L., Hrsg., Beiträge zur empirischen Unterrichtsforschung, Hannover (Schroedel) 1974
Roth, L., Effektivität von Unterrichtsmethoden, Hannover (Schroedel) 1977[2]
Ruprecht, H., u.a., Modelle grundlegender didaktischer Theorien, Hannover (Schroedel) 1975[2]
Salzmann, Chr., Impuls – Denkanstoß – Lehrerfrage, Essen (Neue Deutsche Schule) 1974[3]
Sauer, K., zur didaktischen und methodischen Bedeutung der Frage im Unterricht, in Die Deutsche Schule, 1966, 58, 430 – 444
Scheibner, O., Arbeitsschule in Idee und Gestaltung, Heidelberg (Quelle & Meyer) 1962[5]
Schell, Christa, Partnerarbeit im Unterricht, München (Reinhardt) 1975[2]
Schirm, R.W., Programmiertes Lernen, Stuttgart (Klett) 1971
Schmitz, K., Allgemeine Didaktik Stuttgart (Kohlhammer) 1977
Schroeder, Gudrun und H., Gruppenunterricht, Berlin (Colloquium) 1975
Schröter, G., Schon morgen mit der Gruppenarbeit beginnen, Worms (Wunderlich) 1967
Schwerdt, T., Kritische Didaktik in Unterrichtsbeispielen, Paderborn (Schöningh) 1959[12]
Sharan, S., und Sharan, Y., Gruppenzentrierter Unterricht, Stuttgart (Klett) 1976
Simon, A., Partnerschaft im Unterricht, München (Oldenbourg) 1965[3]
Skalková, J., Gruppen- und individualisierter Unterricht in der tschechoslowakischen pädagogischen Theorie und Praxis, in Didaktische Studien, hrsg. von Meyer, E., Stuttgart (Klett) 1969
Skinner, B. F., The Science of Learning and the Art of Teaching, in Harvard Educational Review, 1954, 25, 86 – 97
Skowronek, H., Lernen und Lernfähigkeit, München (Juventa) 1969
Speichert, H., Aktion: Schluß mit den Hausaufgaben, in betrifft: erziehung, 1972, 5, 21
Stöcker, K., Neuzeitliche Unterrichtsgestaltung, München (Ehrenwirth) 1973[15]
Sünger, Maria Therese, Hrsg., Lernprogramme für die Schulpraxis, Weinheim (Beltz) 1976
Tausch, R., und Tausch, Annemarie, Erziehungspsychologie, Göttingen (Hogrefe) 1973[7]
Teschner, W.-P., Hrsg., Differenzierung und Individualisierung im Unterricht, Göttingen (Vandenhoeck & Ruprecht) 1971

Thelen, H. A., Programmed Materials Today: Critique and Proposal, in Elementary School Journal, 1963, 64, 189−197

Thielke, W., u.a., Differenzierung in der Realschuloberstufe, Hannover (Schroedel) 1975

Weber, A., Freizeit und Fernsehen, in Schule und Psychologie, 1964, 11, 236−240

Weber, A., Verbales Verhalten im Schulunterricht, Essen (Neue Deutsche Schule) 1972

Weniger, E., Didaktik als Bildungslehre, Weinheim (Beltz) 1965[6]

Wiesenhütter, U., Das Drankommen der Schüler im Unterricht, München (Reinhardt) 1961

Winkel, R., Gruppierung in der Schule, in Die Deutsche Schule, 1973, 65, 249−254

Winkeler, R., Differenzierung, Ravensburg (Maier) 1976

Winnefeld, F., Pädagogischer Kontakt und Pädagogisches Feld, München (Reinhardt) 1967

Wittmann, B., Vom Sinn und Unsinn der Hausaufgaben, Neuwied (Luchterhand) 1970[2]

Wolff, D., Probleme des programmierten Fremdsprachenunterrichts, Tübingen (Niemeyer) 1976

Wucherpfennig, H., und Rüster, E., Der Einfluß fertiger und im Unterricht entwickelter graphischer Darstellungen auf den Lernerfolg, in Die Deutsche Berufs- und Fachschule, 1970, 78, 35−45

Yates, A., Hrsg., Lerngruppen und Differenzierung, Weinheim (Beltz) 1972

Sachwörterverzeichnis

Aktionsformen des Lehrens 27, 29ff.
Anschauung 163ff.
Ansprache 38
Aufforderung 53f.

Bericht 35ff.
Beschreibung 37ff., 62
Berliner Schule 9

Dalton-Plan 147
Denkanstoß 54ff.
Didaktik 9, 13, 15
didaktische Analyse 14
Differenzierung 122ff.

Einzelarbeit 94f., 145ff.
Einzelunterricht 145, 149ff.
Endleistung 25f.
Erzählung 30ff., 62

Formalstufen 11
fragend-entwickelnder Unterricht 101
Frontalunterricht 93ff., 96
Führungsstile 82ff.

Gelegenheitsunterricht 114f.
Gesamtunterricht 66, 112
Gruppenberichte 62
Gruppenunterricht 94f., 130ff.

Hausaufgaben 69ff.
Herbartianismus 11

Klassenunterricht 95ff.

Lehrerdemonstration 41ff.
Lehrerfrage 52ff.
Lehrerimpulse 48ff.
Lehrervortrag 29ff., 39ff.

Lehrgespräch 109ff.
Leistungsmotivation 59f.
Lernakte der Schüler 27, 58ff.
Lernprozeß 19ff., 56
Lernversuche 23f.

Mediendidaktik 160ff.
Motivation 22f., 49

Nachhilfe 150ff.

Partnerarbeit 94f., 143ff.
Praktische Pädagogik 9
Predigt 38
Primat der Didaktik 13
Programmierter Unterricht 153ff.

Referate 64f.
Reformpädagogik 12

Schilderung 33ff.
Schülerimpulse 65ff.
Schülervortrag 61f.
Schulpädagogik 11
Sozialformen des Unterrichts 27, 82, 91ff., 127
Strukturelemente 16

Übung 24
Unterrichtsgespräch 93ff., 108ff., 111ff.
Unterrichtsmethodik 11, 17ff., 26ff.
Unterrichtsstil 82ff.

Vorführen 42
Vorlesen 63f.
Vormachen 42

Winnetka-Plan 147

Kohlhammer

K. Aschersleben/M. Hohmann
Handlexikon der Schulpädagogik
1979. DM 16,–. ISBN 3-17-005394-9
Urban-Taschenbücher, Bd. 304

Dieses Handlexikon informiert den Benutzer ausführlich über diese Disziplin, es stellt überschaubar in enzyklopädischer Form ihre wichtigsten Fachtermini vor und macht auch kontroverse Meinungen sichtbar. Das Handlexikon der Schulpädagogik ist jedoch nicht nur ein Nachschlagewerk, sondern es bietet auch erste Ansätze einer Systematisierung der Schulpädagogik an. Diesen Anspruch kann der Leser aus dem Anhang entnehmen, in dem die Schulpädagogik mit ihren Teilbereichen: Bildungsinstitutionen, Unterrichtsmethodik und Mediendidaktik, Curriculum und Lehrplan, Unterrichtsplanung, Forschungsmethodik, klinische Pädagogik und pädagogische Diagnostik dargestellt wird.

Verlag W. Kohlhammer
Stuttgart · Berlin · Köln · Mainz

Kohlhammer

Karl Aschersleben
Motivationsprobleme in der Schule

1977. DM 8,–. ISBN 3-17-004238-6
Urban-Taschenbücher, Bd. 237

Auf dem Hintergrund der gesellschaftspolitischen Bedeutung von Unterricht und Leistung wird Motivation als wichtiger Grundbegriff für den Lernprozeß herausgearbeitet, der in die Systematik des Unterrichts als Sonderform des Lernens einzuordnen ist. Der am besten erforschte Aspekt, die Leistungsmotivation, wird ausführlich behandelt. Vorliegende Theorien werden in unmittelbaren Bezug zum Unterricht gebracht. Die Möglichkeiten der Lernmotivierung durch den Lehrer bezieht Aschersleben auf situative Bedingungen, wobei offenkundig wird, daß Lernziele und -inhalte, Methoden und Medien gleichwertig neben positiver oder negativer Bekräftigung stehen.

Karl Aschersleben
Didaktik

1983. 158 Seiten, 6 Abbildungen. Kart. DM 29,80
ISBN 3-17-008018-0

Dieses leicht verständliche Studienbuch macht die Fülle didaktischer Modelle und Theorien durchschaubar und führt Didaktik zu ihrem Kern zurück: Unterrichtsplanung, Auswahl von Unterrichtszielen und -inhalten, Entscheidung für bestimmte Unterrichtsmethoden und -medien und nicht zuletzt Unterrichtsanalyse.

Verlag W. Kohlhammer
Stuttgart · Berlin · Köln · Mainz